U0736948

中小学道德与法治课 新结构灵动教学探索

王海滨　著

合肥工业大学出版社

图书在版编目(CIP)数据

中小学道德与法治课新结构灵动教学探索/王海滨著．--合肥:合肥工业大学出版社,2024

ISBN 978-7-5650-6764-8

Ⅰ.①中… Ⅱ.①王… Ⅲ.①政治课-教学研究-中小学 Ⅳ.①G633.202

中国国家版本馆 CIP 数据核字(2024)第 082054 号

中小学道德与法治课新结构灵动教学探索

王海滨 著   责任编辑 袁 媛 郑 洁

出 版	合肥工业大学出版社	版 次	2024 年 11 月第 1 版
地 址	合肥市屯溪路 193 号	印 次	2024 年 11 月第 1 次印刷
邮 编	230009	开 本	710 毫米×1010 毫米 1/16
电 话	基础与职业教育出版中心:0551－62903120	印 张	13.75
	营 销 与 储 运 管 理 中 心:0551－62903198	字 数	218 千字
网 址	press.hfut.edu.cn	印 刷	安徽联众印刷有限公司
E-mail	hfutpress@163.com	发 行	全国新华书店

ISBN 978-7-5650-6764-8   定价:52.00 元

如果有影响阅读的印装质量问题,请联系出版社营销与储运管理中心调换。

总　序

超越优秀，成就名师

　　广东省这一轮中小学"百千万人才培养工程"初中文科名教师培养对象的系列专著陆续出版了。作为这个项目的主持人和导师，我想说几句话，权作这套书系的总序。

　　优质的教育需要优秀的教师，基础教育的高质量发展也需要教师的高质量发展。因此，培养和造就高质量的教师成为国家、教育行政部门和学校的重要任务，而成就卓越、实现专业的终极发展也应是教师自我的追求。

　　为贯彻落实中共中央、国务院关于全面深化新时代教师队伍建设的有关部署要求，进一步加强广东省中小学教师队伍建设，培养造就一大批教育家型教师、卓越教师和骨干教师，努力营造优秀教育人才脱颖而出的制度环境，2020年广东省实施了新一轮中小学"百千万人才培养工程"。

　　该工程以打造广东省中小学高层次人才队伍为目标，建立完善省、市、县三级分工负责、相互衔接的中小学教师人才培养体系，坚持系统设计、高端培养、模式创新、整体推进，注重发挥教育家型教师、卓越教师和骨干教师的示范引领作用，辐射带动中小学教师队伍整体素质的提升，为加快推进广东省教育现代化提供坚实的师资保障和人才支持。

　　该工程主要目标任务：到2035年，省级培养项目培养数以千计师德师风高尚、教育理念先进、理论知识扎实、教育教学能力强、管理水平高，具有国际视野、创新精神、较大社会影响力和知名度的教育家型教师；市级培养项目培养数以万计的卓越教师；县级培养项目培养数以十万计的骨干教师。

2021年7月，广东省"百千万人才培养工程"初中文科名教师项目立项。经过多轮遴选，35位来自全省各地市的初中文科教师成为名教师培养对象。他们都是45岁以下，具有高级职称，在教学和研究上都已取得一定成绩的优秀教师，基本上都有市级优秀荣誉，其中不乏全国和广东省优秀教师、特级教师。我有幸成为这个项目的主持人和导师组组长。我给培养对象定的目标就是通过三年培养，在三年或者再长一点的时间内，35位教师都能成为教育家型的"粤派名师"。

对于这35位教师，我要致以诚挚的谢意和敬意。因为，他们都很优秀，都很年轻，都很努力。

当前中小学存在一种普遍现象，有的教师在获得优秀称号或40岁之前都有着较高的成就动机，比较明确的努力目标、奋斗方向，那就是要争取"优秀"，且都为成为"优秀"付出了艰辛和心血。但随着优秀称号或高级职称的获得，有的教师便产生"优秀（职称）到手万事休"的享乐心理，自认为在专业上已是"船到码头车到站""多年媳妇熬成婆"了，沾沾自喜于"优秀"和高级职称，故步自封，不自觉地失去成就动机，不思进取。年龄相对较大的优秀教师就有"人到中年万事休"的知天命心理，认为自己人生渐入或已入不惑之年，身体已不如壮年，且在新课改中和青年教师相比，很多方面都处于劣势，没有多大必要再像原先那样拼死拼活去追求新的发展目标。如此，他们消磨了斗志，失去了再发展的方向，不再一如既往地投身教师工作，只抱着"当一天和尚撞一天钟"的态度一味地吃老本、混日子、摆架子，甚至干脆逃避工作。

初中文科名教师项目中的35位培养对象，都摒弃了以上心理，他们已经功成名就，且上有老下有小，却没有"躺平"，没有"佛系"，也没有"固化"，而是继续在为自己的专业再发展，搞课改、做课题、出专著、提主张、带后进、帮薄弱，为使自己走得更远而努力。这怎能不让我感动而对他们感谢和致敬呢？

当然，也正因如此，我的责任和压力更大了。如何带领这35位优秀教师一起成长，最终使其成为教育家型的"粤派名师"，就成为我必须思考的问题和今后三年的重要工作任务。我虽倍感压力，但信心满满。

　　教师的专业发展受外部因素和内在因素的制约，是教师主体与周围环境相互积极作用，通过主体的各种实践活动而实现的。"人在社会中推进生命历程的时候，除了受到环境因素的影响之外，还要受到个人的能动性和自我选择的影响。"① 教师需要更多的"内生性"成长，而非"外铄性"成长。教师专业发展既是社会身份的获得，又是教师专业内在价值的体验与获得。广东省中小学"百千万人才培养工程"给老师们提供了一个平台，创造了成长的机会和条件。但是，如果没有培养对象自我发展的意识和行动，仅靠工程来打造是不可能实现专业再发展的。因此，在这里，我想对 35 位培养对象提出几点希望。

　　首先，树立专业再发展的意识和成就名师的信心。

　　柯林斯说："因为优秀，所以难以卓越。"卓越之难，在于远超优秀的境界。各位名教师培养对象都是具有了一定成绩和成就的优秀青年教师，有的还具备了令人称羡的荣誉和名号，是教师在专业发展中的先行者。但是，从教师专业发展的角度来说，优秀只能是代表其以往专业生涯的成绩，而未来的专业之路并不因其拥有优秀称号就必然取得更大的成就。教师的工作是一个动态、复杂的专业领域，充满了未知和不可预测，不可能有现成的模式和套路因循，教师的专业活动永远处于变动、探索和创新之中。因此，教师的专业发展必然是个持续性和动态性的过程。布莱克曼对教师专业发展的定义：不论时代如何演变，不论是自发的还是受赞助的，教师始终都是持续的学习者，此种学习就是专业发展。

　　基于此，专业发展应贯穿每个教师的整个专业生涯，永无止境，优秀教师更应如此。优秀是对以往成绩的肯定，是现在立身的基础，更是未来发展的起点，优秀教师必须不断超越、臻于卓越。《国家中长期教育改革和发展规划纲要（2010—2020 年）》提出"鼓励教师和校长在实践中大胆探索，创新教育思想、教学模式和教育方法，形成教学特色和办学风格，造就一批教育家"。广东省中小学"百千万人才培养工程"的任务也是"培养教育家型教师"。教师专业发展的最终目标就是努力"成为教育家"，实际上就是在已有的优秀基础上再达到一种新的境界，即本着自身的禀赋、才具、特点与教育

---

① 刘捷 . 专业化：挑战 21 世纪的教师 ［M］. 北京：教育科学出版社，2002.

积淀，在创造性的实践与探索的过程中形成自己鲜明的专业个性、特质，显示独特的教育价值。李海林教授认为，教师要实现"二次发展"。实际上，教师应该坚持终身发展。所以，作为以往的优秀教师、名教师的培养对象应忘记以往的荣耀，站在新的台阶和起点上，迈步从头越，实现再次发展、终身发展，追求成名师、敢于成名师，朝既定的教育家型的"粤派名师"目标前进。

其次，基于已有的个性，建立自己的教学主张和教育范式。

很多老师为什么在专业上难以持续发展，在发展到某个阶段后就停止发展，有的老师在取得一定成绩后如昙花一现，陷入"一优秀就沉沦"的泥沼，其重要原因就是未找到自身的新的发展点。教师在"优秀"后必须有新的兴奋点、切入点，否则极易陷入目标低迷、激情不再、专业固化的困境。要突破这种困局，必须寻找从我们自身专业发展轨迹中延伸出来、向高处登攀的阶梯。教育是科学更是艺术，是一种创造性的活动。教师必须以创造和个性才能更好地完成这项活动，也只有创造和个性才能让教师感受到工作的幸福，从而不懈地努力追求更高的目标和境界。

优秀教师、名教师培养对象的个性特点在专业生涯中已逐步显现，这正是我们再发展的新的兴奋点、切入点。从此出发，在教育科学理念的引导下，在实践中不断磨砺、丰富、完善，形成并凸显教学特色，体现出有鲜明个性和独特教育价值的教学主张与教育范式[1]，这可以也应当成为我们专业再发展的生长点。拥有个性化和独具教育价值的教学主张和教育范式是优秀教师"教育自觉"的关键性标志，是其成熟成功的核心因素，是其产生和保持影响力的重要原因，是具有影响力的优秀教师与一般优秀教师的显著区别，也是优秀教师走向教育家的津渡。于漪建立了"人文教育"的主张和范式、李吉林建立了"情境教育"的主张和范式，李庾南建立了"自学·议论·引导"的主张和范式……一大批优秀教师，正是不断通过探索和建立自己的教学主张与教育范式，形成自己的鲜明的专业个性、特质，体现独特的教育价值，最终成为著名的教育专家或教育家，登上专业生涯的巅峰。

优秀教师一般已具备娴熟的教学技能、深厚的专业知识和丰富的教学经

---

① 朱嘉耀. 走出一条名师培养的南通之路 [J]. 江苏教育研究，2011 (8)：4-8.

验，但若没有自己的教学主张和教育范式，也只是懂操作的高级技术员和规定的忠实执行者。当建立起自己的教学主张和范式之后，优秀教师就不仅能以其教学经验、教学特色影响教师，还能以其教学主张，即个性化的教育思想影响、改变教师。就其本人而言，也因教学主张及教学主张下的实践，使自己获得持续的影响力，并不断有新的进展和新的经验①。如此，就能从广度和深度上推进教学改革及教师的专业发展。这也是我为什么在项目实施中，把建立自己的教学主张和教育范式作为培养这35位教师的重要抓手的主要原因之一。

再次，自觉地读书、实践、反思、研究、写作。

建立教学主张与教育范式是优秀教师对自己教学实践进行高度理性解析与提升，形成思想成果的过程；建构操作体系，则是将思想物化，将技术经验梳理、搭建、完善，成为教学主张实施的途径、方式的过程②。如果将此作为优秀教师再发展的追求，那么如何实现呢？最基本的方式就是自觉地躬身于读书、实践、反思、研究、写作，舍此无任何终南捷径。读书是自我的充实，是与他人的专业对话，是为了有更好的理论指导实践；实践于教学，是教师工作的根本，是教师工作的出发处和归宿；反思是对教学实践以自我行为表现及其行为之依据的"异位"解析和修正，进而不断提高教师自身教育教学效能和素养的过程；研究是教师对教育教学，对自己生存、发展意义的不断地探寻、叩问和求证；写作是教师将默会知识向明言知识的转化，是提炼总结研究成果，是理性概括梳理思想……这几个环节周而复始、不断循环，其间每一步骤都可能是一个新的起点，但始终无终点。只要有一个环节被忽视和省略，优秀教师的发展都会固化、停滞不前。例如，教而优则仕，离开了教师的工作场——课堂实践，还能再发展吗？又如，教而不思、思而不研，则永远只能是一个优秀的"教书匠"。哪一位教育专家、教育家没有自己的著述？古今中外，成为教育家的优秀教师无谁能舍弃这一路径，无谁能跳过其中的哪一环节。因此，优秀教师一是应信奉而坚持这一方式，并在自己的专业生活中努力践行，持之以恒；二是要把每一步骤都做到充分扎实，绝不走

---

① 成尚荣.生活在规律中的主人：谈名师成长的方式 [J].人民教育，2009 (9)：46-49.
② 同上。

过场做花样；三是用研究、思考来串联整合整个循环，使每一环节都张扬着思想的力量。如此，优秀教师新的发展目标就有可能实现。因此，我们"百千万人才培养工程"名师培养对象，必须把"读书、实践、反思、研究、写作"作为自己接受培养期间，乃至终身发展的基本方式。我们要求老师们大量阅读、研究课题、发表论文、出版专著，出版本套培养对象系列专著，也正是基于这一点。

最后，保持正确的专业自我，葆有永久的信念和激情。

许多著名教育专家在总结自己一生的教学生涯时特别强调教育信念和激情在他们专业再发展中的价值和意义①。原联合国教科文组织国际教育规划研究所负责人库姆斯认为，"使教师成为优秀教师的，不是……而是教师对学生、自己、他们的目的、意图和教学任务所持的信念"②。而教育激情"可以产生一种推动性、激励性的力量"，"在某种意义上，激情确实是教学的关键"③。正确而合理的教育信念、自始至终的教育激情是教师顺利成长和完善教学实践的重要保证。雅斯贝尔斯强调，"教育须有信仰，没有信仰就不成其为教育"，"教育，不能没有虔敬之心，……缺少对'绝对'的热情，人就不能生存，或者人就活得不象一个人，一切就变得没有意义"④。

教师工作是一种基于信念的行为，这也就意味着信念和激情是教师专业发展的动力，这种发展是自发、真诚、内源性的发展，也是基于生命的灵动与热力高度自觉的发展，而非出于外在强制和纯粹基于个人私利，机械麻木与冷漠盲目的发展。无论是力辞官职、执着教坛的斯霞，还是不求闻达、但求学术的李吉林等名师，他们在成名后，也即优秀后并未就此止住前进的脚步，而是更加努力地跋涉，凭着信念和激情演绎自己的人生价值和理想，成为成功教师的典范。因此，教师在取得一定成绩，显示优秀的品质后，其专业自我应当在更高水平上提升，从而使其专业人格完整而和谐；应坚守信念永葆激情，认识到"优秀"只是检验自身发展的一个尺度，自己永远处于一

① 柳斌. 中国著名特级教师教学思想录 [M]. 南京：江苏教育出版社，1996.
② 库姆斯. 教育改革的新假设 [M] // 瞿葆奎. 教育学文集·国际教育展望. 北京：人民教育出版社，1993.
③ FRIED R L. The Passionate Teacher：A Practical Guide [M]. Boston，Mass：Beacon Press，1995.
④ 雅斯贝尔斯. 什么是教育 [M]. 邹进，译. 北京：生活·读书·新知三联书店，1991.

种"未完成"的状态，永远是在专业发展的路上，从现实的种种束缚及身体和心灵的各种禁锢中解脱出来，不断反省自己的专业自我，从中发现内在的冲突，祛魅头顶优秀光环，克服自我惰性、自我满足和自我功利，实现自我突破，在不断协调冲突的过程中把生命提高到新的层次，以自身的智慧更新对世界的理解，从而发现新的发展可能性和追求新的成长目标。

因为优秀，所以要走得更远。教育家来自教师，尤其是优秀教师。当优秀教师能够克服"优后"专业固化难题，实现专业再发展，走得更远的时候，国家、社会和人们期待的"造就一批教育家"的目标也就指日可待了。这也是我对广东省中小学"百千万人才培养工程"初中文科名教师培养项目的期待，对35位年轻而又优秀的初中教师的厚望。

我还要说的是，作为项目的主持人和导师组组长，我将在教育主管部门、省项目办和所在培养机构岭南师范学院的指导下，和导师团队及项目管理团队一起，坚持培养标准，强化专业引领，尽量做好服务，为老师们的成长扶一手、拉一把、送一程，让老师们走得更快、走得更稳、走得更远。

这就是在广东省中小学"百千万人才培养工程"初中文科名教师培养对象系列专著出版之际我想说的话，和诸位未来名师共勉。热烈祝贺广东省中小学"百千万人才培养工程"初中文科名教师培养对象系列专著的出版！热切期盼广东省中小学"百千万人才培养工程"初中文科名教师培养对象早成"粤派名师"！

李斌辉
2022年9月23日于岭南师范学院

前　　言

　　进入新时代，培养中小学生的核心素养对塑造他们的品格和发展健康的社会关系至关重要。然而，传统的道德与法治课堂教学往往过于注重单向灌输式的知识传授，缺乏启发性、灵活性以及与现实生活的有机联系。因此，我们应以《义务教育道德与法治课程标准（2022年版）》的实施为契机，主动探索新的、有效的教学方法与教学范式，使中小学道德与法治课堂教学能够更加贴近学生的生活经验和实际需求，体现回归"生活世界"的课程理念。

　　本书首先论述道德与法治课程教学的主要目标、基本原则和组织实施；其次，探究中小学道德与法治新结构灵动教学与课堂构建机制，包括灵动教学的内涵与特征、主要流程，以及中小学道德与法治课程新结构灵动教学的构建机制；再次，通过五个方面探讨指向课程核心素养的中小学道德与法治课程新结构灵动教学的策略，分别为"直面核心素养　创建灵动课堂""运用情感教学　打造灵动课堂""使用案例教学　创设灵动课堂""创设教学情境　构建灵动课堂""应用议题式教学　丰富灵动课堂"；最后，进一步探究课程核心素养与新结构灵动教学有机融合的主要成果。

　　本书具备三大特色：

　　一是理论与实践相结合。本书将教育理论与教学实践有机结合，旨在为中小学道德与法治课教师提供行之有效的教学策略和教学范式。本书通过对灵动教学理论的深入探讨，并结合实际教学案例，使读者能够更好地理解新结构灵动教学的核心概念和实施要点。

　　二是多样化的教学方法。本书提供了中小学道德与法治课程新结构灵动课堂的教学方法，包括情感教学、案例教学、情境教学、议题式教学等。这些教学方法旨在激发学生的主动性和参与度，不仅能够帮助学生更深入地理解以德治国与依法治国的核心概念，还能够培养他们的道德判断和法治思维。

三是关注核心素养培育。本书重点关注义务教育阶段学生的课程核心素养培育，包括政治认同、道德修养、法治观念、健全人格与责任意识等方面。通过灵动教学的实践，读者能够了解引导学生在学习生活中运用道德与法治相关知识的路径和方法，培养学生的核心素养，使他们成为"有理想""有本领""有担当"的时代新人。

本书在写作过程中，得到了许多专家、学者和一线教师的指导和帮助，在此表示诚挚的谢意。由于笔者水平有限，加之时间仓促，书中所涉及的内容难免有疏漏之处，希望读者多提宝贵意见，以便笔者进一步修改和完善。

王海滨

2024 年 8 月作于广州

目　录

第一章　道德与法治课程教学概论

第一节　道德与法治课程教学的主要目标

一、道德与法治课程教学目标的内涵与功能

（一）教育教学目标的含义及层次

1. 教育教学目标的含义

教育教学目标，是教学活动施行的方向和预期达到的效果，是所有教学活动的出发点和归宿。教育教学目标强调了由学习活动所引发的，学生在学习前后的变化，如当完成一段时间的学习后，学生能够做些什么，应该掌握什么或能够具备哪些特征和能力。简单来说，教育教学目标就是关于教育教学将对学生产生某种影响的具体表述，是在教育教学活动中期望达到的学生可测量的学习收获。

2. 教育教学目标的层次

关于教育教学方面的目标，由于层次不同，可以分为教育目的、教育目标、课程目标及教学目标等。

（1）教育目的：国家教育事业的最终目标，是根据经济社会各项发展要素要求和学生认知与情感发展规律确定的。它反映了国家对"培养什么人"的根本性要求，具体体现在宪法、教育法以及国家各项教育方针政策之中。教育是党之大计、国之大计。教育的根本问题是"培养什么人""为谁培养人""怎样培养人"，阐述了社会终极的教育价值。这是教育工作的出发点和归宿，指导着

各级各类的教育活动。我国新时代的教育目的就是为党育人、为国育才。

（2）教育目标：国家教育事业的阶段性指向和要求，是教育目的的具体呈现和落实，是国家对不同学段教育工作的重要要求，也是学校和各类教育机构的"培养目标"。进入新时代，我国的教育目标就是要培养"有理想""有本领""有担当"的时代新人，培养德智体美劳全面发展的社会主义建设者和接班人。小学阶段重在启蒙道德情感，开展启蒙性学习，培养学生成为社会主义建设者和接班人的美好愿望。小学阶段的教育目标就是对每一位小学生进行"养身育心"，以实现小学生德智体美劳的全面发展，为其终身可持续发展奠定基础。初中阶段则重在打牢思想基础，开展体验性学习，强化学生成为社会主义建设者和接班人的思想意识。初中阶段的教育目标着重培育学生的国家观念、规则意识、诚信观念和遵纪守法的行为习惯。

（3）课程目标：一门课程的意图和所要达到的教学要求，是具体化的教育目标，也是依据具体课程特征和学生发展规律而提出的具体目标。课程目标是课程设置的直接目标，它从课程的角度规定了学生通过某门课程的学习后，在品德、智力、体质等方面所应达到的学习效果。课程目标是课程的价值导向和宗旨，是课程开发的出发点和落脚点，是确定课程内容和设计教学目标、教学方法的根基。中小学道德与法治的课程目标就是培育学生的课程核心素养，即政治认同、道德修养、法治观念、健全人格与责任意识。

（4）教学目标：对课程目标进一步具体化，与具体的教学内容和教学过程密切相关，侧重于设置的教学活动能使学生得到多少学习收获。它是对学生在教学活动中及结束后所要达到的各方面状态的规定或设想，又被称作"课堂教学目标"。教学目标是对课程目标的分解和细化，当落实和实现了每一个教学目标，课程目标最终也就实现了。

中小学道德与法治的教学目标可细化为单元目标、课的目标和课时（框题）目标。单元目标是在一个教学单元中要完成的任务；课的目标是在一个章节中要实现的目标；课时（框题）目标是每节课要完成的任务。单元目标、课的目标和课时（框题）目标层层递进。在中小学道德与法治教学实践中，教学目标通常指的是课时（框题）目标。

教育目的、教育目标、课程目标和教学目标四者既相互区别，又相互联系。教育目的是整个教育工作的核心，是国家教育事业的终极目标，具有持续性和长期性，为教育工作者明确了工作的方向。教育目标与教育目的相比，略微具体，具有一定的阶段性和可操作性。课程目标依据课程标准制定，更加具体直观，导向性更强。教学目标最为具体，是针对某一具体教学活动提出的，更能在实践层面上进行操作和实施，具有可实践性和可测评性。教育目的、教育目标的主要意图都需要通过具体的教学目标来实现。

（二）教学目标的具体功能

教学目标不仅是教学活动所要达成的预期目标，还对教学活动具有重要的调节作用。有效的教学目标规定着教师的"教"和学生的"学"，支配着教学活动的全过程，对教师组织教学内容、确定教学重点、选择教学方法、安排教学流程等起着重要的导向作用，是课堂教学的灵魂，是落实课程目标的重要保障。合理、恰当的教学目标一经确定，有助于规范教师课堂教学的导向和任务，避免毫无章法的教学行为，对课程目标的真正落实和教与学双向活动的高效开展起到积极的促进作用。具体表现如下：

1. 达成课程目标

教学目标的准确设定是实现课程目标的基本途径。明确的教学目标，是有计划、成体系、循序渐进地保障课程目标贯彻落实的重要手段。通过设定科学、准确的教学目标，教师对课程目标、单元目标进行每课时的具体化处理，对课程有清晰的认识，避免对课程标准和教学内容的随意阐释，确保课程的方向性和一贯性，从而实现课程目标的落地。

2. 调控教师教学

教学目标是教师教学活动的指南，它调节和控制着整个教学过程，对教学活动的开展具有统领作用。预期的教学目标是教学准备、实施的指挥棒，促使教师合理利用课时、科学组织教学内容、选择教学策略，充分发挥教师的主导作用，实现对教学的有效调控。教师以预期的教学目标为依据，预设、组织和实施教学活动，充分运用设问、体验、探究、评价等方式调控课堂教学，使教学活动朝着预期的教学目标发展。

教学目标体现了教师的教育思想和教学理念。为了指导学生获得预期的认知，实现教学目标，教师会通过集体备课，精心设计教学内容，有创意地整合教材知识模块，运用科学合理的教学策略与教学方法，科学设计教学过程，调整课堂节奏，优化教学环节，提高课堂效率，确保教学活动的科学性、有序性、连贯性和整体性。

3. 激励学生学习

对学生来说，学习的第一要务应当是明确学习目标。教学目标是以学生为主体，对学生学习效果程度的描述，是学生进行有目的的学习活动的指标。明确教学目标可以使学生了解预期的学习任务，做到有的放矢，将教学目标转化成自己的学习目标，更好地制定符合自己实际情况的学习方案，实施有效的学习。

在课堂学习过程中，教学目标可以激发学生的学习动机，改善学生的学习表现。合理的、符合学生认知水平的教学目标能激发学生的学习动机和学习积极性，使学生产生实现目标的强烈愿望，形成学习向心力和内驱力。如果教学目标设定太简单，学生就会觉得过于容易、没有挑战性而提不起学习和参与的兴趣；而教学目标设定太难，学生会觉得无论自己怎么努力，都不可能达到，从而心灰意冷，无动于衷。教师应根据学生的学情、经验和个体的实际需要确立具体的、高于学生现有发展水平，"跳一跳"可以够得着的难度适中的教学目标，这样才能更好地发挥学生学习的主体作用，使其产生主动参与学习的意识，自觉选择学习方法并监督自己的学习进程，获得比较持久的学习动力，进而提高学习效率。

4. 提供教学评价依据

对一堂课的评价，有很多标准，如学生的课堂参与程度、教师上课的思维清晰度等。利用目标导向来测量和评价教学是否达到了预期目标是客观、可靠的标准。教学目标是对学生学习效果的预设，具体的教学目标为检验学生学习效果的达成提供了客观的评价依据。对教学目标的检验，往往包括评判教学目标是否实现、目标达成到何种程度、教学质量如何、能否进一步优化教学过程等，都以原定的可测的教学目标为检验的标准和依据。教学目标为科学测试、客观评价提供了明晰的指标，为教学评价提供了科学依据，有助于教师对教学过程的评价和改进。

二、道德与法治课程教学目标的准确设定

（一）道德与法治课程目标

思政课是落实立德树人根本任务的关键课程，道德与法治课程是义务教

育阶段的思政课。目前，从课程目标的功能来看，道德与法治课程目标既是教材编写的依据，也是教师分析教材、设计教学活动的依据。课程目标不但规定着教学设计的方向，而且决定着教学资源、教学活动的取舍与组织。教师在选择教学内容时必须严格按照课程目标的要求进行，如选取哪些内容、这些内容在什么阶段出现、用什么方式呈现等，都取决于课程目标的规定。课程目标的特点和要求为学生学习方式的选择提供了标准和依据。此外，课程目标还是课程实施和课程评价的指标，是教学活动的价值追求。

《义务教育道德与法治课程标准（2022年版）》明确指出，要培养学生的政治认同、道德修养、法治观念、健全人格和责任意识等，增强学生做中国人的志气、骨气、底气，为培养以实现中华民族伟大复兴为己任的有理想、有本领、有担当的时代新人打下牢固的思想根基。道德与法治课程具有政治性、思想性、综合性、实践性的特点，应围绕核心素养，体现课程性质，反映课程理念，确立课程目标。道德与法治课程目标可具化为义务教育阶段道德与法治课程核心素养，即政治认同、道德修养、法治观念、健全人格和责任意识等。核心素养是课程育人价值的集中体现，是学生通过课程学习逐步形成的正确价值观、必备品格和关键能力。政治认同是社会主义建设者和接班人必备的思想基础；道德修养是立身之本；法治观念是行为规范；健全人格体现身心健康；责任意识则是担当民族复兴大任的时代新人的根本要求。

立德树人是教育的根本任务，中小学道德与法治课作为显性的德育课程和"大思政"课程，把政治认同素养目标放在首要的、突出的位置，同时关注学生良好道德品质、法治观念和公民素养的培育，促进学生社会性健康发展和良好行为习惯的养成，使学生学会做人、学会做事，过有理想信念、有思想境界、有法治素养、有责任意识的生活。课程目标要求道德与法治课的教学，不仅要实现学生对知识的学习、认知水平的提高和课程关键能力的培养，还要重视对学生良好道德品质、健全人格和品格价值观的塑造和转变。

此外，课程目标中不仅有直接的、终结性的目标，如道德认知目标、法治认知目标、行为参与目标，还涵盖一些只能在学生学习过程中间接实现，并贯穿于各个活动之中的间接的、过程性的目标，如合作学习的能力、探究与思考能力、倾听和表达能力、收集和提取信息的能力、与他人有效沟通的能力、统筹协调的能力等。它们既是学生完成学习任务不可缺少的能力，又是学生成长、适应社会所必须具备的能力。教师在教学中需兼顾这些目标，不能偏废。

在课程教学中，教师要将知识学习、过程方法、关键能力的培养和课程核心素养的培育融为一体，既不能单纯、片面地强调知识的学习，又不能脱离知识能力的教学和过程方法的运用而进行抽象的、空洞的课程核心素养的培育。

（二）教学目标的准确定位

教学目标是教学活动的核心和灵魂，对教学活动起着导向、激励、调节和测评的作用，它支配着教学的全过程。它既是教学的价值定位，又是教学实施和评价的依据。教学目标不仅规定着"教"与"学"的方向，还关系到课堂教学效率问题。教学环节中设计的各项活动，都是为了落实教学目标。可见，教学目标的准确定位是有效教学的前提。

1. 教学目标的设定依据

教学目标的设定受课程标准的制约，要依据教材，根据学生实际和具体的教学条件确定以学生为本的教学目标，尽量做到近、小、实，切忌远、大、空。

（1）紧扣课程目标。课程目标是课程的价值导向和宗旨，是对教学活动整体性的要求，它集中了学科和课程发展的现状和时代的需要，是教师把握每一课时教学目标的基础和前提。课程目标往往需要通过一系列教学活动才能实现，尤其是课程核心素养必须经过长期的熏陶、一以贯之的培育才能具备。因此，在设定教学目标前，教师必须深度研读《义务教育道德与法治课程标准（2022年版）》，把握道德与法治课程的性质、任务，理解课程理念，明确道德与法治课程的总目标，领会目标的内涵和特点。在整体把握课程目标的基础上，熟知课程目标对每一节课目标的规定，确定每节课的具体目标，处理好课程目标与具体教学目标之间的关系，把握教学的整体方向和核心价值。

（2）整体把握教材。教材是实施课程标准、实现教学目标的最基本的资源和依托。中小学道德与法治统编版教材按照主题组织材料，结合儿童与青少年不同的认知特征，形成具有学习梯度的内容层次和系列。教师应站在整套教材的高度，俯瞰不同学段各年级各册教材的具体要求，认真研读教材，厘清整套教材的教学目标序列，准确把握教材的内容和编排体系，了解教材的逻辑结构和呈现方式，理解单元与单元、单元与课题、课题与框题教材内容之间的关系，尊重教材的整体性、系统性和逻辑性，设定合适的教学目标。教师只有把握好教材在学生不同发展水平上所呈现的编写意图及教学重难点，了然于心，才能做到教学有度，进而准确设定课堂教学目标。

（3）深入了解学生。教育是促进人的发展的活动。教学目标的设置必须考虑学生发展的需要，与学生某一阶段的年龄实际、认知规律和接受能力相适应。教师应充分考虑学生的认知基础和认知差异，了解学生的现实生活和实际关系，了解每个学生的生理、心理特点和个性化需要，了解其家庭和所在社区的状况，把握学生的个性特征、已有的认知水平，知道学生要经历怎样的过程才能实现知识的获取、能力的提高和情感的升华，掌握学生的年龄特征、行为表现及实践能力，从而设定符合学生身心发展实际、切实可行的教学目标。

2. 教学目标的三个维度

教学目标依据课程目标而设立，是对课程目标的具体化，教学目标的内容和范围应与课程目标保持一致。根据核心素养培育要求，教学目标通常分为三个维度，即情感态度与价值观目标、知识与技能目标、过程与方法目标。

（1）情感态度与价值观目标，是学生学习过程中或学习结束后情感与思想的提升，是对学习思想意识方面的收获。它包括学生学习需要得到满足时的情感体验、学习态度、价值判断等。情感态度与价值观目标具体可分为认可、认同、认定三个层次。

（2）知识与技能目标，是学生学习过程中或学习结束后所能获得的学科知识和关键能力，是对学生学习结果的评价。学懂、学会、能应用等学科关键能力是这一目标在层次上的要求。

（3）过程与方法目标，是学生学习过程中或学习结束后获得知识与技能的过程。具体包括：让学生了解相关知识形成，掌握和获取相关知识的过程与方法；让学生了解知识的来源、规律、特点等，关注学习的过程、方式、手段、途径等，掌握相关的策略。过程与方法目标最显著的特征是亲身体验与探究。关注过程与方法目标，由片面强调学习结果变为强调学习过程，关注学生在学习过程中的主动体验探究和对学习方法的掌握与内化，这要求教师不仅要强调学生对基础知识的把握，关注学生关键能力的发展，还要聚焦学生对学习方法的主动探究，创设有利于学生体验和感受的学习环境。

需要注意的是，设计三维教学目标要注重有机整合。三维教学目标不是三个独立的目标，而是一个问题的三个方面、三个维度，它们分别从不同侧面解析教学目标，是一个相互联系、相互渗透的统一整体。情感态度与价值观是核心，是课堂教学的"动力系统"；知识与技能是基础和载体，是课堂教学的"导航系统"；过程与方法是策略和途径，是课堂教学的"操作系统"。知识与技能必须在学习过程中、在科学方法指导下得到落实，使学生在学习知识过程中感悟方法，获得情感态度与价值观。

3. 教学目标的四个要素

教学目标的设定应当是明确的、具体的，可供观察和测量的。规范的课堂教学目标应该包含四个要素：行为主体、行为动词、行为条件和表现程度。围绕这四个要素，应注意以下问题：

（1）行为主体要明确。教学目标指的是学生的学习结果，而不是教师在教学过程中做什么、怎么做。因此，教学目标中的行为主体是学生，判断教学有没有实效的直接依据是看学生有没有获得具体的进步。在设定教学目标时，教师必须以学生的学作为出发点，应该表述为"通过学习，学生……"。规范的教学目标应以"学生能……"开头，"学生"二字在表述上可省略，但必须是隐含的。

（2）行为动词必须是可测量、可评价的。教学目标的表述应该避免使用模糊、笼统的行为动词，如"了解""理解""掌握"等，笼统的表述会使学生不知所云而形同虚设。教师应尽量使用"说出""感受""回忆""解释""区分""归纳""比较"等可以直接观察和测量的外显行为动词。教师使用可测量、可评价的行为动词表述的教学目标，能更充分地发挥教学目标的调控和评价功能。

（3）行为条件须清晰界定。教师在描述教学目标时，需具体说明在何种条件下达到什么样的学习程度和结果。如"利用网络……"是辅助手段的限制；"在三分钟内，能……"属于时间限制；"在小组讨论时，能……"属于课堂情境的限制。清晰界定的行为条件使教学目标有明确的指向性，能更好地规范教学行为。

（4）表现程度呈底线。表现程度呈底线指学生经过学习之后发生的行为改变的最低表现水平，可用来衡量学习效果。例如，"在自己的家庭生活中，列举至少三种父母与子女之间经常发生的亲子冲突"的教学目标描述中，"在自己的家庭生活中"是行为条件；"至少三种"则指出了学生行为的表现程度。

教学目标是教学设计的"指南针""方向标"。在解读教材、设计教学活动的时候，教师应在把握整体课程目标的基础上，结合学生的实际情况来设置教学目标。每节课的教学目标应尽可能根据本校或本班学生的实际情况设计，尽量做到"一班一标"，同时符合认知的阶段性和学生的可接受性，做到清晰、明确、具体、可操作，避免大而空；不能将课时教学目标与课程目标混为一谈。只有准确定位教学目标，每个教学环节的阶段性目标才会清晰、明朗，才能增强教学的实效性。

当然，在教学实施过程中，教学目标也不是一成不变的。教师在组织教学活动时，要留意每个学生在活动中的表现，关注教学过程中形成的问题，根据教学的进展和学生的实际状况适时调整目标。教学活动结束后，教师还应结合学生的课堂反馈和作业完成情况检验目标的达成程度，深入反思以便进一步改进和完善教学。

总之，中小学道德与法治课教学目标的确定，既要依据教育目标、课程目标，又要围绕区域实际情况及校情、班情、师情、学情等方面，这样才能设定符合学生发展要求的目标。

第二节　道德与法治课程教学的基本原则

一、道德与法治课程教学原则的含义与依据

（一）道德与法治课程教学原则的含义

教学原则是依据教育教学目标，遵循教学规律而制定的指导教学工作的基本原理，是对教学过程的基本要求，是从长期的教学实践中总结出来的。这些要求贯穿于教学过程各个环节的方方面面，是教师有效开展教学活动、

组织教学内容、选取教学方法和教学手段、设计教学组织形式、成功实现教学目标必须遵守的准则。教学原则以学生发展为根本方向，反映了人们对教学活动特点和规律的认识。它的正确使用和灵活运用，是提高教学质量的重要保证。

（二）我国中小学教学原则分析

1. 小学教学原则分析

我国小学的教学原则是根据小学教育教学目标，反映小学教学规律，用以指导小学教学工作的基本准则，包括科学性与教育性相结合的原则、直观性原则、启发性原则、巩固性原则、循序渐进原则、因材施教原则、理论联系实际原则、量力性原则等。下面结合小学道德与法治课程的教学实际，具体介绍以下四个原则：

（1）科学性与教育性相结合的原则。科学性与教育性相结合的原则是指教师既要把课程的基础知识和基本技能传授给学生，使学生形成严谨的科学态度，又要结合课程内在的德育因素，对学生进行思想政治教育、道德品质和法治意识教育，使知识教学与思想教育有机统一。该原则是对"课程思政"要求的充分体现和贯彻落实。在教学实施过程中，教师在确保教学科学性的同时，要充分挖掘教学内容、教学情境和过程生成中蕴含的教育性因素，以科学文化知识的传授为基础，以培养具有良好的思想道德素质、全面发展的人为最终目的，完成教书育人这一光荣使命。

（2）直观性原则。直观性原则是在教学活动中，基于小学生的认知特征和思维特点，教师将多样的直观教具演示与教学语言的形象描述、讲解相结合，充分调动学生的多种感官和已有的知识经验，通过各种形式的直观感知和主观体验，引导学生形成清晰的表象，获得形象生动的感性认知，以便正确理解和系统掌握所学知识。教学应从个别到一般、从具体到抽象，反对空洞无用、脱离实际的教学，要求从直观出发，充分运用实物、模型、图示等进行教学。

（3）启发性原则。启发性原则是教师在教学过程中突出学生的主体地位，引导他们独立思考、主动参与、积极探索，注意调动学生学习的主动性、积极性和创造性，提高学生具体提取和解读信息的能力、分析问题和解决问题的能力。启发性原则突出强调了"学为中心""以学促教""以学引评"的基本原则。在教学过程中，教师应积极创设问题情境，充分调动学生学习的主动性，引导学生动手动脑、积极参与课堂，进而独立思考、自主构建知识体系。当学生遇到困难时，教师应及时予以帮助、因势利导，培养学生的逻辑思维能力和分析问题、解决问题的能力。

（4）因材施教原则。因材施教原则是指教师在教学中面向全体学生，依据课程标准对教学作出统一要求的同时，结合学生的自身实际和个体差异，有针对性地进行个性化教学，帮助每个学生做到取长补短。在教学中，教师应重视学生不同的年龄特征、知识经验、学习能力、思维方式和具体的行为表现，根据每个学生发展的个性特点，选择多样化的教学内容和方法，提出不同层次的要求，改变教学进度，有针对性地进行教学，满足不同学生的需要。该原则体现了以学生为本的教育思想，是对教育公平理念的践行。

2. 中学教学原则分析

（1）学科适切性原则。中学教学要根据学科的性质和特点，合理选择教学内容和方法。不同学科具有不同的知识结构和学习规律，教师需要根据学科特点，设计适合中学生的教学方案，使学生能够系统、全面地学习和理解学科知识。

（2）探究性原则。中学教学强调启发学生的思维能力和创造力，引导他们主动思考、积极探究。教师应该创设问题情境并结合案例教学，培养学生的逻辑思维能力和解决问题的能力，鼓励他们进行实验、观察、实地调查等探究性学习，培养学生独立思考和自主学习的能力。

（3）学生主体性原则。中学教学要注重学生的主体地位，尊重学生的个性差异和发展规律。教师应关注学生的兴趣、需求和能力水平，充分发掘学生的潜能，提供多样化的学习机会和资源，激发学生的学习动力，促进他们全面发展。

（4）实践性原则。中学教学应与实际生活和社会实践紧密结合，使学生能够理论联系实际，将所学知识应用到实际问题中。教师可以通过案例分析、实践活动、实验研究等方式，引导学生主动参与实际操作和实践探索，培养学生解决实际问题的能力和应用知识的能力。

（5）综合性原则。中学教学不仅要注重学生学科知识模块的学习，还要培养学生的学科关键能力和品格价值观。教师应注重学生的品德、智力、体魄、美感和劳动教育的全面发展，通过各种途径和活动培养学生的创新精神、团队合作能力、实践能力等综合素质。

（6）引导互动性原则。中学教学是一种引导和互动的过程，教师应该充当引导学生学习的角色，而非简单地灌输知识。教师应该激发学生思考和探索的欲望，通过提问、讨论和互动活动，积极引导学生参与课堂，培养他们的批判性思维和解决问题的能力。

（7）循序渐进性原则。中学教学应该按照学科知识的逻辑顺序和学生认知发展的规律，循序渐进地组织教学内容和活动。教师要根据学生的学习能力和认知水平，逐步推进教学进程，使学生能够逐步建立知识体系，深化对学科的理解。

（8）合作性原则。中学教学应鼓励学生进行团队合作，培养他们的合作意识和团队精神。通过小组合作学习、研究性学习和社会实践活动等方式，促进学生之间的交流与合作，培养学生的合作力、协调力及领导力。

（9）评价性原则。中学教学应该注重评价与反馈，及时了解学生的学习情况，帮助他们进行自我评价和优化提高。教师可以采用多种评价方式，如作业评价、考试评价、项目评价等，为学生提供具体的反馈和建议，引导学生认识自己的优势和不足，增强他们的学习动力和自我发展能力。

这些原则在中学阶段的教学中是非常重要的，它们有助于提高教学质量，提高学生主动学习和全面发展的能力，培养他们的合作能力、创新能力和综合素质，为他们未来的学习和发展奠定坚实的基础。

（三）道德与法治教学原则的确立依据

1. 教学规律

教学规律是教学发展过程中本质的、必然的、稳定的联系，它客观存在并支配着教学活动。教师在设计、组织、实施教学活动时，应自觉认识和尊重教学的客观规律。中小学教学规律应将传授知识与思想品德教育相统一、间接经验与直接经验相结合、掌握知识与发展智力相统一、教师主导作用与学生主体作用相统一。教学原则的确立都是建立在人们对教学规律深入认识的基础上的。只有认识、把握和遵循这些规律，才能处理好教学中的各种矛盾关系，使教学达到预期的目标，获得成功。教学原则反映教学规律。但需要注意的是，教学规律与教学原则不是一一对应的关系，根据一条教学规律可以提出多条教学原则。

2. 教育目标

教学活动要为"培养什么人"的总目标服务，确立教学原则除了认识和把握教学规律外，还应符合社会的教育方针和教育目标的要求。教学原则只有与国家的教育目标相一致，才可能指导好教学工作。党的十八大以来，我国的教育方针是教育必须为社会主义现代化建设服务、为人民服务，必须与生产劳动和社会实践相结合，培养德智体美劳全面发展的社会主义建设者和接班人。我国的教育目的是为党育人、为国育才；教育目标是培养有理想、有本领、有担当的担负民族复兴大任的时代新人，培养德智体美劳全面发展的社会主义建设者和接班人。各级、各类学校教育教学工作都应围绕教育目标，育人先育德，把思想政治教育融入各类课程的教学中，真正落实立德树人的根本任务。

3. 学生身心发展规律

学生是教学活动的主体，只有契合学生身心发展规律和年龄特征的教学活动才能受到学生的欢迎和认可。虽然中小学生的思维发展是由具体形象思维向抽象逻辑思维过渡，但他们的抽象逻辑思维在很大程度上仍具有具体形象性。在学习过程中，他们既可以直接感知客观事物，又可以通过亲身实践获得感性体验。中小学生的个体成长都会经历某些共同的成长阶段，但在成长速度、成长优势以及实现的目标等方面存在个体差异。针对中小学生的认知水平和个性特点而确立的直观性原则和因材施教原则显然符合受教育者身心发展的规律。只有依据学生的身心发展规律和个性特征确立的教学原则，才可能使教学活动达到培养人的目的。

二、道德与法治课教学过程中的具体原则

中小学道德与法治课以学生课程核心素养培育为核心，以促进学生关键能力和社会性发展为重点。立德树人、铸魂育人是课程教学的根本任务。教师应将教学原则与课程特点相结合，坚持以学生为本，从育人的高度设计每一节课，根据学生的年龄特点和认知发展规律选择和确定教学内容、教学方式和教学活动，做到以学定教，提高课程教学的针对性和亲和力，提高道德与法治课程的思想性和思维性。在教学过程中，教师应遵循以下具体原则：

（一）生活性原则

生活性原则是指教师要以学生的学习生活为基础，创设真实的生活化学习情境，主动关注学生的学习体验，使教学设计与教学方法回归学生生活，并在学生日益丰富的学习生活基础上，拓展学生发现和解决问题的思维空间，促进学生可持续发展，实现"理从生活来、行归生活去"的教育理念。

中小学道德与法治课的生活性原则是指教师应立足学生生活实际，以中小学生的学习生活作为教学设计的基本来源，创设密切联系学生生活的主题化活动情境，用正确的人生观、世界观和价值观引导学生。可见，中小学道德与法治课作为一门建立在学生生活基础上的课程，课堂教学应以学生的现实生活为主要源泉，密切联系中小学生的生活经验，以学生生活体验和现实问题为切入点，唤起学生对生活的回忆，循序渐进，科学设计教学内容，指导学生的生活行为，增强教学的吸引力和感染力。

中小学生的生活是真实、丰富、有益的学习资源。学生素养的形成源自学生对生活的体验、认知、感悟和升华。学生在生活中经历了许多事情，形成了各种日常生活认知，感受到各种社会评价带来的情感体验。当生活认知进入学生的意识，学生往往会从已知的体验中找出与之匹配的事件、观念和情感。如果匹配成功，就被学生理解、接受；反之，将被抵触和排斥。教育只有对接学生的生活体验，才能让学生感受到教育不是一种外来的强迫，而是一种自身的需要，从而促进学生对教育教学的认同和趋从，实现学生对知识和能力由内而外的自主构建。可见，教学激活学生的生活经验，是知识实现顺利同化的关键。

对中小学生来说，只有与他们的真实生活有密切联系的学习，才是最有意义的。脱离了现实生活，道德只能成为抽象的原则和僵硬的教条。因此，道德与法治课的教学要关注学生当下的生活意义和价值。教师需要了解学生对生活的感受，熟知他们已有的生活经验，选取学生生活中真实可信的生动事例，贴近学生的生活，反映学生的需要，使课堂充满生活气息，让学生从自身生活出发，用自己的眼睛观察社会、用自己的心灵感受世界。通过参加与自身生活有关的，看得见、摸得着的教学活动来激发学生内心深处的情感，以及真实的社会认识和体验，使学生领悟到在实际生活中应该怎么做，把在课堂里接受的教化转化为生活中的实际行动。

生活性原则要求道德与法治课教学必须贴近学生生活，从学生成长实际和生活需要出发，教师要有针对性地组织教学资源、设计教学活动、选择教学方式、创设生活化情境、开展生活化活动。比如，在实施教学前，教师应聚焦现实生活，详细了解学生的家庭状况和生活环境，了解学生已有的前概念认知与经验，聚焦他们所焦虑、关注的问题。由于自身年龄太小，中小学生很少能注意到家人对自己的付出，容易以自我为中心，觉得享受家人的爱理所当然。此外，每个班级里总有一些来自单亲家庭或父母工作繁忙家庭的学生，这些学生因为亲情不完整或父母暂时缺席而怀疑家人对自己的爱，大多数学生不能理解家人对自己的严格要求也是爱的一种表现。另外，小学低年级学生很难将对家人的爱上升到感恩的层面，更不懂得用适当的方式来表达。教师只有了解、把握这些具体学情，才能设计有针对性的教学环节，并在课堂中给予正确引导，引导学生理解家人为自己健康成长付出的辛劳，辨析真正的爱，学会感恩，把对家人的爱转化为实际行动。

在具体的教学过程中，教师要减少脱离中小学生生活实际的说教式、灌输式教学。道德与法治课堂不能仅仅是道德与法治观念的灌输和知识的传授，还应融入学生的生活，考虑到不同学生的认知差异，要根据学生已有的经验设计教学模式。教学中的每一个活动设计都不应简单地呈现，而应借助主题案例使之情境化、问题化。比如，要设计学生体会父母养育子女的不易和辛劳的教学活动，教师就需要从现实生活出发，创设有典型代表性的、可与学生产生共鸣的生活案例，通过照片、视频、故事等形式呈现，这样父母对子女的爱就变得生动、立体起来，由此激发学生对父母养育之恩的回忆与回报。只有设计以中小学生为主角的"生活事件"的教学活动，才能唤起学生的真情实感和参与活动、探究互动的渴望，激发学生学习的积极性。

此外，道德与法治课教学不能仅仅停留在认知和情感层面，还应在立足学生生活的基础上，注重反思生活、超越生活，给予生活智慧的指导，这样才能真正对学生生活产生影响。教师在教学内容选择上必须满足学生的需要并能为他们所理解和接受，从而有助于解决他们的困惑和问题。

有意义的生活是学习道德与法治课的最佳途径。脱离了学生生活实际的道德与法治课教学只能使学生习得抽象化的品德条文；脱离了生活的道德与法治内容的学习，也就只能流于形式而毫无实效。唯有在现实生活中，对学生生活真实情境的再现、提炼和升华，通过师生、生生的多元互动，引导学生进行体验探究，触动学生的心灵，进而培养学生的法治思维，激发学生的道德情感，形成相应的实践行为，才能提高课堂教学的生动性和实效性。

（二）综合性原则

中小学道德与法治课是一门综合性的课程，教学内容来自不同主题、领域。道德与法治课程将道德教育、生命安全与健康教育、法治教育、中华优秀传统文化教育、革命传统教育和国情教育等方面进行有机融合，还将社会环境、社会生活、社会关系等主要因素融入个人、家庭、学校、社会、国家、世界，综合交叉呈现。针对道德与法治课程特点，教师在教学中应遵循综合性原则。

中小学生的生活是一个多样、综合的统一体，教学呈现给中小学生的世界应当是能够使学生所观、所思、所感、所悟的真实世界，而不应是成人化、世俗化的世界。因此，教学内容应努力实现相关学科（道德与法治、语文、历史、地理、心理健康等）和相关领域（个人、家庭、学校、社会、国家、世界）的整合与融合。但要注意的是，道德与法治课程不是多种学科和多个领域的简单叠加，而是以中小学生的生活为基础，打破原有的学科知识体系，围绕中小学生生活逻辑，重新构建的新的综合内容体系。

道德与法治课是一门大德育类课程。中国的大德育概念不仅指道德教育，还包括思想教育、礼仪教育、心理教育、法律教育等。比如"消费"这一生活事件，会涉及科学教育、道德教育、法治教育和心理教育等内容。因此，道德与法治课教学应以生活为逻辑整合各种教育资源，使学生通过综合性教学内容的学习来还原完整的生活。教学活动应体现学生生活经验、知识学习与社会参与的融合。学生通过学习，学到的不仅仅是道德、法治等方面的知识，而是一种生活的智慧、心灵的触动，进而形成比较完整的品格价值观。

除了内容的综合性，道德与法治课还具有多元的课程价值和目标，关注学生全面、和谐的发展，强调知、悟、行的统一。教学目的绝非仅仅是知识的获得、间接经验的掌握，其主导价值在于促进学生核心素养培育和社会性的健康发展。因此，在具体的课堂教学中，其教学内容的选择、教学活动的设计都不同于主题班会课、地理课和历史课，而应突出其培根铸魂、固本培元的功能，在不偏离立德树人根本任务的基础上，实现教学目标的有机统一。

　　道德与法治课程教学不能仅仅追求道德教学科目或法律规范知识的严密体系，而应以学生的经验为起点，从学生生活实际出发，在对学生进行生活教育的同时自然而然地融入道德教育、法治教育，引导学生过有理想信念、有良好道德和法治素养的生活，将个人的成长融入家国情怀和对社会的责任担当之中。

　　（三）活动性原则

　　活动性原则，是课堂教学以丰富多彩的活动为主要形式，让学生在教师的引导下，积极参与各种有意义的活动以培养其品格价值观，形成正确的价值判断和良好的行为习惯。

　　道德与法治课是一门活动型的课程，其课程标准强调应以学生直接参与的丰富多彩的活动为主要教学形式，强调寓教育于活动之中。可见，教学目标需要通过教师指导学生直接参与的主题活动、游戏和其他实践活动来实现。教学过程不是单一书本知识的传递和接受，而是把活动作为教与学的基本形式，使活动成为教师教与学生学的中介、成为实现教学目标的有效载体。

　　人的内心总有一种本能的需求，认为自己应是一个事物的发现者、探索者、实践者。在学生的精神世界里，这种需求更加强烈。学生有动脑思考、表达自己内心想法的内驱力。要让这种内驱力释放并发挥作用，就需要教师创设具体的情境，设计多样的活动过程，引导学生主动参与、互动探究，以探索、调查、讨论、游戏、制作等形式，让学生在活动中去看、去听，去发现、去辨析，培养学生的辩证思维，从而形成内化的核心价值观。

　　价值观的形成与学生对生活的体验、认识和感悟紧密相连，教师的讲解不可能替代学生的主观感受。每个人的情感态度与价值观的选择都是在个人成长实践过程中，通过模仿、尝试和践行逐步习得的。道德与法治课堂显然需要改变那种直接或间接呈现道德知识和法治观点的传统做法，应从学生成长中所遇到的各种现实问题出发，用问题情境或多元活动来呈现课堂，设计一个个有感觉、能触摸的议题、话题或研学项目，使学生的思维创新从真实的社会生活中呈现出来。教师要主动创设有利于学生尝试选择和参与体验的机会，激发他们学习的欲望，让学生在积极参与的实践活动中体验、感受和辨析，在体验中认知社会生活，在参与中发展自我，实现情感的依从、认同和内化，使学习从认知拓展到情感、心理和人格等领域，帮助学生完成自主"习德""识法"，在实现知识增长的同时，促进学生身心和人格的健全与发展。

基于此，教学活动的设计，首先要保证活动的主题和内容是适合中小学生的，是他们能够接受的，能够帮助他们进一步丰富已有知识经验，使原有的知识经验融入学生的学习过程中，成为他们自主学习和社会实践的基础，激发他们自己去探索、悟出结论，激励他们去追求更好的生活和更好的自我。一切教学活动都应以中小学生的核心素养培育为基点。教师应从学生的视角出发，把握中小学生内心的困惑和认知的难点，作出契合其认知水平的教学设计。只有这样，才能使教学活动的难易度恰当，使教学活动真正成为学生们的"内需"，通过中小学生喜闻乐见、生动活泼的方式，引导学生运用观察、采访、调查、实验、探索、讨论、游戏等多种形式去体验生活，帮助他们发现并解决现实生活中的问题，使学习的过程成为品格价值观形成的过程。

在活动中，教师应尊重和按照学生的认知、情感、兴趣、经验和需要，及时给予解答和关怀，引导学生增进认知、稳定情绪、端正行为、改善关系、树立信心、积极进取，使学生积极、主动地进行求知和探究活动。学生在活动参与中，会下意识地将以往生活中自己或他人的不文明行为裹挟进来，进行反思，以思导行，进而规范自己的言行。教师的作用主要体现在创造活动的条件和机会，与学生共同参与活动来支持、引导他们主动学习。

教学活动在形式上可根据具体的教学目标、内容、资源、主客观条件及学生情况的不同，选择不同的活动形式。一节课的教学可以是一个或几个活动，采用个体、小组、集体等多种活动形式，让全班每一个学生都动起来，不让一个学生游离于活动之外。在活动参与过程中，学生不是被动、被迫的，而是积极、主动的参与；不是个别学生的参与，而是全体学生的参与；不是暂时的、表面的参与，而是全身心、自始至终的参与。教师通过玩、唱、画、演、做、思等多种活动手段开展教学，尊重和发展学生的主体意识和能动精神，让学生真正成为学习的主人。

（四）开放性原则

开放性原则是指教学应以学生的现实生活为依托，拓展课程的教育空间，展现课程内容、形式、资源、时间、空间的开放性特征，使课堂教学面向中小学生的整个生活世界。

道德与法治课的教学内容不仅仅局限于课堂，教师还应将课程教学与相关学科及主题班会、团队活动、社会实践活动等紧密结合，从中积累大量的情境素材，丰富学生在课堂以外的学习经验，以拓展道德与法治课的教学内容。时代是不断变化的，与之相适应的价值观念和道德标准也随之在不断地发生变化。教师应关注社会和时代的发展与变化，以开放的思维与视野进行教学设计，重视教学与学生的生活实际相结合，充分利用一切可以利用和挖掘的资源，使教学具有强烈的时代感和针对性，真正实现课堂教学的有效性。

教学内容是开放的。所有源于教材或生活实际的，中小学生感兴趣、对学生有意义的素材，教师都可以将其运用于教学中。根据教学的需要，教师可对教学素材进行灵活选择、开发和整合，而不是仅仅固守着给定的教材。一般而言，教材都是立足大多数学生共同的生活经验而设计的，无法兼顾每一个学生的生活经验。因此，在道德与法治课的教学中，每一个教学环节的设计都应为学生个性融入课堂留有余地。教学时，教师可充分利用教材中的留白、探究性问题和小栏目的设计，有意识地捕捉和获取学生现实生活的相关现象、困惑和问题，并以此为契机，引导中小学生关注自己生活中遇到的真实、个性化的案例。如果每个学习活动都围绕一个案例，那么一定要留有让学生结合自身实际进行表现的余地，更有效地培养学生进行主动、自动、联动、互动、创动和触动，最大限度地达到教学效果。

教学渠道和学习空间是开放的。道德与法治课程具有很强的实践性，强调生活体验和社会实践，教学活动不仅局限于课堂内的几十分钟，还应延伸到课外，从课堂学习拓展到学校、家庭及社会生活。课程核心素养的培育不可能仅仅依靠课堂内的教学，更重要的在于有针对性地引导学生去践行，指导学生将课堂所学知识运用到自己的现实生活中，规范自己的言行举止，改变自己的生活方式，解决实际生活中的问题，如课前调查、班级竞赛、社会实践等形式，实现课堂内外、学校内外学习的有效融合。教师可根据教学内容、教学方式的实际需要，灵活地选择教育渠道，实现教育效果的最佳化。

教学评价的开放性。大德育类课程的教学评价不能仅仅关注学生每堂课的学习结果，更应重视学生学习的过程表现和日常行为习惯的养成。良好的行为习惯不可能一朝一夕养成，而在养成习惯的过程中，还往往会出现反复。这时，教师的日常督促和提醒就显得尤为重要了。通过持续常态地督促检查，学生在生活中会养成良好的习惯。比如，教师可采取学生行为习惯记录与反馈的形式，开展每周一小评，利用表格的方式，首先要求学生就自己每周的某一方面行为作出总结，如果表现一般，就在表格中涂上黄色，如果表现出色，就在表格中涂上红色；然后在全班进行每月评比，使课堂学习所获得的认知能够真正影响学生的行为，优化学生的生活方式。

教学资源的开放性。教师可充分挖掘社会、学校及家庭中的资源。家长和社会人士是可开发的课程人力资源，他们的人际交往、职业背景、社会阅历能使课堂变得鲜活、形象、有温度；校内外的各种活动和环境是可利用的课程环境资源，如升旗仪式、班队活动、运动会、假期出游、节日庆祝等活动能使教学变得生动、具体、有广度；国内外及当地的新闻和社会热点是可利用的课程内容资源，可使课堂变得合时宜、顺形势，实现教学活动从师生活动向家长、社会各界人士共同参与的活动转变，从而提高中小学道德与法治课程教学的亲和力和针对性。

只有把课堂教育与课外养成相结合，课内活动与课前调查、课后实践相结合，教材的引领与发挥家庭、社会的作用相结合，让学生将在搜集、观察、调查、比较、讨论、游戏中获得的与自己成长相关的信息、资源、经验，充分整合到教学活动中，才能使学生多角度、全过程地在自我体验、感悟和实践中享受核心素养培育的快乐。

第三节 道德与法治课程教学的组织实施

一、道德与法治课程教学组织实施的策略和方法

中小学道德与法治课程体现了以德治国与依法治国相结合的治国理念。道德与法治课程教学的组织实施是以生活德育、法治实践和思想观念为指导，

以学生的社会生活为基础，以帮助学生参与社会、学习做人为课程实施的价值追求。作为以育人为宗旨的综合性课程，教师在组织实施道德与法治课程教学时，要运用一定的策略和方法。

（一）贴近学生生活

道德与法治课学习本身就是学生学习生活的重要内容，是学生在教师指导下主动体验生活情境、互动探究问题情境、触动自身灵魂的过程。教师要遵循学生生活的逻辑，从学生生活中的需要和问题出发，以学生生活实际为教学设计的主要来源，用正确的人生观、世界观和价值观引导学生健康成长。

道德与法治教学需从贴近中小学生的现实生活出发，在进行生活常识教育、社会常识教学的同时，合理而自然地进行道德与法治教育。因此，教师在组织实施道德与法治课教学时，必须贴近学生生活。在遵循学生生活的环境和教材教育思想的前提下，教师应结合当地的实际情况和班级学生的社会生活实际，设计具有科学性和可行性的课堂教学活动方案；通过教学方案的实施，引导学生在真实的生活中学习道德与法治课，在正确的价值观引导下学会生活。

（二）充分调动学生的参与热情

充分调动学生的参与积极性，鼓励学生主动参与教学活动，是中小学道德与法治课的显著特点。教师要充分激发学生的积极性，引导学生通过主动参与、发表自己的意见、参与活动评价等方式培养他们的自主性、思考力与判断能力，让教学活动真正成为学生的活动。教师在设计道德与法治课程的教学预案时，应注意以下四点：

第一，充分了解学生。了解学生是教育好学生的前提条件之一，是教师关爱学生的体现。教师应了解学生所掌握的知识、经验和生活经历等情况，精准把握和策划学习活动的切入点和生长点，指导学生自主性合作、探究性学习，以推进课程意义的动态生成。

第二，尊重学生的个性发展。教师应尊重学生的主体地位，充分了解每个学生之间的差异；主动与学生进行情感交流，充分尊重学生，营造愉悦、和谐、舒畅的课堂氛围，促使学生的主观能动性得到发展和提升，准确地为每个学生的反思和个性表现提供所需的时间和空间。

第三，尊重学生学习的权利。道德与法治课教学的组织实施要坚持人文取向，体现对每个学生的关爱，尊重每个学生应有的权利。比如，在"我的提案"活动设计中，教师应在遵守规则的前提下，鼓励每个班级成员表达自己的意见，同时也要认真倾听并尊重他人意见，共同讨论和决定班级事务。

第四，引导学生自主学习。自主学习能力是学生在学习活动中表现出来的一种综合能力，有利于优化课堂教学、提高教学效率。在教学中，教师应引导学生联系自己身边具体、熟悉的事物来学习，放手让学生自主地观察，自主地搜集信息、发现问题。体验性学习和探究性学习是自主学习的重要形式，学生在问题情境中主动体验，在互动探究中学会解决问题，运用多种思维方式，掌握多种解决方法。

（三）丰富教学内容与教学形式

中小学道德与法治课教学要有丰富的教学内容和多样化的教学形式。教学目标依据教学过程的变化和需要不断调整；教学内容从教材拓展到学生生活的各个方面；课堂从班级拓展到家庭、社区及学生的其他生活空间；教学时间在与学校其他活动或学科的配合和联结中灵活而弹性地延展；课程评价走向开放、多元，全面关注学生丰富多彩的体验以及个性化的创意与表现。

在教学内容上，教师要结合学生关心的、发生在学生身边的、社会关注的重要内容进行教学。除了教材提供的素材外，教师可以指导学生提前拍摄自己课外活动片段，并让全体学生进行分享和评价。

教师在教学形式上要注重多样化。随着信息化时代的发展，信息技术手段在当下课堂教学中的使用变得越来越普遍，教师要充分利用现代化教学设备，给学生创建生动、形象的教学情境，让学生可以获得真真切切的感受，激发学生的情感，实现教学目标；教师还要丰富教学内容，开展多种多样的教学活动，为学生提供更多鲜活的体验，实现课程学习的生动化和多样化。

（四）重视道德与法治教育的正确性与实效性

道德与法治课程教学的组织实施肩负着进行道德与法治教育的特殊使命，

其正确性、实效性必须得到保证。教师在备课时，不能仅仅局限于道德知识与法治知识的传授，还要在设计中通过科学、有效、生动的教学情境来加强学生对道德与法治的情感体验，以引发学生深层次、全方位的学习思考，并引导学生将课堂学到的知识引入课外的生活实践中，使每个学生都有学习收获，从而增强道德与法治课程教学的实效性。值得注意的是，要突出中小学道德与法治课程教学育人的实效性，课堂的列举必须真实，教师设计的讨论问题必须真实、针对性强，要能调动学生学习的主动性和创造性。

（五）关注实践教学，促进知行合一

道德与法治课程教学超越单一的教材知识的传递和接受，目的是引导学生树立正确的人生观、世界观和价值观，尽快成长为有理想、有本领、有担当的时代新人。通过学生直接参与的各种主题活动、游戏或其他实践活动，促进学生知行合一、学以致用。

二、道德与法治课程教学组织实施的基本形式

（一）道德与法治课程教学实施的基本手段——课堂教学

课堂教学是教育教学中普遍使用的一种手段，它是指一种目标明确、计划清晰、组织有力、步骤分明的教师的"教"与学生的"学"相结合的双向活动过程。

班级教学是课堂教学的最主要形式。班级教学可以让相同或相近年龄和知识程度的学生在一起，扩大教育对象范围，加快教学进度，拓展学生的知识领域，激发其学习兴趣，减轻其学习压力，提高教学质量，从而提高教学效率。

1. 更新教学观念，适应"新课改"

在新一轮课程改革的时代背景下，中小学道德与法治课教师要做一名优秀的引导者，组织学生主动地探索知识，从而获取知识和能力。

（1）更加关注学生。道德与法治课的教学活动是学生学与教师教的统一，学生是学习的主体。备课时，教师不能单纯考虑教材知识，也不能让学生盲从于教材，让他们被动地听教师讲授、被动地学习教材知识，要考虑学生知识积累和现有能力水平，悉心设计体现学生主体地位的教学活动。

（2）保障学生的主体地位。教师应善于保障学生的主体地位，培养学生主动学习的自觉性。课堂时间由教师主要使用变为学生主要使用，教师要有意识地给学生提供较多的展示、探究的机会，真正做到以学生为中心；要充分运用各种教学手段，最大限度地调动学生学习的主动性。比如，在课堂上留给学生充分的思考空间，不断提高学生的质疑能力，使学生从"要我学"变为"我要学"，提升学生辩证思维和合作探究的能力。

（3）开展探究性学习。教师应组织学生对一些真实案例进行讨论交流和探究，让他们说出自己的看法和见解，从而提高学生分析和处理道德、法律问题的能力，有效提高道德与法治教育的实效性。

2. 认真做好教学准备

（1）制订有针对性的教学活动计划。教学活动目标要全面、明确、具体，并能通过努力得到实现。教师要注意个别差异，关注有特殊需要的学生，考虑如何帮助每个学生找到适合自己的活动，促使他们积极地参与。

（2）安排相对灵活、开放的教学活动时间。教学活动可在一课时内完成；也可持续几课时或一段时间；可在课堂上完成，也可以安排必要的课前准备活动或课后延伸活动。

（3）选择适合学生的教学内容。教师要选择适合学生生活实际、兴趣爱好和成长需要的内容；选择学生生活中所遇到的挑战性问题，提高教学的针对性；选择发生在本区域本校的重大事件或有意义的公益活动、科学技术的新成果；选择学生感兴趣的当地自然现象、与学生关系密切的热点问题等，开展教学活动，保持课程内容的丰富与鲜活。

3. 创设多种教学情境

中小学生好奇心强，注意力集中时间短，形象思维发达。道德与法治课教师应做到因材施教，善于创设各种真实生活化的教学情境，鼓励学生主动学习。

（1）营造和谐的人际关系，让师生成为朋友。教学过程是教师和学生之间双向沟通的过程。传统的教师不苟言笑、学生唯唯诺诺的"师道尊严"对新时代学生的学习和成长极为不利。新型的师生关系应是平等、和谐、民主的，是亦师亦友的。

（2）营造轻松的学习氛围，为学生减轻负担。教师在教学中要实施民主教学，突出平等学习；通过改变评价策略和方式，减轻学生学习压力；由单一的分数评价改变为评价学生付出的努力、学习的态度、学习的方法、持之以恒的耐心等。轻松的学习氛围能够使学生从枯燥学习的压力中解放出来，实现自主、愉悦地学习。

（3）营造有趣的游戏、活动情境，让学生好学、乐学。教师在课堂教学中要根据教材内容和学生特点，设计丰富多样、生动有趣的活动情境，让学生在参与活动的过程中培育积极的学习心理，培养辩证思维能力。这样既能增强学生的学习兴趣，又能恰如其分地进行思想道德教育。

4. 以积极情绪影响学生

积极健康的情绪能够促进人奋发有为，消极不良的情绪则会阻碍人的健康成长。教师的情绪在教育教学中发挥着重要的作用。现代心理学的研究表明：情绪具有很强的感染力。教师情绪会通过自己的言谈举止表现出来，进而影响学生的情绪。

教师在教育教学工作中，要做到精神饱满、神采奕奕，要关心、关爱每一个学生，要善于运用健康向上的情绪感染学生，为学生营造一个充满正能量的学习氛围。教师还要鼓励学生正确面对和科学调控自己的不良情绪，对学生要"帮助"而不是"嘲讽"，对学生的努力及时给予肯定，对他们取得的成绩及时给予表扬。

5. 构建科学评价体系

（1）中小学道德与法治课程评价的主要目的是促进每个学生的成长与发展，提升每个学生的学科关键能力，尊重每个学生在品性发展、行为规范、学习态度等方面的具体表现。评价不仅是了解学生的学习结果，评价本身就是学生的学习过程。在评价过程中，学生之间相互地合作、探究、分享、展示、交流、融合等，都是学生主动学习的真实呈现。

（2）倡导多元、开放、整体的学生评价观。道德与法治课的教学评价可以促进道德修养和法治素养的形成和发展。评价既要关注学生的学习结果，又要关注学生的学习过程，要把终结性评价与形成性评价、量性评价与质性评价有机地结合起来。只有改变过去的"单一评价"为"多元评价"，才能客观、公正地对学生、教师、教学等发展情况作出全面、准确、合理的评价。

（3）关注过程评价。只有注重过程评价，才能深入学生的学习过程，有效地帮助学生形成积极的学习态度和探究精神，注重学生在学习过程中的情感体验，实现必备知识、关键能力、学科素养与核心价值的全面发展。

关注过程的教学评价必须伴随课堂学习的全过程。教师要随时关注学生在课堂上的表现和反应，采用多种途径进行反馈，及时给予学生必要的、适当的鼓励和指导。

（二）道德与法治课程教学实施的基本形式——活动教学

活动教学是中小学道德与法治课程教学实施的基本形式。通过引导学生主动参与课堂教学活动进行学习，是道德与法治课程教学实施的重要方式。活动教学可以结合课堂教学进行，也可以引导学生通过事物观察、问卷调查、合作讨论、参观访问、交流互鉴等多种方式开展与同伴、与环境的互动，从而获得亲身体验和感受，积累知识和经验，促进自身辩证思维和学科能力的提高。

1. 活动准备

（1）了解课程，把握课程目标。在活动教学中把握课程的本质，是开展活动教学的根本所在，也是保证教学质量的重要条件。在中小学道德与法治课教学实施过程中，教师应始终将培养有理想、有本领、有担当的时代新人作为课堂教学的基本出发点。

（2）熟悉教材，选择教学内容。教材是教师组织学生开展教学活动的重要载体，是帮助教师正确理解课程设置和教学目标的文本。教师在使用教材时，要依据学情有创意地整合教材内容，设计科学得当的教学活动，提高课堂教学的实效性。教师要重视学生的生活实际、兴趣爱好、学习需求及成长过程中所遇到的困惑与问题，从中捕捉有价值的话题作为教学活动的切入口，提升课堂教学的效果。

（3）了解学生，增强活动教学的针对性。教师开展道德与法治课程教学必须深入了解学生的生活实际和成长情况，把握每个学生的发展特点和不同需求；通过观察去了解、注意他们的情绪变化和行为表现，了解学生成长中的生活习惯、行为习惯；通过交流，了解学生的兴趣爱好，增进师生情感；开展家访，了解学生及其家庭、社区的实际状况，为道德与法治课程教学的组织实施奠定基础。

（4）选择适宜的活动形式。活动形式要为教学内容服务，教师要立足学生的生活经验、认知特点、学习内容等，选择多元化的活动形式，如小品表演、短时游戏、猜谜探秘、分享故事等。

2. 活动过程

（1）让活动真正成为学生的活动，让学生成为活动的主人。教师可以通过与学生一起讨论活动计划，提供选择活动内容、方式或合作对象的机会，引导学生积极地参与、发表自己的意见。学生可根据自己的爱好，自主选择活动的主题、内容、材料和方式，制订活动计划、表达自己的观点。教师可通过让学生参与活动评价，发展学生的自主性、思考与判断能力，让活动真正成为学生的活动。

（2）要关注活动过程。活动过程是学生的品行态度、情感价值、认知方式和学习特点等充分展现的过程。关注活动过程不仅为教师了解学生提供了丰富的信息，而且为教育学生、促进每个学生在原有水平上发展，提供了充分的依据。在活动过程中，师生间的互动交流、同伴间的冲突与合作、社会因素介入等的影响，直接关系到学生的体验和认知，影响着课堂教学的实效。

（3）加强引导、提升。教师要善于从学习生活中发现有教育价值的话题，并善于运用正确的价值观进行引导，使学生在喜闻乐见的课堂中获得成长。教师要创设条件，力求让所有学生都能主动体验教学活动，让所有学生都能够获得参与教学活动的机会和权利；引导学生采用多样化的活动方式，如语言、绘画、音乐、动作、表演、作文等，让学生尽可能地体验到成功感，增强自信心。

3. 活动小结

学生道德修养、法治素养、健全人格等的形成，以及知识经验的积累、能力水平的增长，在学习生活中以融合的方式呈现。因此，学生通过活动教学获得的经验与体会，要及时通过总结加以巩固和提高。

三、道德与法治课程教学组织实施的基本环节

（一）备课环节

1. 明确教育的根本任务

中小学道德与法治课是落实立德树人根本任务的关键课程，要以政治认

同、道德修养、法治观念、健全人格和责任意识等课程核心素养为重点，以爱党、爱国、爱社会主义为前提，坚持爱党和爱国、爱社会主义相统一，系统地开展生命安全与健康教育、中国特色社会主义教育、社会主义核心价值观教育、法治教育、心理健康教育、中华优秀传统文化教育、革命传统教育、国情教育等，全面提升中小学生思想政治理论素养，实现知、情、意、行、悟的高度统一。

2. 钻研教材是必要条件

明确道德与法治课程的总目标、具体目标及教材的重点与难点，是教师开展教学工作的前提。教师只有理解了总目标、具体目标及教材的重点与难点，才能根据本班实际，科学、合理地分配课时比重，为教学设计奠定基础。

（1）尊重学生的独立价值。学生是具有完整生命的人，每个学生都具有完整独立的人格和独特的存在价值。

（2）强调道德修养回归生活。学生的生活是多姿多彩的，道德修养教育就是要引导学生在多姿多彩的生活中选择一种更有人生价值和社会意义的生活，以此来涵养自身的道德品质。比如，教师可从学生的生活体验出发，首先通过前置作业来关注学生的真实需求；其次，引导学生进行自我思考，分析其需求的理由；最后，教师可给予学生针对性地指导，帮助他们克服心理障碍。

（3）激活学生发展的动力源泉。受传统教育理念的影响，部分教师和学生往往将教材认作知识的权威，教材自然就成了学生学习的"金科玉律"。中小学道德与法治统编版教材基于构建主义教学理论，功能定位：激活学生自我发展的动力源泉。教材由此成了学生学习的问题来源和兴趣载体，而不是学生学习的"金科玉律"。因此，中小学道德与法治课教师在教学中要重视教学活动的设计和教学资源的有效使用，引导学生关注现实生活中的真实问题，让教材成为与学生平等对话的载体，调整好教材与学生的关系，进而营造一种学生与教材多元互动的氛围。

（4）致力于法治教育。在中小学道德与法治课程中，法治意识与法治思维的培养始终是第一位的，法律知识的学习是第二位的。《青少年法治教育大纲》明确指出，义务教育阶段要侧重法治意识、尊法守法行为习惯的培养。道德与法治统编版教材关注学生生活实际和自身发展的特点，小学阶段法治方面的教育更多地体现为规则教育，为初中阶段的法治教育奠定认知基础；初中阶段法治方面的教育则侧重于在生活情境中渗透法律条文，通过主题情境逐步树立起学生的法治意识，培养学生的法治思维。中小学道德与法治的课堂教学要立足学生的生活实际和学习需求，重视对学生法治意识和法治思维的培养。

（5）实现道德与法治教育的融合融通。道德与法治统编版教材关注到法治教育背后道德精神的渗透，让学生认识到法律对未成年人的特殊保护，引导学生辨识法治教育与道德教育，充分理解依法治国与以德治国的联系，体现道德与法治教育融合融通的原则。

3. 个体备课与集体备课相融合

在教学实践中，可以将教师个体备课和集体备课有效结合在一起。个体备课强化每个教师的备课体验并加大备课力度；集体备课既是同伴互助的一种形式，集教师集体的力量进一步拓展备课的广度和深度，又是促进教师专业成长最现实的途径之一。

4. 撰写教学设计

中小学道德与法治课的教学设计一般应包括以下内容：

（1）学生基本情况的分析。这是开展道德与法治课教学的基本要求。中小学各年级学生的特点是不同的，所处的社会环境、家庭环境、学习接受能力等也是不同的。教师只有认真分析学生的情况，才能发挥道德与法治这门课程的作用。

（2）教材和教学内容的分析。教师应根据教学内容和不同年龄段学生的特点，通过课堂教学、师生互动、学生探究达到教学目标。

（3）教学目标的确定。教学目标是依据课程目标设定的，教师应将课程目标的思想体现在教学目标之中。因此，教学目标的方向应与课程目标的方向基本一致。道德与法治课的教学目标是三维目标与核心素养深度融合的有机整体。

（4）重点、难点的确立。教学重点是教学实施中要完成的最基本、最主要的知识内容，也是教材中最重要、最关键的核心内容，对巩固旧知、学习新知都起到决定性作用。教学重点通常依据本节课的教学目标来确定。教学难点则是教材中难以理解或运用的内容，或抽象、或复杂、或深奥。

教学重点是共性化的，可以整齐划一；教学难度则是个性化的，对不同的学生要因人而异。

（5）教学手段的确定。道德与法治课程的教学手段是根据教学目标和教学内容确定的。

第一，讲授教学。道德与法治课的教学内容是根据学生的年龄特点设置的。教材生动活泼、图文并茂，能够很好地满足中小学生的学习需求。教师在进行教学内容讲授时，应坚持以人为本的原则，把学生作为教学过程中的主体，一切教学活动都要依据学生的学习能力来安排，让学生能够更好地适应学习。

第二，情境教学。情境教学是教师通过设定特别的教学场景，让学生能参与其中，共同完成教学活动。情境教学能够调动学生的学习积极性，集中学生的注意力，让学生专心致志地参与教学活动；同时，情境教学还能锻炼学生的沟通交流能力和语言表达能力，使学生学会更好地与小伙伴合作，提高学生的交际能力，活跃班级气氛，营造和谐、团结的班级风貌。

第三，活动教学。学习是为生活服务的，学生学习知识也是为了更好地参与社会生活，学以致用是学习的根本。活动教学要将课堂学习到的知识与生活实际相联系，让学生能体验到知识的力量。

第四，信息技术赋能教学。教师在教学时运用信息技术手段可以调动学生的学习积极性，有效突破教学重点、难点，优化课堂教学效果。在中小学道德与法治课程教学中，教师运用希沃课堂等智慧课堂应用工具，以及其他信息技术手段，协助创设主题教学情境，可以将抽象的、难以理解的教学内容变得相对生动、形象，有助于学生理解和接受，可以有效激发学生学习道德与法治课的主动性和积极性。同时，要适当、适度运用多媒体课件，课堂上使用课件的时间应控制在 10 分钟左右；信息技术所提供的素材资源既要与学生的生活实际相适应，又要与教学内容相一致。

（二）组织教学

组织教学是中小学道德与法治课程教学工作的中心环节，教学效果直接关系到道德与法治课程的教学质量。组织教学既包括课前学生前概念知识的学习安排，又包括课堂教与学双向活动中的设计与调控。其中，课前的组织教学能够激发学生的学习兴趣，教师通过与学生沟通交流，拉近师生的距离，帮助学生尽快进入听课状态。

1. 复习提问

在讲述新的知识前，教师要对前面学习的知识精心设计提问，要有一定的目的性和指向性。

（1）设置的问题要能激起学生的学习动机。问题要明确，问什么、怎么问，既要讲究方式又要表达清楚，这样学生才不会无目的地乱想。教师提问还要考虑学生的知识基础和心理特点。

（2）提出的问题要有层次性。循序渐进，才能使学生有一个清晰的思路。教师提出的多个问题，要层次分明，通过问题引领学生进行层层深入的思考。提问要留给学生充足的思考时间，要满足学生探究的需要。教师应有梯度、有层次性、由浅入深，从学生的角度设计问题，以有效的问题设计激发学生的学习兴趣。学生交流受阻时需要教师进行调控、改变，还需教会学生提问，引导学生提问。

（3）提出的问题要有挑战性。提问要能激起学生的求知欲望。教师要从培养学生创造性思维的需要去提问，从培养学生创新精神的需要去提问。

2. 导入新课

导入新课是讲授新课的重要环节。好的导语可以为整节课的顺利开展奠定良好的开端。

（1）导语的作用：

第一，集中学生注意力。教师在上课伊始，就要将学生的兴奋点从课前迅速转移到课堂上来，将学生的注意力集中在教学实施中，为完成本节课的教学任务做好充分准备。

第二，激发学习兴趣。兴趣是最好的老师。只有当学生对学习内容产生浓厚兴趣时，才会产生探究的欲望。导语可以采取出人意料的形式，不仅能抓住学生的眼球，而且能成功地实现学生注意力的转移，激发学生学习的主动性。

第三，营造学习氛围。教师可运用导语，描述一幅画面或创设一个身临其境的情境，让学生身处其中，尽快进入教学主题。

第四，调动学生情绪。有经验的教师总会在导入新课时，主动与同学进行心理沟通，活跃课堂气氛，营造和谐、愉快的课堂氛围，使学生在心理上接受教师，在快乐中学习。

第五，引发学生思考。在明确学习目标的基础上，带着问题去学习是最好的学习方法。因此，好的导语还应能够激发学生多维度思考，促使其主动寻求答案，进行体验探究性学习。

第六，衔接新旧知识。教师在教学实施中，可运用设计的导语将前后两节课联系起来，在让学生进入新课的学习之前帮助学生回忆前面学习的知识，从上一堂课的内容出发，找到两节课内容的关联性。这样不仅能自然地引入新的知识，而且能够帮助学生在脑海中构建一个更完整的知识体系，而清晰的知识结构则更加有利于学生对于知识的记忆与运用。

第七，明确学习目的。教师在导入新课时，要明确学习目标和要求，简单概述本节课的主要内容，告诉学生本节课的教学流程和大致安排，引起学生对本节课要学习的知识和方式的重视，主动积极地参与到教学实践中。

（2）导语的基本要求。教师要精心设计导语，充分发挥其在导入环节的作用。导语要求能够集中学生注意力，激发学习兴趣，创设学习氛围，调动学生情绪，引起学生思考，衔接新旧知识，明确学习目的。

第一，导语应简洁。既要考虑课堂教学的整体功能，又要考虑课堂时间。因而导入的时间不宜过长，一般为1～3分钟，最长不要超过5分钟。

第二，导语应有针对性。教师应以本节课的教学目标为指向，针对知识内容的教学要求精心设计导入的形式与内容，同时也要考虑到学生的接受程度。导语要与教学内容有内在的逻辑联系，切合教学主题。

第三，导语要新颖、巧妙，语言精练，有吸引力，有感染力。导语只有新颖、精巧，才能吸引学生的注意力，才能"语出惊人"，达到预设的导入效果。

第四，导语要准确。导语不能言之无物，也不能随心所欲地进行设计，而是要注意课堂教学的规范性和严谨性。

3. 讲授新课

讲授新课是课堂教学活动最重要的部分，其所使用的时间和讲授的内容都是最多的。在课堂教学中，教师要注意学生的主体地位、教学组织的有序性及问题设置的有效性，还要注意巩固练习和教学评价反馈的有效性。

为了达成本节课预设的教学目标，教师需要立足学情，创设情境，聚焦教学内容等，对课堂教学进行科学设计和实时调整，以最大限度地激发学生学习的主动性，不断提升学生学习的动力。教师要控制教学节奏，及时调整教学方向，使课堂教学始终保持在实现教学目标的正确方向上。教师在课堂教学中的组织教学包括以下四个方面：

（1）教学内容的控制。学生学习的主要内容主要受限于本节课，还要考虑到本节课的教学内容与所在单元知识的有机联系。教学内容设计的难易程度应考虑学生的身心实际和学习规律，过难或过易都达不到预设的效果。

（2）评价方式的控制。教师要掌握正确的课堂教学评价方式。课堂评价应体现科学性和多主体性；同时，评价还要及时有效，恰如其分的评价才能够加强学生课程核心素养的培育和品格价值观的塑造。

（3）教师的自我控制。教师在讲授新课时应主动利用自身的感官来捕捉学生的表现，以此实时调整教学方式和活动设计；注意减少教学的随意性，切忌在教学中随心所欲地改变教学计划；注意把握课堂教学的科学规律。

（4）课堂纪律的控制。课堂纪律能够直接影响教师"教"和学生"学"的效果。课堂纪律必须由师生双方共同来维护。教学时，教师切忌对学生进行大面积的批评和处罚，切忌在面对学生违反纪律行为时不闻不问，切忌随意将课堂纪律问题转交班主任老师处理。这样，时间久了就会降低教师的威信，削弱教师的课堂调控能力。

课堂组织能力是教师的综合能力之一，关系到教学质量的提升和教学效果的呈现。教师应根据教育教学规律和学生自身特点，通过教学策略和教学方式的设计和实施，及时创设合适的主题情境，合理安排教学内容。

4. 小结与课堂练习

小结是对课堂教学内容的归纳和总结。道德与法治课需要对一节课所学的内容进行归纳，以便学生更好地掌握所学内容和行为要求。课堂练习是学生复习巩固知识、反馈教学效果的重要方式。教师要精心设计与布置课堂练习或实践活动，保证课堂练习的质量、批改水平和点评，以确保学习效果。

第二章 中小学道德与法治课新结构灵动教学与课堂构建

第一节 灵动教学的内涵与特征

一、灵动教学的内涵阐释

灵动教学就是教师在中小学课堂教学尤其是道德与法治课堂教学中以主题校本教研为载体，从教学实际需要出发，引入并创设与教学内容相适应的特定场景或氛围，激发学生的情感体验，最大限度地调动学生学习的积极性和主动性，帮助学生科学、准确地理解和接受核心思想和主要内容，实现知、悟、行合一。

灵动教学要求做到教师搭台、师生共同编剧本、学生以剧本为纲自主唱戏。其意在于引导学生通过创设问题情境，主动体验情境，互动探究问题，不断发现、感悟，在过程中获得知识积累、能力提升和精神升华，激发学生的创新思维，体现价值导向，培育核心素养，构建灵动课堂。灵动教学以课程标准为依据，以主动体验为基础，以互动探究为手段，以培养创新思维为关键，以培育核心素养为目的。在此基础上，教师要进一步帮助学生树立现代公民意识，落实立德树人根本任务。

课程标准是统筹教与学全过程的指路明灯。中小学道德与法治课教师创设特定情境，引导学生体验相关内容、探究相关问题，实现学生全面可持续发展，培育核心素养等，都需要根据课程标准进行精心设计和安排。

　　主动体验，是教师根据课程标准设计教学目标，将教材内容与学生特点相结合，借助信息技术和课堂活动创设相关情境，引导学生置身于特定的情境氛围中，激发他们的情感体验，引起他们的情感共鸣。

　　互动探究，主要是培养学生积极的学习态度、学习兴趣和探究欲望，提高他们自主获取知识和合作探究的能力。互动探究通过主体与环境的相互作用，丰富学习活动，实现相互学习。学习活动中有多种多样的互动形式，包括师生、学生、资源、环境等。

　　创新思维，是指在体验和探究的过程中，学生自身的感受、理解、思维及语言、身体、情感等因素共同发展，在创造中获得学习的快乐，在动手动脑的过程中，培养创新意识和创新能力，为培育核心素养、落实立德树人根本任务奠定基础。

　　灵动课堂，是以创新思维为基础，帮助学生树立正确的人生观、世界观和价值观，树立现代公民意识。

二、灵动教学的特征分析

（一）主体性

　　在实施灵动教学的过程中，教师要充分尊重学生的主体地位，强调学生主动参与体验、积极合作探究，引导学生参与体验探究的过程，主动完成学习任务，实现全面发展。

（二）人性化

　　灵动教学十分注重人性化因素的挖掘，回归学科本质的特征。教师所创设的情境不仅要真实、有感染力，而且要多样化、有指向性，让学生从体验和探究的过程中接受情感熏陶，吸收情感养分，不断充实自己，形成健全人格，树立正确的价值观。

（三）活动化

　　灵动教学以学生参与主动体验、互动探究等实践性活动为基础，进一步优化和规范各种学习活动，使学生增强学习的动力，进而体会到成功的喜悦。

（四）创造力

　　创造力是灵动教学的关键所在。通过体验和探究的环节，学生充分展示自己的个性特点，逐渐摆脱对教师与教材的依赖，学会用自己的创造性思维独立思考，完成从"未知"到"已知"，再到"创知""创动"的过程，科学探索学习方法，不断增强创新思维能力。

第二节　灵动教学的主要流程

灵动教学在中小学道德与法治课堂中的应用流程，一般包括四个基本环节。

一、创设情境，主动体验

课前，教师依据教材或主题文本设计教学目标，从学生的年龄特点、知识基础、思维特征和认知规律出发，根据课程标准、教学目标和教材内容创设特定情境，引导学生身临其境、自主体验，激发学生的学习兴趣与情感体验，获取学习动力，营造良好的学习氛围。例如，在七年级道德与法治"爱在家人间"一课中，教师可以创设亲情告白和亲情追问等环节，极大地激发学生的兴趣。这为政治认同、责任意识等课程核心素养的培育奠定情感基础，体现主导性与主体性相统一的要求，诠释道德与法治课回归"生活世界"的课程理念。

情境的创设要从学生的生活实际出发，注重教学的重点和难点，真正体现"回归生活"的德育理念，达到"润物细无声"的教学意境，否则，只是浅尝辄止，不伦不类。

二、自主阅读，深度学习

中小学道德与法治统编版教材虽然不是理论读物，但也没有艺术作品那样生动、引人入胜。统编版教材或主题文本虽然更多地选用鲜活丰富的生活化事例进行情景化、探究化、活动化的呈现，但如果想要让学生真正地读懂、读透、读通、读全还有一定的难度。教师应指导学生通过研究性学习方式进行自主阅读，培养学生良好的阅读习惯，增强其深度学习能力。学生通过有效自主阅读、深度阅读，思考分析，加深对主干知识的理解，为道德修养、法治观念、健全人格等课程核心素养的培育进一步奠定认知基础，体现价值性与知识性相统一的要求。

三、合作互助，互动探究

中小学生通过主动情境体验和自主深度阅读之后，虽然获取了一定的知识积累和自我理解，但仍停留在较为肤浅的水平，存在不少迷惘和疑惑。教师应从学生现有认知实际出发，有意识地设置若干问题情境，指导学生在小组合作中采取同伴互助学习方式，积极参与互动探究，找出解决问题的办法，培养学生敢于质疑的意识和善于探究的能力。教师应善于抓住机会引导学生开展小组讨论、比较分析、质疑寻难、探究思考，实现师生互动、生生互动、学生与资源互动、学生与环境互动等。在整个探究过程中，教师要做好科学设置问题、控制探究进度、提供探究素材、进行学法指导等方面的工作。师生共建互助互动探究平台不仅有助于学生加深对主干知识的理解、对学习困惑的释疑，还能帮助学生学会批判性地看待知识和问题，提高学科关键能力尤其是批判性思维能力，进一步培育道德修养、法治观念、健全人格等课程核心素养，充分体现建设性与批判性相统一要求。同时，教师还要有针对性地点拨讲解、提炼总结，指导学生做好知识迁移和查漏补缺。

四、思维灵通，触动灵魂

学生是学习活动的主体。教师要围绕教学目标，通过主动体验、自主阅读、互动探究等环节来引导学生触类旁通，主动思考，培养其发散性和发展性思辨能力。例如，教师可以通过爱的表达与家庭留言板等环节的设计，启发和洗涤学生的智慧和情感，鼓励他们积极创新、寻求真理，同时点亮他们心中的明灯，将体验与感悟升华为感恩父母的信念，并在自己的人生旅程中延伸。这样，课堂教学无形中延伸到了课外，将学校道德与法治小课堂同社会思政大课堂相结合。在大思政课建设过程中，启发学生学习智慧，培养其创新思维能力，实现思维灵通；同时，强化了其对课程素养的再认知，增强"造血"功能，体现理论性与实践性相统一的要求，更大程度上做到将政治认同、道德修养、法治观念、健全人格、责任意识等课程核心素养触及学生灵魂，内化于心、知行合一，达到真正"灵动"的意境，做到铸魂育人。

灵动教学在中小学道德与法治课堂中的应用，需要充分重视学生的个性发展，而"道德与法治课堂教学最本质的立意是'培养什么人，为谁培养人，如何培养人'，以'立德树人'为最高价值取向"。学生只有获得了充分的情境体验，才能有效调动问题探究的积极性，并会将未尽的体验进行到底，使体验更加深刻。体验是一种心理活动，是探究的前提和基础；探究是一种捕捉与质问，是对体验的论证和延续；灵动是创造力的培养和灵魂的触动，是体验与探究的目标追求；课程核心素养则是灵动课堂教学的目的所在。

第三节　中小学道德与法治课新结构灵动课堂构建

《义务教育道德与法治课程标准（2022 年版）》指出，思政课是落实立德树人根本任务的关键课程，道德与法治课程是义务教育阶段的思政课，旨在提升学生思想政治素质、道德修养、法治素养和人格修养等。中小学道德与法治课坚持理论与实践相结合的原则，对中小学生循序渐进地进行马克思主义基本理论教育，使学生逐步理解习近平新时代中国特色社会主义思想是马克思主义中国化时代化的最新成果。

一、中小学道德与法治课构建新结构灵动课堂的必要性

中小学道德与法治教育是思政教育的核心机制，承担着把主流价值和信仰传输给社会成员的重任。道德与法治课是对中小学生进行培根铸魂、启智润心的主阵地，是全员德育工作的重要渠道。面对中国百年未有之大变局带来的新问题、新挑战，中小学道德与法治课教师应运用历史的眼光、国情的眼光、辩证的眼光，有意识地引导学生通过参与灵动课堂来体验、探究、辨析、反思和实践，真学、真懂、真信、真用中国特色社会主义，在人生成长的道路上培育核心素养，树立正确的世界观、人生观、价值观，形成对中国特色社会主义的道路自信、理论自信、制度自信和文化自信。这样，无论是从学生终身发展、提升教育教学水平，还是培养学生国家意识和使命担当等方面，中小学道德与法治课构建新结构灵动课堂都具有重要的现实意义。

长期以来，中小学道德与法治课教学在很大程度上表现为知识教学流于表层，缺乏必要的体验支撑、思维平台、情感温度和价值引领，没有给学生主动学习思考的机会和条件；中小学道德与法治课教师对课堂的驾驭能力有待加强，教学设计的情境还大多停留在简单良构的学科内教学和一般良构的学科内应用的维度，对复杂良构的学科内综合应用和跨学科应用的挑战性、开放性、劣构性等维度较少涉及；对于学生的学习能力培养也还停留在习得性学习和应用性学习等维度，而对于学生的拓展性学习和适应性学习能力也涉及甚少，极大程度地影响了学生学习进阶能力的培养。

中小学道德与法治课构建新结构灵动课堂，正是在课程实施上倡导从"教"转向"学"，变教本为学本；在呈现方式上使用丰富的生活案例呈现问题，创设问题发生的情境，以能力进阶的问题链引导学生探究，使学生浸润在创设的情境中，实现自主学习，提升高阶学习能力，进而增强学科自信，真正成为学习的主人。

二、中小学道德与法治课新结构灵动课堂构建中的教与学

核心素养是学生适应自身发展和社会发展需要而应具备的正确价值观念、必备品格和关键能力，它强调个人品德、社会公德和价值观念。培育核心素养作用于教育教学实践中，更注重学生的合作探究、创新思辨和持续发展。中小学道德与法治课培育的核心素养是学生通过道德与法治课的学习获得的具有学科特点的学业成就，是课程育人价值的集中体现，包括政治认同、道德修养、法治观念、健全人格、责任意识等多种要素。教师要正确运用新结构新维度来设计灵动课堂。新维度指包括知识维度、能力维度、情境维度和水平维度等在内的课堂维度。情境维度，包括简单良构的学科内教学、一般良构的学科内应用、复杂良构的学科内综合应用和跨学科应用的挑战性、开放性、劣构性。能力维度即学生的知行进程和学习能力的维度，包括习得性学习、应用性学习、拓展性学习和适应性学习。新维度在课堂教学中的应用构成了新结构课堂，而新结构灵动课堂则是在构建多维度情境中引导学生主动体验与互动探究，并在这一过程中，培养学生的创新思维能力和学习进阶能力，进而提升学生的品格价值观，真正触动学生灵魂。

指向核心素养的中小学道德与法治课新结构灵动教学就是要在新结构新

维度课堂基础上，运用灵动教学范式有效开展道德与法治课教学，达到培育学生核心素养的目的，有效落实立德树人根本任务。构建新结构灵动课堂应坚持"轻说教、重体验、重思维、重触动、重践行"的理念，要从有虚有实、有棱有角、有滋有味、有己有人等方面做深入思考与教学实践。

灵动课堂要立足"新课改"，以学生发展为中心、以主干知识为载体、以体验探究为支撑、以培养创新思维为关键、以培育核心素养为导向，构建大单元大概念知识体系，主动打通教学各个环节，对教学内容进行有逻辑地整合、有重点地拓展、有创意地实施，将传统道德与法治课堂单向"灌输式"教学向指向核心素养的道德与法治课堂双向"灵动式"教学转变，实现核心素养内涵与灵动课堂教学的有机衔接和有效融合，不断增强中小学道德与法治课教育教学的科学性和思想性。

（一）中小学道德与法治课新结构灵动课堂中的教师教学

1. 指向学生课程核心素养的教学目标

教学目标是教与学全过程的指南针，教师要根据课程标准来规范设计；而核心素养的培养应在新结构新维度的基础上，以"三维"目标为框架、以课程核心素养的内容来叙述。

2. 基于真实情境创设的教学问题

只有产生于真实情境之中的新维度问题情境，才有推进学生思维进阶、启发学生智慧的价值。因此，中小学道德与法治课教师应在集体备课时特别注重对真实情境的选取和对问题的有效创设。

3. 基于有效学习活动设计的教学流程

在整个道德与法治课教学流程设计中，教师要坚持以学生为根本、回归生活世界的原则，逐步培养学生的新结构学习进阶能力，体现"教为不教""学为中心"的原则。

4. 基于信息技术赋能的线上教学

中小学道德与法治课教师应实时关注信息技术融合线上教学的方式方法和效果评测，不断提高线上教学质量。

5. 基于学生问题解决、思维能力培养的教学范式

关于一节有质量的课堂的衡量标准，不同的教师有不同的认知。笔者认为，能够激发学生后续学习的欲望，并能够帮助学生认识真善美、增强价值

认同的课堂就是高质量的课堂，也是灵动课堂的本质所在。

（二）中小学道德与法治课新结构灵动课堂中的学生学习

1. 基于阅读的学习

中小学道德与法治课教师应倡导学生投身深度阅读，主动思考阅读与学习、阅读与生活、阅读与社会、阅读与世界的辩证关系，鼓励学生对教材和素材尽可能地读懂、读透、读通、读全。

2. 基于问题的学习

中小学道德与法治课教师要有意识地依据统编版教材和真实情境不断优化问题设计，设计多重情境维度，进而设置螺旋进阶的问题链，不断激发学生由基本学习向高阶思维发展的动力。

3. 基于活动项目的学习

中小学道德与法治课教师应围绕学生核心素养的培育来设计开放式活动项目，如建立学科任务群、问题项目组和分配研学资源包等，指导中小学生进行不同层次的研究性学习，培养学生的辩证思维。

4. 基于信息技术融合的学生自主学习

在新结构灵动课堂教学中，有效借用信息技术能够增强学生学习驱动力，教师应主动思考信息技术与新结构灵动课堂有机融合的学习路径。与此同时，教师也要注意培养学生预习、探究、阅读、提问、讨论、辩论、笔记、写作等主动学习的习惯，不失时机地鼓励学生进行课前自学、制作课件，在课中展示课件、交流互动，主动参与到灵动课堂中。

三、中小学道德与法治课新结构灵动课堂构建的基本原则

中小学道德与法治课教师在构建新结构灵动课堂时应遵循四个基本原则，具体如下：

（一）学生为主体

在灵动课堂中，学生被视为主体，他们的需求和兴趣应得到充分尊重和重视。新结构灵动课堂的设计应关注学生的个体差异，为每个学生提供适宜的学习机会和挑战，让他们在积极参与的过程中实现自我发展，引导学生不断提升自身的认知水平，即由认识到认可，再到认同，最后到认定。教师的

角色是引导者和促进者，通过灵活的教学策略和个性化辅导，激发学生的学习动力和积极性。

（二）体验为主导

新结构灵动课堂注重学生的主动体验，在课堂中通过多样化的教学手段和形式，让学生全方位地感受道德与法治课的内涵。例如，教师可通过角色扮演、案例分析、实地考察等方式，让学生亲身体验道德冲突和法律规范的应用，从而提升他们的道德判断水平和法治意识。通过身临其境的体验，学生可以更深入地理解道德与法治课的原则和价值，并将其融入自己的行为和思考中。

（三）综合为主线

新结构灵动课堂尤其强调知识、能力、情感和价值观的综合发展。中小学道德与法治课教师在教学过程中应综合运用各种教学资源和教学方法，培养学生多方面的能力，包括思维能力、沟通能力、合作能力、创新能力等。通过多学科交叉、知识与实践相结合的方式，学生能够综合运用所学知识和技能，面对复杂的现实问题时能够做出综合性的决策和行动。

（四）互动为形式

灵动课堂倡导教师与学生之间、学生与学生之间的互动。教师应该鼓励学生积极参与课堂讨论、小组合作及其他互动形式（如角色扮演、辩论、团队项目等），以促进学生之间的交流、合作和共同学习。通过互动，学生能够积极表达自己的观点和想法，与他人进行思想碰撞和知识分享，培养批判性思维和问题解决能力。教师应充当引导者和促进者的角色，提供必要的指导和支持，创造积极的学习氛围，让学生在互动中共同成长和发展。

（五）面向未来

新结构灵动课堂应当紧密关注未来社会的需求和挑战，培养学生的创新意识和实践能力，让他们具备应对未来的知识和能力。教师应引导学生关注社会问题和时事热点，通过探究性学习和实践活动，培养学生的创造性思维和解决问题的能力。新结构灵动课堂的设计应当具有前瞻性和适应性，能够激发学生的创新潜能，使他们具备适应未来发展的能力和素质。

综上所述，中小学道德与法治课新结构灵动课堂构建的基本原则包括学生为主体、体验为主导、综合为主线、互动为主要形式和面向未来。这些基本原则的贯彻落实可以有效提升教学效果，促进学生主动学习和全面发展，培养他们的创新能力、合作能力和综合素质。在新结构灵动课堂教学中，学生将成为知识的创造者和探索者，教师则是学生学习的引导者和促进者，师生共同构建积极、富有活力的学习环境，为学生课程核心素养培育及学生的未来学习和发展奠定坚实的基础。

第三章 直面核心素养 创建灵动课堂

第一节 道德与法治课程教学的方法与评价

一、道德与法治课程教学的方法

（一）道德与法治课程教学方法的界定

道德与法治课程教学方法是指在中小学道德与法治课堂教学过程中，教师为了实现课程目标、达成教学目标、完成教学任务，所采取的教与学相互作用的方式方法的总称。主要包含以下三个方面的内容：

1. 教学活动的双边性

教学方法是教师与学生之间相互联系的活动方式与途径，而现代教学方法就是教师与学生合作的方法。道德与法治课程的教学活动是教师和学生相互联系、相互作用的双边活动。中小学道德与法治课程教学方法是教师和学生共同活动以完成教学任务为目标的方法，包括教师的教法和学生的学法。

2. 教师教学的方法和学生学习的方法相互联系、相互作用

在教学活动中，教学方法既包括教法又包括学法，两者不是简单地相加，而是统一于教学活动中，相互联系、相互作用。一方面，教法制约学法，同时学法也影响教法；另一方面，教法必然通过学法来体现，而学法也是在教师指导下的学法。如果要使每种教学方法充分发挥其自身的优势和作用，就要把教师的教法和学生的学法辩证统一起来。

3. 教学方法的实质

教学方法实质上就是在教学过程中的一种运动规律的规定性和活动模式，它要求在教学活动中，教师和学生要按照一定的行为模式开展教学活动。中小学道德与法治课的教学方法是对教学工具和教学手段的综合运用，是有目的的、系统的活动，也是教师和学生相互联系、相互作用的活动。

（二）道德与法治课程教学方法的类别

教学方法可以从不同角度，按照不同的特征进行分类：

1. 按照道德与法治教学方法的含义划分

教学方法分为教师教的方法和学生学的方法。教的方法通常包括讲授法、问答法、演示法等，学的方法主要包括计划法、听课法、复习法、自学法等。

2. 按照传递信息的来源和感知信息的特点划分

中小学道德与法治课教学方法可以分为口述法、直观法、实践法等。

3. 按照特定阶段要实现的教学目标划分

教学方法可以分为学习知识的方法、加深理解的方法、运用知识的方法、创新思维的方法、巩固知识与技能的方法、检查知识与技能技巧的方法等。

4. 按照教与学侧重点不同划分

按照对教师教和学生学、学习结果和学习过程、学习知识和学习方法等方面侧重点不同，教学方法可以分为两种：一是知识传授式教学，主要以教师讲授甚至灌输知识为主，忽视学生的主体地位，如通常的填鸭式、一言堂等方法都属于这类；二是发现式教学，它是一种基于问题学习的教学方法，强调以学生为主体，独立实现认识过程。

5. 按照教学方法的形式划分

教学方法分为注入式教学和启发式教学两种。注入式教学是教师把学生当成被动接受知识的容器，把现成的知识结论生硬地灌输给学生，以学生死记硬背为特征的传统教学方法。而启发式教学需要有切实可行的启发方法，主要有问题启发、情境启发、比较启发、合作启发等。

6. 按照道德与法治课程完成的教学任务划分

具体包括：①获取知识的方法，主要有基本概念的教法，如定义解析法、追根溯源法等；②有基本原理的教法，如典型例证法、归纳与演绎法、层次分析法等；③能力培养的方法，如实践活动法、观察法等；④价值观培养的方法，如体验式教学法等。

7. 按照道德与法治教学方法外部形态划分

道德与法治课程常用的教学方法可分为五种：①以语言传递信息为主的方法，如讲授法、讲故事法、谈话法、讨论法、辩论法等；②以直观演示为主的方法，最突出的特点就是形象性和直观性，如演示法、参观法；③以体验感悟为主的方法，主要有角色扮演和情景模拟、欣赏、游戏等；④以实际训练为主的方法，如操作性活动、实验性活动、练习法、实验法、实习法等；⑤以引导探究为主的方法，主要包括访谈法、资料调查法、现场调查法。

（三）道德与法治课程教学方法的选择

对教学方法进行分类是为了帮助教师更恰当地选择教学方法，而教师是否能选择适宜的教学方法最终会影响教学的效果。虽然教学有法，但是教无定法、贵在得法，即教学是有规律的，更是有方法的，不能固守某种教学方法，最重要的是要根据教学实践的需要正确地、科学地选择教学方法。作为中小学道德与法治课教师，必须选择适宜的教学方法，从而优化教学效果，提高课程的教学质量。

1. 依据教学目标进行选择

在中小学道德与法治课的教学中，师生的各种活动都以完成教学目标为最终目的。因此，无论教师选择什么样的教学方法，最终都应以实现教学目标为目的。每一节道德与法治课都有教学目标，不同教学目标的道德与法治课应该采用不同的教学方法。例如，在教学过程中，教师要传授新知识，强调学生掌握新的知识，通常可以采用讲授法；在复习课中巩固所学的知识，可以采用纸笔作业的练习法；要培养学生相关能力，可以采用讨论法、辩论法等；要培养学生的品格价值观，可以采用体验式教学法、情境教学法等；要培养学生的独立性，激发学生的探究兴趣，可以采用访谈法、现场调查法、项目研学法等；要培养学生良好的行为习惯，可以采用练习法等方法。

总之，教学目标决定了教学方法的选择，道德与法治课教学方法要为道德与法治课教学目标的实现服务。

2. 依据教学内容进行选择

教学目标的实现需要借助具体的道德与法治课程教学内容。因此，中小学道德与法治课的教学活动中采用的教学方法必须符合教学内容的特点，从而更有效地实现教学目标。道德与法治课程教学内容，具有时代性、思想性、综合性、实践性、生活化等特点。因此，教师在教学中采用的教学方法要与道德与法治课程教学内容的特点相协调。道德与法治课程的具体教学内容，有不同的内在逻辑性和特征，要求采取适宜的教学方法。例如，有些内容适合采用演绎法，有些内容需要使用归纳法，有些关于基本概念的理论知识应选用讲解法，有些基于材料的教学就需要使用读书指导法、讲述法等。

总之，教师要采取与具体教学内容相适应的教学方法，还要注重各种类别的教学方法在具体教学内容中的适用范围，不能一概而论，要选择性地使用。

3. 依据学生实际进行选择

教师采用的教学方法是为实现教学目标服务的，归根结底是为学生的学习服务的。因此，教学方法的选择必须考虑教学对象，要符合学生的身心条件和个性特征。学生的实际情况不同，教学方法的选择也要有所不同。

由于不同年龄阶段的学生学习心理不同，因此教师要选择不同的教学方法。比如，对于抽象思维能力较差或者缺乏感性认识的小学生，用直观演示法就比较适用；反之，对于抽象思维能力较强的初中学生更适合采用谈话法、讨论法、探究法等。

同一年龄阶段的学生，学习基础和能力水平各有差异，教师也要根据学生的实际情况采用适宜的教学方法。比如，对于学习能力较强和学习习惯较好的学生，可以在学生自学基础上，针对学生在学习过程中遇到的难点，可以直接采用讲解法。但是对于自学能力较弱和学习习惯不太好的学生，教师就要对学生进行一段时间的辅导训练，等学生有一定基础后再采取有针对性的讲解法，否则难以产生较好的学习效果。

此外，教师在进行教学方法改革中，要注意到学生是否适应新的教学方法，并创造具体的条件帮助学生更好地适应教师的教学方法，从而提升教学效果。

4. 依据教师条件进行选择

每位教师都有自己的教学特色和教学风格，也有自身的优势。在教学方法的选择上，教师应该结合自身实际，扬长避短，采取符合自身条件的教学方法。只有这样，教师才能发挥教学方法的作用。如果教师不能驾驭所选用的教学方法，或者盲目模仿某些教学方法，在教学中反而不会产生较好的教学效果。比如，有些教师善于用生动形象的语言来解释说明问题，就可以采用讲述法；有些教师善于运用直观教具，可选用直观演示法来讲清理论。教师在教学中要尽量将教学方法与自身教学特色结合起来，从而达到较好的课堂教学效果。如果因为自身能力而不能很好地使用某些教学方法，那么教师应该通过努力和学习，提升自身各方面的能力和素养，尽可能地让各种教学方法为己所用。

5. 依据教学条件进行选择

对于教学方法的应用，有些则需要一定的客观条件。比如，运用演示法需要通过直观教具进行示范展示，运用情境教学法需要通过多媒体设备和信息技术手段选择情境创设的方式，运用案例教学法需要选择和呈现教学内容需要的案例。教师在运用教学方法时要依据客观教学条件，尽可能利用周围的教学资源，选择适宜的教学方法。教学过程是一个动态过程，教师要准确抓住各种时机，采取最适宜的教学方法，增强教学效果。

比如，在设计小学道德与法治《开开心心上学去》一课时，教师可充分利用小学生刚入学的时机，唤起学生第一天上学的复杂情感，通过角色扮演和情境模拟的教学方法让学生直接参与和体验第一天上学的情境，这对于培养学生对陌生环境积极、愉快的适应心理，培养学生愿意上学的情感和态度，积极认同并接纳学生角色，具有良好的实际效果。

（四）基于现代信息技术的课程教学方法

基于现代信息技术的教学方法指的是在中小学道德与法治课程的教学活动中采取的教学方法要与现代信息技术有机结合起来，从而更好地实现道德与法治课程的教学目标，完成教学任务。

1. 基于现代信息技术的教学方法的必要性

（1）基于现代信息技术的教学方法是改革传统教学方法的体现。传统的教学方法各有特点，但是也有其局限性。将传统的教学方法与现代信息技术相结合，有利于教学方法的改进。以讲授法为例，讲授法通常又分为讲述法、讲读法、讲解法等类型。这种教学方法虽然能够让教师在短时间内通过语言系统地向学生传授知识，但是这种方法要求教师研究"讲"的艺术，具有较高的讲授技巧并能够灵活地与其他教学方法结合起来，否则就容易导致"注入式""满堂灌"的局面。如果把现代化信息技术与讲授法相结合，就能够充分发挥讲授法的效用。教师在使用讲授法时可借助多媒体技术展示图、声、动画的优势，应用虚拟现实技术，在课堂上为学生提供有声有形、有情有景的教学环境。或者利用电脑、手机等终端开展教学交互活动，恰当选择现代信息技术中丰富的互联网资源作为呈现方式，来表达道德与法治课程的教学内容，充分调动学生多种感官积极地参与道德与法治课堂的学习，进一步增强中小学道德与法治课程教学的实效性。

（2）基于现代信息技术的教学方法是推动道德与法治课程改革创新的重要体现。中小学道德与法治课程的教学内容决定着"培养什么人""为谁培养人"，而采用什么样的教学方法则影响着"怎样培养人"。教师通过充分利用以计算机和网络技术为核心的信息技术改革创新教学方法，能够推动道德与法治课程改革创新，不断增强道德与法治课程的思想性、理论性和亲和力、针对性，提升道德与法治课教育教学质量。

2. 基于现代信息技术的教学方法对教师的要求

现代信息技术应用于中小学道德与法治课程的教学方法涉及各个方面，这里主要从基于现代信息技术的教学方法对教师的要求的角度来介绍。

（1）更新教育教学理念。为实现传统教学方法的革新，提高新时代教育教学质量，教师首先要更新自身的教育教学理念。进入新时代，伴随着信息技术的飞速发展及其对社会教育的巨大影响，传统教学方法在新时代、新形势的背景下必然要作出相应的改变。道德与法治课教师要主动学习现代信息技术环境下先进的教育教学理论，积极转变教育教学理念，将数字化、智能化、网络化和多媒体化的信息技术与教学方法充分结合，从多维度、多领域激活学生的思维力，坚持体验、合作、探究的教学原则，为学生发展提供良好的平台和充分的机会，给道德与法治课程教学带来新的活力。

（2）改变教学方式，促进传统教学方法的更新。随着信息技术的广泛应用，计算机、多媒体技术等被大量运用在教学中，道德与法治课教师要清楚角色的定位，不仅要成为知识的传授者、课堂的主导者，还要成为学生学习的促进者，充分尊重学生的主体性。因此，教师要积极改变自身教学方式，倡导自主探究和引导、发现的教学方式。比如，教师要主动创设有利于学生自主学习的环境，为学生提供更多的发展机会；教师的教学既要面向全体学生，又要注重个别指导，促进学生有个性地发展；教师要善于引导学生转变自身学习方式，倡导学生主动参与、乐于探究、勤于动手的学习方式。这些做法都有利于教师在教育教学中积极应用现代信息技术，改革传统教学方法，做好道德与法治课程的教学工作。

（3）提高信息技能和信息素养。教师要主动适应新时代互联网、大数据、人工智能等新技术变革。大力推进中小学道德与法治课教学方法改革，要求道德与法治课教师提升信息技能和信息素养，努力加强自身对信息技术的掌握，从而推动现代信息技术在道德与法治课教学中的实际应用和赋能融合。对教师来说，现代信息技术与教学方法相结合既是挑战也是机遇。如果教师对多媒体教学课件的制作和运用不熟悉，在某种程度上就会降低现代信息技术在课堂教学中的有效性，乃至影响教师的教学效果和学生的学习效果。教师应利用多媒体技术作为开展教学的载体。教师要不断学习相关的互联网知识，在教学实践中反复研究与总结提炼，在教学目标、教学内容和教法学法指导等方面做到熟练掌握现代信息技术。在这个过程中，教师既提高了对语言、图像、声音、文字的综合处理能力，又体现了创新精神、科研意识及终身学习的观念。

另外，道德与法治课教师还要注重综合运用现代信息技术的教学方法与传统教学方法。

总之，要充分发挥现代信息技术优势，就要不断更新中小学道德与法治课教学方法。教师要善于将现代信息技术有机融入课堂教学实践中，优化道德与法治课堂教学方法，提高教育教学质量。

二、道德与法治课程教学的评价

（一）道德与法治课程的特殊性

中小学道德与法治课是一门关于学生生活能力、社会性发展、良好行为习惯养成及其人文综合素质、道德修养培养、法治意识培育的综合性课程，与一般以学科知识为主体的课程相比，其在教学目标定位、教学对象认知、教学内容选择、教学方法技巧运用等方面具有显著的特殊性。这种特殊性决定其评价目的、价值、手段、方法的与众不同。道德与法治课在教学目标设定、教学对象认知、教学内容选择、教学方法技巧等方面的特殊性决定了其教学评价的特殊要求，不可能照搬既定的教材，也不可能制定统一的标尺衡量学生社会性的差异性发展，更不可能对发展变化中的人格与道德养成、法治培育十分明晰地用计分加以鉴定，甚至采用等级鉴定方法都会受到异议。个性化、发展性、过程性、整体性、行为性评价是道德与法治课程评价策略和机制构建的不二选择，但这样一来，课程评价就不具备一般意义上评价的"标尺"和甄别价值，评价的约束力、引导力、效力的软弱乏力和模糊性反过来又制约了课程实施，直接削弱了课程的目标和价值。这也正是道德与法治课程有效评价模式和机制难产的理论根源和现实困境。

（二）道德与法治课程评价目的

在教学总目标上，道德与法治课程旨在培养具有良好的道德修养和法治素养、良好的行为习惯、乐于探究、热爱生活的时代新人，旨在促进学生的全面、可持续发展，引导学生不断认识社会、适应社会、服务社会，最终成为一个爱党、爱国、爱社会主义的合格公民。中小学道德与法治课应以社会主义核心价值观为指引，既坚持道德教育，又普及法治知识，培养学生的规则意识和法治意识，促使学生不断认知自身的成长规律及法律、道德、纪律等社会规范。通过这些教育，引导学生明确行为规范，自觉尊法守法护法，培育自身的法治观念，懂得运用法律手段维护自身和他人的合法权益。在此基础上，帮助学生更好地树立法治信仰，践行法治理念，主动参与法治实践，逐渐形成对习近平法治思想的价值认同，成为中国特色社会主义法治建设的忠实崇尚者、自觉遵守者和坚定捍卫者。

在评价目的定位上，需要激励每位学生的发展，促进他们的思维发展与生活能力提升，这个目的意图是将评价的重点确定为中小学生道德修养和法治素养的个性化、多样化发展。教师要积极引导学生健康成长，全面了解和掌握学生在政治认同、道德修养和法治观念等方面的关键能力，从而积极改进教学、提高教学实效，以保证教学目标的达成。显然，道德与法治课程评价目的直指人的全面、多维度发展，人的社会性发展是评价内容主体。由于人的社会性发展具有反复性、内生性、个性化等特点，统一性评价并不适合课程。与一般知识性课程相比，道德与法治课的教学目标不在于使学生能掌握、识记多少价值观、社会规范和生活常识，而在于他们价值观的内化程度、社会规范的践行状态和生活常识的运用状况。

因此，在评价目标导向上，课程以学生道德修养、法治思维的动态发展为对象，以激励和引导他们形成良好的行为习惯，奠基初步的人文知识素养，促进他们良性社会性发展为评价目标。这就使得课程评价必须与一般知识性学科评价以掌握学科知识内容体系为主要目标、注重知识内容体系的阶梯性、阶段性鉴定等特点完全区别开来，探索符合学生社会性发展目标的评价机制和策略。

（三）道德与法治课程评价依据

教学对象的实际状况是选择评价策略的重要依据。道德与法治意识和行为习惯发展评价更应关注教学对象的个性心理特征及其成长环境，使评价更具有针对性和积极性。在教学对象的认知上，人的道德与法治意识和行为习惯发展的复杂性是道德与法治课程实施与评鉴的认知原点。学生道德与法治意识和行为习惯的发展进程十分复杂。它一方面受制于家庭环境的影响，更广泛受制于班级学校、区域文化乃至国情和世界变化的影响；另一方面，学生道德与法治意识和行为习惯的养成、价值观倾向并非如其他知识性学科那样基本是一张白纸，而是已经打上了家庭、个体生活经历、区域社会习俗、文化等方面的印记，道德与法治课程的实施就是力图使这种印记朝着良性、正向的方向发展。由此，学校、课程、教材的影响只有在深度融入个体的心理人格特征、家庭、社会、国家和世界变化诸要素的背景下才能更好地发挥引导作用。

教学对象道德与法治意识和行为习惯的发展特点，决定了本课程教学评价必须放置于丰富的、鲜活的社会生活领域，必须充分考虑学生已有的道德体验、生活经验和文化底蕴，也必须综合考查教学对象的学习表现与生活表现之间的联系，而不能从本本出发、从教条出发，探索建立认知和操行相统一、综合性和简约性相统一、显性表现和隐性品质相统一的多元、开放、整体性的评价机制和方式。

基于中小学道德与法治课程内容的综合性、生活性、实践性、开放性，以及课程内容呈现的原则性、理念性、观念性等特点，课程教学评价要尽可能将抽象的课程内容转化为学生具体的道德行为习惯和社会体验行动，并以学生的行为表现所反映的课程要求作为评价的内容。这也是道德与法治课程与一般知识性课程在评价内容方面最大的区别，它表明课程内容不是静止的、固化的、教条的知识，而是动态的、个性化的、内化生成的学习行为习惯和社会性发展状态。这就要求教师必须跳出认知、记忆等书面、表象化的评价方式，及时跟踪学生的日常行为表现并加以评价；必须转变终结性、甄别性的评价价值取向，寻找常规的、发展性、过程性的评价策略和机制。

（四）道德与法治课程评价意义

1. 一般意义

课堂教学评价的意义在于指引教师全面理解本课程的教育目标和价值，采用适合于本课程性质和特点的教学方法，创新教学方法和手段，提高教学实效。

（1）在评价目标上，突出促进学生的社会性发展，不刻意追求学生对知识的理解、识记。由于中小学道德与法治课教师习惯于采用以知识点为目标、以分数为评价标尺的考试考核方式，要想实现由直观、量化、可感的"知识性"考试考核转向抽象性、质性、过程性的社会性发展评价，主要需解决对课程的认知、对学生社会性发展规律的认识和把握的问题。

（2）在评价内容上，社会化知识点不是本课程评价的主要内容，学生道德与法治意识和行为习惯发展的过程状态、进步程度、稳定程度、内化程度等才是本课程评价的主题。围绕这个评价主题，课堂教学评价的关注点在于教师对学生道德与法治意识和行为习惯发展的了解程度、教学内容与学生道德和社会发展状态的吻合、匹配程度及教师教学指引的正向性、针对性和个性化等。特别强调教学材料的整合、引用是否能够贴近学生、贴近生活、贴近社会，这也是本课程教育目标和价值的综合反映。

（3）在评价策略和方法上，本课程教学评价突出师生的互动、生生的互动，突出课堂体验和实践互动，突出学生参与、行动的广度与有效性，突出引领和解决学生道德与社会性发展困境的有效性。这"四个突出"体现了中小学道德与法治课程的生活性、活动性、开放性、实践性等特征，体现了教师对学生社会性发展的关注程度，而不是对课本知识、观点和原理解读的准确性。教师教学的情感状态、与学生对话交流的用心状态、教师对学生个性发展的把握状态等，是本课程教师教学评价特殊的关注点。

2. 特殊意义

（1）在评价对象上，道德与法治课的教学评价对象是学生发展而非知识系统。这一特点决定了课堂上学生的状态是本课程教学评价的主体参照系。

（2）在评价主导思想和内容上，教师示范、引领、指导的正向性，即是否符合社会主义核心价值观教育要求，是否体现中华优秀传统文化核心理念，是否具有鲜明的时代特征，是否符合学生未来发展、终身发展需要等，都是评价内容的重要指标。

（3）教学评价是否达成学生情感激发、体验内化、行为转化等程度状态，是本课程教学效果的直观衡量标尺。

（4）由于道德与法治课程教学指向学生的社会性发展，而这一内容处于动态的、不断发展的状态，其中包括教师本身在教学过程中的社会性发展。教师的社会性发展是与学生共同发展的。

因此，教师能否在与学生互动中共同发展，是道德与法治课程教学评价的重要参考指标。在一定意义上，道德与法治课程教学评价既针对教师，又针对师生的共同发展；不仅评价教师的教学绩效，还评价学生的学习成效。

（五）道德与法治课堂评价实施

1. 构建评价指标

基于中小学道德与法治课程评价的基本原理，本课程课堂教学评价的主要策略由质性评价与量化评价两部分组成。质性评价注重教学过程的整体状态、效果评价；量化评价侧重具体教学行为效果状态。道德与法治课堂教学综合评价指标如下：

（1）教学目标。（10分）

第一，符合课程标准的要求，注重多维目标的整合。（6分）

第二，符合学生实际，目标具体，有针对性。（4分）

（2）教学内容与过程。（50分）

第一，教学思维结构化强，教学环节设计科学规范，环环相扣，衔接有道。（10分）

第二，教学内容全面精准，主题鲜明，素材精巧，能够贴近学生实际，符合学生认知心理。（10分）

第三，教学方法包括激发兴趣、活跃氛围、突出重点、突破难点、解疑困惑点等多种作用；体现政治性、生活性、活动性、综合性等学科特点。（10分）

第四，教学评价实时客观，善用鼓励，有利于激发学生参与课堂教学的

积极性，个性化评价与多主体评价要相得益彰。（10分）

第五，学习效果：学生兴趣浓厚，思维活跃，有思有想，有感有悟；善于质疑问难，合作探究，全面全程参与教学活动。（10分）

（3）教学基本素养。（15分）

第一，教学理念坚持学为中心，即以学生为中心、学习为中心；坚持生活性、活动性与综合性统筹兼顾。（5分）

第二，教师教态自然有亲和力，教学观点正确，语言生动严谨，有感染力。（3分）

第三，能创造性地使用和整合教材，适时研发学科特色活动资源。（4分）

第四，能有效捕捉课堂生成性因素，及时回应学生课堂的表现，体现教师的教学机智。（3分）

（4）教学特色与创新。（10分）

第一，在知识讲授、教材整合、活动设计、教学方法等方面有创新之处。（5分）

第二，在情感沟通、教学组织、资源开发运用、社会生活感悟、行为引导等方面有创意。（5分）

（5）教学综合评价。（15分）

第一，阶段性目标达成效果显著。（4分）

第二，本节课教学目标建立在阶段性目标基础之上，效果明显。（8分）

第三，教学目标的设定有利于持续推动学生全面发展。（3分）

2. 遵循评价原则

评价实施可以遵循的原则如下：①导向性和自主性相统一原则。它要求既要有教师的引导，又要有学生的自主选择。一般而言，低年级学生多些引导，高年级学生多些自主选择。②多元性评价与激励性评价相一致原则。它既要重视多元角度、多元主体的评价，又要重视评价产生的激励效果。③循序渐进原则。它指出既要重视实践过程符合科学，又要关注学生在学习过程中的差异和适应程度。

3. 把握评价要领

自主评价、互助评价是一个内化及内外相互促进、融合的过程。

（1）简约实用。指评价过程、方法更加简洁、明了，具有可操作性。现行的多种评价模式，要么过于粗线条，不能准确、客观、全面反映学生的社会性成长状态，要么过于烦琐、费劲，实操性不足。教师要在对变化中的、个性化的、多方面的社会性发展面貌进行汇总分析的基础上，抽象出最为核心的发展指标作为评价标尺，使学生的品德与社会性发展状态能够简约而直观地展现出来。

（2）标准明晰。指评价内容标准能看得见、摸得着，并且有一定鉴别力。这个评价标准不能像知识性学科那样只针对课本知识，而应该针对学生的社会性发展状态，要针对人而非知识，针对行为表现而非知识记忆。

（3）可信度高。评价要能真实反映学生的社会性发展状态，抓住学生社会性发展关键的、标志性的指标，这是评价可信度的基础。有了评价的可信度，才谈得上有效激励，才能引导学生了解自己在社会性发展方面的成绩、优势和需要克服的问题。

（六）道德与法治课程教师评价

教学方法是教师教育教学理念、思想及其对课程价值把握的直观反映，直接影响学生的习得，因而是教师实施课程教学最直观的评价视点。我国自古就总结出"教学相长"的教育原理，这一原理特别适合本课程的教学评价。教师在教学活动中与学生共同成长是中小学道德与法治课程的又一特殊性，道德与法治课程的教学评价不仅具有教师评价意义，还从一个侧面反映了学生道德与法治意识和行为习惯发展状况。因此，评价教师的教学技能和过程应该与评价学生的学习策略和效果相结合，二者在教育价值上要高度统一起来。

活动教学、情境教学、实践教学等是本课程教学的主要形式，这与一般知识性、技能性学科传统的"讲、练、记、用"的教学模式迥然不同。中小学道德与法治课程教师教学的"激、启、发、疏"四要点和中小学生学习的"学、问、做、赏"四法则，体现了中小学道德与法治课教学活动的一般规律和普遍技法。但对教师教学活动评价显然不能简单停留在活动形式上，而是要深层次关注贯穿于教学活动中的教学思想、德育理念、世界观、人生观、价值观，特别是要关注其与学生课程核心素养培育需要、社会生活需要、情感需要等方面的关联度，关注其对中小学生道德与法治意识和行为习惯发展的教育成效。

第二节 道德与法治课程核心素养的培育原理

一、道德与法治课程核心素养的培育理论

(一)构建主义理论

构建主义理论在教育界占据重要的地位,因为它提出:学习是学习者不断构建自身内在心理的过程。构建主义将学习作为一个学习者信息自主加工,生成意义的理解过程,对中小学道德与法治课教学具有重要的指引作用。

中小学道德与法治课一直强调学生的品德内化教育,而个人品德的培育只能由学生内因促成。这是一门旨在培养学生内在道德品质和法治意识的科目,让学生自我反思、自我判断,从而构建自身的道德和法治认知。在这个过程中,学生不仅需要吸收和理解相关的知识,更需要将这些知识内化,转化为自身的行为和态度。这种内化过程,正是构建主义理论中的"自主加工生成意义"。

当然,为了实现这一目标,教材设计和教学方法的改革不可或缺。中小学道德与法治课程教材在设计上,已经开始注重从学生的实际出发,尽可能地引导学生参与到知识的学习和探索过程中。这体现在教材不仅论证知识点,还注重培养学生知识习得的能力,鼓励学生结合自身的生活经验和基础知识展开深入对话。

在这样的教学活动中,教师的角色也发生了变化。教师需要设计更多的小组讨论式合作探究教学活动,以充分发挥学生的主体作用,使每位学生都能积极参与。在这个过程中,教师不再是知识的唯一传递者,而是知识的引导者和协助者,帮助学生在探索和学习的过程中,构建自己的知识体系。

另外,统编版教材还倡导多角度思考和思维碰撞,通过引导学生面对各种冲突和矛盾,激发他们深入探究的意识和思考的意识。这样的教学方式,可以帮助学生从不同的角度理解和解决问题,拓宽他们的思维视野,同时也让他们理解现实生活中的道德与法治问题往往没有绝对的对错,需要他们自主地进行判断和选择。

此外，统编版教材中一些探究问题的设计是对学生实践能力的培养，要求学生通过与他人合作探究来完成。这样的设计旨在培养学生的协作精神和解决问题的能力，让他们在实际操作中体验学习的价值，而不仅仅是理论知识的积累。这种通过实践来加深理解的方式，正是构建主义理论的重要组成部分。

总的来说，构建主义理论的核心是学生主体性的发挥和自主学习的推动。新的教材和教学方式旨在创造一个环境，让学生自主地探索和学习，通过自己的经验和思考构建自己的知识体系，从而达到真正的学习和成长。这是一种将教育视为一种个体的发展过程，而非简单的知识传授的教育理念，对道德与法治的教学有着深远的意义。

（二）认知发展理论

中小学阶段是学生认知发展的重要阶段，而认知发展理论在这个阶段对于教育实践具有重要的指导意义。认知发展理论强调认知的本质是适应，核心素养的培养在于培养学生所应具备的综合品质，通过认知不断适应并改变自身。

根据认知发展理论，学生的认知发展是通过同化、顺应和平衡的过程，从低级向高级发展的，与中小学道德与法治课的认知过程相符合。在道德与法治课堂教学中，学生通过对道德与法治问题的学习与思考，不断同化新的知识和观念，顺应社会的规范和价值观，通过平衡个人的观点和社会的期待来发展自己的道德水平和法治意识。

人的身心发展可以分为感知运动、前运算、具体运算和形式运算四个阶段。中小学生正处于具体运算向形式运算的过渡阶段。这意味着他们已经具备了基本的逻辑思维能力，能够进行具体的操作和解决实际问题，同时也逐渐开始发展抽象思维能力和符号操作能力。在道德与法治课堂教学中，学生需要通过具体的案例和情境来理解道德与法治的原则，运用逻辑思维进行分析和判断，逐渐培养演绎与归纳的学科关键能力。

道德与法治统编版教材目录的改变，充分考虑了学生的认知水平和求知需求，与认知发展理论相契合。教材设计在内容选择和语言表达上更加贴近学生的认知水平和兴趣，提供了更多的案例和实际问题，以促进学生的主动思考和探究。

义务教育道德与法治课程核心素养的培育无疑受到了认知发展理论的影响。课程核心素养中的政治认同、道德修养、法治观念等方面突出体现了认知发展理论的观点。创新性思维要求学生具备批判性思维、创造性思维和解决问题的能力，这与认知发展理论中的成熟和习得经验有关。法治观念培养学生对法律的尊重和遵守，国家认同培养学生对国家的认同感和责任感，这体现了社会性经验和平衡化在道德与法治课堂教学中的重要性。

因此，中小学道德与法治课教师在教学中应充分理解和应用认知发展理论，以更好地引导学生的道德与法治课学习，促进他们的认知发展和核心素养的培育。教师可以通过提供具体案例、引导学生思考和讨论，鼓励学生参与实践和社会交往，帮助他们在道德与法治课堂教学中形成健康的认知态度和学科素养，为他们未来的成长和社会参与打下坚实的基础。同时，教师也应不断关注学生的认知水平和发展需求，灵活调整教学策略和教材设计，营造积极的学习环境，激发学生的学习兴趣和主动性。

（三）多元智能理论

中小学阶段是学生智力与素养发展的关键时期。多元智能理论认为每个人具备多种智能，如语言智力、音乐智力、空间智力、人际交往智力等。新时代对人才的需求越来越复合化，这就要求教育教学必须能够全面发展人的各种智能要素，这样才可以培养出厚德高智、多才多艺的人才，以适应现代社会的需求。

首先，培育核心素养的目的是培养适应未来社会发展和科技挑战的人才，满足经济和社会发展的需求。道德与法治课程核心素养的培育应注重培养学生的知识认定和学科关键能力，这与多元智能理论相对应。

文化自觉指学生在道德与法治课的学习中培养对文化的主动认知与理解。多元智能理论中的语言智力、人际交往智力和自省智力对应着文化自觉的实践。通过学习道德与法治知识，学生不仅能够学习法律和道德的规范，更重要的是培养对不同文化的理解和尊重以及对个人身份与价值观的反思。这种文化自觉的培养不仅能够提升学生的道德素养，还能够增强学生与他人的交流和理解能力。

珍爱生命指学生在道德与法治课的学习中学会对生命的尊重和珍视，而多元智能理论中的自认观察者智力则对应着珍爱生命这一核心概念。通过学习道德与法治知识，学生能够了解生命的尊严和价值，明白自己作为社会成员的责任和义务，培养自我反省的能力，认识到自己的行为对他人和社会的影响，并积极参与到社会公益活动中去。

除了文化自觉和珍爱生命，中小学道德与法治课程的核心素养还可以根据多元智能理论进行发展。比如，在道德与法治课堂教学中，学生可以通过音乐智力和空间智力培养创造性思维和创新能力，通过逻辑数学智力和自然观察者智力培养批判性思维和问题解决能力等。这些能力的培养有助于学生综合运用各种智能，解决真实世界中的复杂问题。

因此，中小学道德与法治课教师应根据多元智能理论，培养具备多元智能和道德素养的学生，以适应新时代教育工作的需求。教师可以通过多样化的教学方法和资源，激发学生的各种智能、潜能，引导他们探索和发展自己的兴趣和特长。同时，教师还应注重培养学生的创造性思维、批判性思维和解决问题的能力，以帮助他们成为具有创新力和适应力的未来公民。只有通过全面发展学生的智能和素养，才能培养出具备多元能力和高度道德意识、法治思维的新时代青少年。

二、道德与法治课程核心素养的培育内容

中小学道德与法治课作为一门综合性课程，依据课程标准内容的设计，教学主体可以分为个人、家庭、学校、国家、世界等领域。不同领域主题教学的内容、要求、价值及教学方法各有不同。深入研究不同领域、主题的教学，不仅是深化理解道德与法治课程的需要，还是促进教学高质量发展的需要。

（一）个人发展教育

1. 个人发展教育的基本认知

个人发展在中小学道德与法治课程中主要包括个性心理品质、思想素养、价值观念、道德品质与行为等方面的培育，重点是学生的个性品质发展。个性是个人特有的气质、兴趣、性格等心理特征的综合，这一解释将个性定位在心理特征上。品质是人在思想作风、行为品德方面表现出来的本质。同时，对与之相关的品德、品格、品行、品性等词语也有具体解释，如品德指人的道德品质；品格指人的品性格调；品行指人的外在行为表现；品性指人内在

的思想品质和修养等。因此，可以将个性品质看作是两个联合词组，即由个性与品质组合而成，指人的稳定的个性心理特质与思想道德行为表现的综合表征，包括个体的气质、性格、爱好、道德表现、思想观念、价值取向。

理解个人发展教育的意义，不能囿于"个人"层面，个性品质有个性本质特征的一面，但个性品质的真正意义还是社会性的，只有在社会生活中，个性品质才有意义。这个认识是人们把握个人发展视野、理念、价值的思想原点。它要求人们开展个人发展教育，一方面要有鲜明的个体针对性，有个性化教学的手段和策略；另一方面，也需将个人发展与集体、社会甚至民族、国家、世界教育紧密结合起来，使个人发展适应社会需要。个人发展教育是中小学道德与法治课程的基础性、先导性、一以贯之的主题，对学生其他领域主题的学习起着重要的支撑作用。教师深入把握个人品质教育主题的内容构成、育人价值、教学规律和方法，对全面、精准实施道德与法治课程教学具有重要的奠基作用。

2. 个人发展教育的主要内容

道德与法治的个性品质教育主题由《义务教育道德与法治课程标准（2022年版）》和《青少年法治教育大纲》确定。其中：①"健康、安全地生活"侧重个体安全卫生、健康的意识与行为习惯以及新环境适应能力等教育，是现代公民文明素养在个体发展方面的重要内容；②"愉快积极地生活"侧重人际关系友善、情绪管理、初步的自我认识与发展意识、初步的意志品质等教育，是现代公民文明素养在自我管理及与他人、自然关系方面的启蒙教育内容；③"负责任、有爱心地生活"以班级、家庭、家乡、公共场所、国家为内容范畴，侧重责任意识、爱心教育、环保意识、集体生活，以及爱党、爱国、爱人民教育，是现代公民文明素养在责任、爱心、国家意识方面的教育内容；④"动手动脑、有创意地生活"侧重个体兴趣爱好、实践动手能力、思考探究意识方面的教育，是现代公民文明素养在创新意识、实践能力方面的教育内容。

比如，在"我的健康成长"专题中，可以分别从自我认识、自尊自爱、意志品质、诚实守信、文明礼貌、生命安全等方面开展个体发展教育，凸显现代公民文明素养在自我意识、人际交往、生命安全意识、健康生活等方面的教育。学生个体发展教育还贯穿于其他领域的教学主题之中，如"我的家庭生活"一课，通过家庭亲情、生活、邻里交往等教育活动，持续强调感恩、爱心、自励、自立、友善、勤勉等个体发展教育；"我们的学校生活"一课是通过学校学习生活、同学交往、班集体活动等的教育，持续强调尊重意识、友善品质、责任意识、民主平等意识等个体发展教育；"我们的社区生活"一课通过热爱家乡教育、了解社区公共设施设备、了解社会经济生活及劳动者等的教育，持续强调尊重劳动、社会公益心、公共场所文明修养、扶弱济困有爱心等教育，这些都是个体发展教育在公共生活中的表现；"我们的国家"一课则是通过民族团结教育、国情教育、历史文化教育，重点强调民族情感、家国情怀、文化传承、敬仰先烈等教育，这些是个体发展在民族、国家意识方面的表现；"我们共同的世界"一课，通过认识世界、国际交往、世界文化、世界发展与问题、世界和平、人类命运共同体等教育，重点强调平等、合作、共赢、和平、发展等观念教育，这些是个体发展在世界意识培育、世界交流交往中的反映。

3. 个人发展教育的教学思想

（1）古代个人发展教育的教学思想。中国古代教育思想中蕴藏着丰富的个性化教育教学思想，主要体现在教与学、学与思、知与行等关键命题方面，且个性化育人思想与调动学生的学习主体性、积极性及开放性学习是相互联系的。在教与学方面，学生个体发展的差异性和主体性是中国古代教育关注的焦点之一，对学生差异性和主体性的认识是个性化教学思想的原点。

孔子的因材施教、教学相长，表面上是讲教法，实际上"因材施教"源于对个体差异性的认识，承认每个人的学习个性和发展路径是不一样的；"教学相长"在强调学生对老师的启示意义的同时，变相认可学生的主体性发展意义。韩愈在《师说》中"无常师"的论述则从开放性学习的视角说明了个性化主体性发展的路径和意义，"圣人无常师……孔子曰：'三人行，则必有我师。'是故弟子不必不如师，师不必贤于弟子，闻道有先后，术业有专攻，如是而已。"这里的"无常师"说的是向任何有长处的人学习，海纳百川，有容乃大；"闻道有先后，术业有专攻"则鲜明地表达了学生的发展路径、兴趣特长的丰富多样性，千篇一律的制式化教育有违学习成长规律，自主性、个性化才是个体发展的根本路径。

在学与思方面，"思"是中国古代教育思想中特别强调的方面。孔子提出

"学而不思则罔，思而不学则殆"的见解，韩愈指出"行成于思，而毁于随"，王夫之得出"学成于聚，新故相资而新其故；思得于永，显微相次而显察于微"的论断。"思"的本质是个性化的、主体性的学习活动。在知与行方面，中国古人将"行"的个性化学习意义十分鲜明地凸显出来。我国先秦时期就有"非知之艰，行之惟艰"的认知；明代王阳明提出了"知行合二"的思想；明末清初王夫之认为"学、问、思、辨、行"五段的学习过程中，"行"居第一位，得出"行可兼知，而知不可兼行"的结论。"行"是学习内化的驱动力，是个体个性化认知和发展的重要源泉。

（2）现代个人发展教育的教学思想。个人发展教育必须充分尊重个人的个性特征，充分调动个人学习发展的主体性，致力于促进个性化的良性发展，并使个人发展适应社会发展需要。因此，中小学道德与法治课的个人发展教育应尽可能考虑三个要素：①是否充分了解学生，做足了客观的、实事求是的学情分析，并将尊重个性与规范引领有机结合；②是否抓住了具有普遍意义的个人发展教育要点，以发挥班集体授课制的教育优势，将个人发展教育的特殊性与普遍性有机结合；③是否足够关注个人发展的突出问题并有个性化教育策略和方法，持续追踪教育，将常规课程教育教学任务与长期的有责任、有爱心的育人使命有机结合。

4. 个人发展教育的教学方法

个人发展教育需要遵循先进引领、行为示范，理解包容、以情动人，尊重个体、个性发展等原则。传统教学方法有故事教学法、奖励法、惩罚法等；现代教学较多地采用讨论教学法、体验教学法、行为示范法、案例辨析法、美文赏析法等。在传统教学方法中，故事教学法是个体发展的一种古老而经典的教学方法，它通过生动的人物角色塑造，引导学生感受真、善、美，以及假、恶、丑等不同的道德形象，追求真善美。在强调生活教育的当下，故事教学法不应被抛弃，甚至可以通过多媒体技术，使故事教学法更加直观生动。

传统的奖励教学法是促进学生个体发展的有效方法，而且这种奖励的积极效应体现在学生发展的多个方面，但现今的奖励法过多地表现在教师课堂上即时的、随性的口号上，即便是口头表扬与激励，用语和方式也需要重视，应思考奖励效果如何最大化。

（二）家庭教育

家庭是社会的细胞，是个人成长的第一所学校，也是个体人格、品性、思想道德发展的终身学校。家庭深刻影响一个人的行为习惯、个性心理品质、价值观念和思想道德行为。同时，家风、家训、家教、亲情、和睦邻里等是中国特有的传统文化根脉，是熔铸中华文化底色、培育家国情怀的恒久基地。因此，中小学道德与法治课将"家庭生活"列入小学与初中学段的专门教学主题内容，内涵丰富，意义深远。

1. 家庭教育的重要意义

把家庭当作课程学习主题不仅是为了让学生了解、认识家庭，学会过健康和睦的家庭生活，还是为了传承中华优秀传统文化，发展现代家庭文明。作为道德与法治课程领域之一的家庭教育，其与一般家庭教育的内涵完全不同。它以中小学生的生活视角、角色立场、社会性发展为主要内容和教育导向，侧重于家庭意识、角色与责任、生活常识、亲情关系处理、邻里和睦等教育。而一般家庭教育则是父母主角、主场、主导，阐述父母的责任义务、家庭关系调节艺术、教育子女的方法等。中小学道德与法治课程的家庭教育意义主要表现在如下方面。

（1）培育中小学生热爱家庭生活的情感，启蒙良好的家庭生活观念。当前，许多学生将家庭的爱心、照顾、温情视作理所当然，如不加以正确引导，久而久之，家庭的爱与温暖换来的可能是不良的依赖习惯。因此，教育引导学生懂得、珍惜家庭的爱与温暖，理解家人的辛劳，才能达成父慈子孝、母贤子孝的目的。

（2）引导中小学生热爱家庭生活，养成健康文明的家庭生活习惯，包括学习了解家庭关系及相处之道，学习力所能及的家务劳动技能，懂得安全使用现代家庭用品、工具，以及邻里和睦的道理等。

（3）适度弥补现代家庭变革对中小学生教育的不足。受现代社会变革、城市化变迁的影响，家庭结构小型化、家庭成员工作机制化、邻里关系陌生化，家庭教育功能日渐萎缩。父母受制于学生未来发展的压力，加之时间有限，把更多的精力和关注点放在学生的学习成绩上，而对学生的品行、品性教育关注不够。在这种背景下，道德与法治课程如何与常规家庭教育相结合，是一个需要深入探索的问题。

（4）弘扬和传承优良家教、家风、家训等家庭美德和传统文化，使中国传统的优秀家庭文化与现代家庭文明结合起来，发挥家庭文明对社会文明、政治文明的基础性、支撑性作用。

2. 家庭教育的主要内容

以社会生活为基础是中小学道德与法治课程构建与教学思路的主线，家庭生活是其中重要的组成部分。在小学阶段，将家庭教育主体融入日常生活之中，突出尊重父母等长辈、感恩、健康安全的家庭生活及行为习惯、力所能及的家务劳动等主题教育。在初中阶段，家庭教育以专门领域、主题呈现，在持续加强家庭教育的基础上，拓展家庭关系认识、家庭矛盾理解和调解家庭经济生活等内容，初步将家庭教育引向其作为社会细胞的认识视角，进一步促进学生社会性发展。

《义务教育道德与法治课程标准（2022年版）》除了持续强化道德与法治相关教育内容之外，还增加了邻里关系、家庭经济生活、家庭关系处理等内容，拓展了家庭教育的社会性，丰富了家庭教育作为社会细胞存在的教育内涵。《青少年法治教育大纲》中就家庭教育主题的表述分为总体内容和分学段的教学内容与要求两个部分。其中，总体内容要求结合青少年与他人、家庭、学校、社会、国家、世界等方面的关系，分年级学习公民基本权利和义务、与人为善、亲子关系、社会活动、民主制度、国家机构、依法治国等方面的主要法律法规的核心内容。在分学段的教学内容和要求中，对小学低年级要求初步建立对家庭关系的法律认识，其他阶段则没有明确的内容要求。显然，《青少年法治教育大纲》着重从法律对家庭关系规范的角度提出教育要求，使学生初步了解家庭关系的法律常识，初步培养维护家庭的权利能力和行为能力，增强学生的法治意识。

（三）学校教育

学校是为个人的成长奠定基础的阶段，也是学生通向社会的漫长阶梯，其对学生的思想道德、人格品性、身心健康、知识技能、社会性发展有着终身的重要影响。中小学道德与法治课程设置学校教育的专门内容，不仅是为了规范学生有序的学校生活，还通过学校"小课堂"的教育，促进学生社会性的健康发展。

1. 学校教育的重要意义

把学校当作课程学习主题不仅是为了让学生认识、适应学校，更好地运用学校生活实现自我健康成长和发展，而且是站在学校是一个具有多功能的社会机构的视角，促进学生社会性发展。分析学校教育的意义有两个基本视野：一是学校教育功能的视野，即学校对人的成长究竟有哪些方面的价值和作用，这是人们将学校作为学生学习主题纳入课程内容的认识基础和前提；二是学生发展的视野，即学生通过学校生活可以实现哪些方面的发展，通过学校主题的课程学习可以发展哪些方面的认知与能力。

学校教育的主要意义在于符合国家对教育功能的设定。教育是国家的重要事业，通过教育可以培养合格的公民和适应社会需求的人才。为了确保学校教育能够有效地实现其功能，国家制定了相关法律法规，其中最重要的是《中华人民共和国教育法》和《中华人民共和国教师法》。

学校教育的基本功能是用来传承人类文明，培养适应社会、参与社会、创造社会的各类人才。学校是人类文明与知识的殿堂，是学生学习生活的主体场域。从这个意义而言，道德与法治课中的学校教育具有人本性、文化性和社会性。将学校教育纳入道德与法治课程体系，目的在于借助学生的学校生活经验和平台，因势利导，开展集体观念、规则意识、学校纪律、师生交往、学习发展等方面的教育，增强学生适应性，进而启蒙他们的社会意识，逐步培养他们认识、适应、参与社会生活的良好态度和能力。

2. 学校教育的主要内容

学校教育作为中小学道德与法治课程的重要内容，渗透在课程标准和法治教育大纲中。小学道德与法治课的学校教育全面渗透在课程标准的多个方面，主要目的是教育引导学生主动适应积极参与学校的学习生活。学校教育对学生的培养目标不仅是讲授知识、培养能力，更重要的是培育学生的课程核心素养。从上述信息可以看出，学校教育侧重于引导学生在健康向上、愉悦负责、规范严谨、创新创造等学习生活中实现自身全面发展。

（1）在健康安全的生活方面，学生需要养成按时作息、有规律的生活习惯。这包括确保充足的睡眠时间、合理的饮食结构和适度的体育锻炼。此外，学生在学校里应保持情绪稳定、心情愉快，与同学和老师之间建立良好的关系。熟悉学校的环境并能够灵活利用学校提供的卫生保健设施，如洗手间、医务室等，来维护自己的身体健康。

（2）在愉快积极的生活方面，学生应培养良好的人际交往能力。他们喜欢与同学和老师交往，保持积极的学习态度和愉快的玩耍心情。当遇到消极情绪时，学生能够在成人的帮助下迅速化解，保持积极向上的心态。学生还应能够看到自己的成长和进步，并为此感到高兴和满足。同时，在学习中，学生要学会正确对待自己的学习成绩，不盲目追求分数，而是注重个人的进步和努力。学生应在教师的指导下制定切实可行的学习目标，并付诸行动努力实现。学生还应懂得悦纳自己和他人的长处和优势，激励自己不断进步。当遇到挫折或问题时，学生应善于发现问题、分析问题、解决问题，同时还要勇于尝试承担一些具有难度的学习任务，以锻炼自身的韧性。

（3）在负责任有爱心的生活方面，学生需要培养认真负责的态度，做事情认真负责，有始有终，不拖拉。同时，学生应懂得关心他人、与人为善，并乐于分享和合作。学生应当正视并努力做好自己的工作，尽力做到最好。此外，学生也应具备初步分辨是非的能力，犯错时勇于承认和改正，并保持诚实。学生应喜欢集体生活，爱护班级的荣誉，与同学们共同营造和谐、团结的班级环境。

（4）在创新思维方面，学生需要培养积极的思维和创造力。他们喜欢提问和探究问题的答案，学会使用合作、体验、提问、辩论等方法进行简单的探究活动。同时，学生能够与同学交流、分享和反思小组合作探究的过程。他们会对问题提出自己的想法和认知，并学会利用媒体、图书等多种途径收集所需的资料。在教师指导和同学的帮助下，学生能够整理整合、提炼归纳自己获得的知识经验，进一步提高自身的创新思维能力。

综上所述，学校教育的目标是培养学生全面发展的核心素养。学校通过教授学生健康可持续、深度理解、灵活运用及有责任、有担当的学习方式，引导学生成为适应现代社会需求的有才华、有责任感的人才。教师在教育过程中应注重培养学生各方面的能力和素养，并为他们提供支持和指导，以帮助他们实现全面发展的目标。同时，家庭和社会也应与学校形成合力，共同为学生提供有益的成长环境和支持，使每个学生都能够在学校教育的引导下实现个人的全面发展。

初中道德与法治课程中的学校教育内容略有缩减，以专题的形式出现。

这样布局的原因是小学学段学校教育已经非常充分，同时，初中学段课程需容纳个人发展、家庭教育、社会教育、国家教育、世界教育等广泛的内容，必须有所取舍。就具体内容标准而言，初中道德与法治课程涉及学校教育的内容主要集中在学校生活专题领域，包含了学校部门与工作人员、学习态度与方法、同学交往、集体教育、班规校纪、班级组织等。初中道德与法治课程中的学校教育已经过理性地、高度地提炼与归纳，并突出强调学校生活的观念、态度、规矩等意识教育，这是对小学道德与法治课程学校教育的合理提升。

3. 学校教育的基本策略

学校教育主题的教学策略除了要遵循中小学道德与法治课程常用的教学方法之外，关键还要充分发挥"近水楼台"的优势，利用学校环境和资源，结合学生成长实际和需要，因地制宜、就地取材，有针对性地开展教育教学活动。

（1）研发运用校本资源是重要基础。这个资源包括学校发展历史、标志性发展事件、代表性人物、重大教育教学成果等，把这些资源与课程标准和法治大纲及统编版教材的内容整合起来，构建适应学校学生实际需要的新的教学内容体系，实现教学资源的校本化再开发、再改造。一些道德与法治课教师将校长、其他学科教师、校工人员等请进道德与法治课堂，参与教育教学活动，就是很好的创新。

（2）结合学生发展实际。充分研究学生，紧密结合学生发展实际和需要是根本立足点，牢固确立学生才是学校教育的第一作用对象的根本立场和理念。学校教育一般要求有学情分析，实施学校教育主题，还可以事先指导学生做好校内问卷调查、访谈、观察等活动记录，用作教学的第一手资料。这个活动不仅可以为学校教育服务，还可以在确保安全的前提下，培养学生的社会实践能力。

（3）拓展教学场域和视野。拓展教学场域和视野既要依纲扣本，又要走出教材、走出教室，把学校作为大课堂。有些学校教育不必在教室里进行，可以直接搬到学校相应场所。比如，"认识我们的学校"就可以用参观学校场所设备的方式进行；"教师节的活动"可直接通过学校开展的相关活动进行，教师在课堂教学中直接开展展示活动成果、体验活动收获，不必坐而论道；

"我加入了少先队"，可以直接和少先队活动课相连。另外，道德与法治课程教学还可以与学校开展的国庆节、科技节、艺术节、体育节、环保周、文明礼貌月及传统节日庆典等活动一起实施，这是增强道德与法治课程生活性、社会性最好的途径。当然，这需要学校重视道德与法治课程，将其与学校德育工作一起整体规划、统筹实施。

（4）制订学生思想和行为教育方案。制订长期跟踪、指导学生思想和行为的教育方案，全过程指导学生的发展，使道德与法治课程教学不局限于一课、一师、一教材，真正达成促进学生持续、长远、有效、生活化发展的目的。

（四）国家教育

国家教育是中小学道德与法治课程内容的重要组成部分，是道德与法治课程育人的高地。无论是从贯彻国家意志，培养政治认同、家国情怀等爱国主义思想的角度，还是从教育社会性的上层建筑原理的角度，或学生个体成长价值的角度，国家教育都是学校教育至高无上的重点内容。国家教育是我国大思政课的传统领域，中国特色社会主义进入新时代后赋予了这个主题以新内涵、新要求。

1. 国家教育的重要意义

国家教育的基础是国情教育，包括国家的历史文化、发展现状、未来蓝图和理想等。其核心是爱国主义教育，彰显个性、社会性发展、精神塑造的高度，同时也是思想素养和政治素质培育的重要基础。

（1）学生道德情操养成和社会化发展的高地。个人、家庭与国家的关系是中国传统家国情怀重点阐释的主题，尤以"大学之道"的诠释最为经典："古之欲明明德于天下者，先治其国。欲治其国者，先齐其家。欲齐其家者，先修其身。欲修其身者，先正其心。欲正其心者，先诚其意。欲诚其意者，先致其知。致知在格物。物格而后知至，知至而后意诚，意诚而后心正，心正而后身修，身修而后家齐，家齐而后国治，国治而后天下平。自天子以至于庶人，一是皆以修身为本"。这段名言千古传诵的秘诀在于将个人、家庭、国家利益紧密联系在一起，并给出修为的先后顺序，指明个体修养是基础、齐家是阶梯、治国平天下是最高目标。其中的观点和认识与现代教育关于人的社会化理论有异曲同工之妙，占有思想的制高点，明确将国家意识、天下情怀注入个体修养最高境界。最难能可贵的是最后一句话，强调它是天下国民都应当遵循的修身之道，而不仅仅局限于社会精英，这就让个体修养的路径和目标具有社会性和普适性。

中国特色社会主义进入新时代，个人、家庭与国家的关系依然是人格品质、社会道德、家国情怀一体修为的重点，这是文化传承，更是新时代使命。需要强调的是，当前要实现中国梦，而中国梦的本质就是国家富强、民族振兴、人民幸福。每个人的前途命运都与国家和民族的前途命运紧密相连。国家好、民族好，大家才会好。这就将个人发展、中国梦教育和爱国主义教育紧密联系起来，强调实现中华民族伟大复兴的中国梦，是新时代爱国主义的鲜明主题。我们要大力弘扬爱国主义精神和时代精神，为实现中华民族伟大复兴的中国梦提供重要精神支柱和精神动力。同时，实现中国梦还要求将个人品格价值观深深植根于国家发展大局之中，突出爱党和爱国、爱社会主义教育相统一，促进爱国教育、爱国情感、爱国行为相一致，使爱国主义成为植根于每个中华儿女内心深处的精神内核和行为自觉，让社会主义核心价值观的种子在每一位学生的心中生根发芽、开花结果，从而培养团结合作、积极乐观、坚韧不屈的优秀品格。

（2）中小学道德与法治课是体现国家意志的课程载体。教育是国家意志的体现，贯彻落实国家教育目的，反映国家意识形态及价值观主张，体现国家对人才培养的总体要求。建设教育强国是中华民族伟大复兴的重要要求，中小学道德与法治课教师要全面贯彻党的教育方针，落实立德树人根本任务，坚持固本培元、培根铸魂、铸魂育人，培养德智体美劳全面发展的社会主义建设者和接班人，较好地做到"五育"并举。道德与法治课程的意识形态属性比较强，具有极其重要而特殊的育人功能。因此，道德与法治课程必须责无旁贷地担当起落实国家意志的职责，其重点就是加强理想信念和社会主义核心价值观教育，培育学生坚定中国特色社会主义道路自信、理论自信、制度自信、文化自信，努力培养出更多更优秀的能够满足党、国家、人民和时代需要的复合型人才。

2. 国家教育的主要内容

国家教育作为中小学道德与法治课程的重要内容和学生社会性发展的高地，贯穿课程教学的各个阶段。

小学学段涉及国家教育的内容主要有：①了解家乡的自然与文化遗产，感受家乡发展的巨大变化；②尊崇先进人物，熟悉英雄模范人物的先进事迹；③尊重国旗、国徽、国歌等国家标志，增强国家荣誉感和民族自豪感。这些内容具有直观性、可感性特点，重点是对学生进行初步的国家印象、知识和爱国情感教育。

初中学段的国家教育贯穿六大领域，重点反映在我们的国情专题中，涵盖国家领土、疆域、民族与文化、自然环境、名胜古迹、自然灾害、工农业生产、交通运输、信息化与互联网、古代文明史、近代抗争史、中国共产党的领导、人民解放军、中国公民与宪法和法律常识教育等。从小学到初中，国家教育跨度较大，内涵提升较多，囊括了国家自然面貌、历史文化、现代经济、交通运输、网络通信、科学技术、政治、法律等广泛的内容题材。虽然内容难度不会很大，但由于目前小学道德与法治课教师多为兼职教师，有思想政治教育背景的教师凤毛麟角，多种因素汇聚在一起，教师的教学任务难度还是比较大的。因此，要科学规划国家教育的内容布局，加强对中小学道德与法治课教师的培训和指导，是道德与法治课程有关国家教育困境的重要突破口。

3. 国家教育的基本策略

国家教育除了要遵循道德与法治课程常用的教学方法和策略之外，还需要重点考虑国家教育相对抽象的特点，着力解决教学中人云亦云、毫无个性、味同嚼蜡的空心化教育问题。教师可以尝试包括信息化、实地考察、问卷调查等综合实践方式，使国家教育更接地气，更有生活气息，更能直观地感受。

（1）加强教师专业培训和学习，充实和丰富教师关于国家教育的相关知识，弥补教师专业素养与本课程国家教育宽领域的落差，确保教学内容选材、表达、提炼的正确性、精准性。

（2）注重与信息技术的深度融合，充分运用现代多媒体和互联网技术，增强教学的直观性、可感性，拉近国家教育与学生生活的距离，并使其形象化、具体化。

（3）加强教学资源整合，紧密结合热点时事素材，及时接入重大时事题材，使道德与法治课教学具有鲜明的时代气息。

（4）充分利用和发挥学生已有的有关国家的经验和认知体会，从学生生活经验出发，调动学生学习的主动性。教师可以通过网络信息、旅游、走亲访友等方式，指导学生跨区域了解祖国不同地区的风貌，帮助学生初步建立起关于国家地理人文文化、经济社会发展成就等零碎的观感和认知。

（五）国际教育

以经济全球化、互联网信息互通迅捷化为特征的全球格局，使得地球村更加紧密地联系在一起，培育世界公民意识、世界胸怀是教育的时代使命。构建人类命运共同体成为新时代的世界发展主题，建设一个友善、互助、和平、发展的世界体系功在当代、利在千秋，需要每个人的积极参与。世界教育是中小学道德与法治课程逐步拓展的几大教育领域中最宽广的内容主题，彰显个体社会性发展的时代格局和视野，是个体面向世界学习发展的重要基础，也是本课程世界眼光的重要体现。

1. 国际教育的重要意义

国际教育是现代公民意识培育的重要内容，是个体社会化的时代内涵，它对于开拓国民视野，整体提升国民现代素养，促进中国更好地走向世界、融入世界具有重要意义。

（1）符合世界发展大势和人的社会性发展。经济全球化和互联网信息的广泛迅捷互通，使整个世界变成了一个紧密依存、时时相通、利害相关、休戚与共的"村落"。这种世界发展大势将每个人的命运与世界捆绑在一起，培养国际意识、世界胸怀，学会关注世界变化，遵守世界规则，尊重世界多样化已成为公民的普遍修养。在中小学道德与法治课程中设置国际教育的内容，不是简单地了解、认识世界的问题，而是如何引领学生养成国际情怀，培育学生走向世界、参与世界生活、创造世界未来的精神品质和能力的问题。

（2）符合人类命运共同体思想。人类命运共同体思想是中华优秀传统文化的现代性创造和创新，是为当代世界和平与发展贡献出的中国智慧和中国方案。其基本内涵为构建人类命运共同体，建设持久和平、普遍安全、共同繁荣、开放包容、清洁美丽的世界。中小学道德与法治课程中的国际教育必须紧扣人类命运共同体思想，引导学生深刻理解中国人民的世界胸怀和理想，自觉地把个人成长和未来发展融入人类命运共同体思想，立足中国自信、放眼世界发展，坚定创新、协调、绿色、开放、共享的新发展理念，培育开放、融通、合作、共赢的世界交流交往思想，在向世界学习中发展，在自我发展中贡献世界，立志为世界和平发展和人类进步事业不懈努力。

2. 国际教育的主要内容

中小学道德与法治课要求尊重不同国家和民族的文化差异，具备开放的国际视野，初步了解影响和推动世界发展的重要事件和重要人物，还要知道不同生活环境下人们不同的生活方式和风俗习惯，懂得不同民族、国家和地区之间相互尊重、互惠互利的现实意义。同时，开设"我们共同的世界"专题，从世界地理面貌，不同国家、地区、民族的生活习俗，世界文化，世界经济往来，人类科学技术发展，世界生态环境，国际组织和国际公约，和平与发展等方面构建中小学国际教育内容体系。

中小学国际教育呈现基础性、初步性和观念性的基本特征，其意图并非要学生系统地、具体地掌握世界知识，而是要学生通过初步了解世界，培育学习世界的意愿、开放的国际视野、包容的世界情怀、关心世界的情感、参与世界的愿望等。这些可以看作是学生世界意识的基础性培育，也为他们在高中阶段思想政治、历史、地理等学科的学习奠定基础。

道德与法治课程要求培育学生"全球意识和国际视野，热爱和平""初步了解当今世界的发展现状与趋势"，并将国际教育列入"我与国家和社会"的"认识国情，爱我中华"等专题。一是要深入了解文化的多样性，学会尊重不同国家和地区的文化习俗，用平等的态度与其他国家的人民友好交往、和睦相处；二是要了解当今世界的发展趋势，知道我国在世界格局中所面临的机遇与挑战，增强危机意识和忧患意识；三是要树立命运共同体的观念，增强为和平与发展两大主题做贡献的强烈愿望。

3. 国际教育的基本策略

把握国际教育，关键有两种策略：一是除了沿用道德与法治课常用的教学策略和方法之外，必须考虑该主题教学远离学生实际生活的特点，充分发挥信息化教学优势开展教学活动；二是要教育学生有国际视野，教师必先要有国际视野。重点是培育教师关注世界的意识，平时多注意积累素材。当然，教师培育世界视野的途径不是只有环游世界这一种方法。一是合理、合法、恰当引用有关国外的案例素材进行教学；二是与国际理解教育相结合，开展相关专题教育；三是结合国际性节日、纪念日，如地球日、水日、粮食日、和平日等以及专项国际性活动如奥运会、世界杯、地球一小时等，组织学生积极参与，培养人类命运共同体意识。

三、道德与法治课程教师素养的培育

（一）专业发展方向

道德与法治课程是致力于培育学生的社会主义核心价值观和政治素质、道德品质、法治意识、良好行为习惯的综合性课程，具有鲜明的思想性、政治性、社会性、实践性等特点。中小学道德与法治课教师应站在国家主流意识形态的贯彻者、落实者的高度，为国家利益代言、为民族精神立言。因此，中小学道德与法治课教师应具有较高的思想性、政治性和专业性。

中小学道德与法治教育教学既是中小学生思想政治素质、道德品质、法治意识教育及行为习惯健康成长的奠基工程，又是社会主义精神文明建设的基础工程，还是实现中华民族伟大复兴中国梦的重要支撑。提高道德与法治课程教学质量，关键在于建设一支理想信念坚定、道德素质优良、专业基础扎实、勇于担当、善于创新的专业教师队伍。这要求中小学道德与法治课教师既要认真学习新理念、新课标、新教材、新评价，又要围绕国家教育方针、全国教育大会精神等拓展自身的格局和视野。从一定意义上说，道德与法治课教师要有更高的思想政治觉悟，更宽广的社会生活视野，更厚重的育人责任担当。

1. 道德与法治课程教师专业素质构成

促进中小学道德与法治课教师的专业发展，必先提升中小学道德与法治课教师的专业素养。道德与法治课教师应对标"六要"要求，不断提高自身的政治素养、道德素养、法治素养、社会素养和信息化素养等。

（1）政治素养。中小学时期是学生世界观、人生观、价值观形成的关键时期。在这一时期，学生的认知结构正在积极形成和发展，对世界的理解和解读也处于模糊和不确定的状态。因此，这一阶段对学生价值观和世界观的塑造尤为重要。道德与法治课教师作为学生思想成长的重要指导者，他们的政治素养对学生的影响是深远而重大的。

中小学道德与法治课教师在课堂上不仅传授学科知识，还通过自身的言行，传递社会主义核心价值观，塑造学生的思想品格和法治思维。因此，教师的政治素养对学生的成长具有直接和深刻的影响。一个具有高度政治素养的教师，能够引导学生形成正确的历史观、民族观、国家观和文化观，引领学生树立正确的价值观，增强他们的价值判断和选择能力。此外，道德与法治课教师的政治素养还体现在他们对中国特色社会主义道路自信、理论自信、制度自信、文化自信的坚定信念上。这种自信，不仅表现在他们的思想认识上，还能通过他们的言行教育学生，引导学生树立起同样的自信。他们通过自身的实际行动，以身作则地践行社会主义核心价值观，让学生在观察和模仿中，自然而然地接受和吸纳这些价值观。在教学过程中，中小学道德与法治课教师的思想政治素养直接影响教学导向。一个具有高度思想政治素养的教师在教学中能够坚持正确的教学立场，能够正确引导学生的思想方向，保证教学的广度、深度和质量。

（2）道德修养。良好的道德修养，无疑是中小学道德与法治课教师的基本要求，更是他们专业素质的重要标准。教师的道德修养对于道德与法治教育起着至关重要的作用，它不仅体现在教师的个人素养上，还深深影响着学生的道德成长和人格塑造。

首先，教师的道德修养反映在他们的道德积累和道德感悟上。这种道德认知和体验不仅关乎教师对社会生活中道德问题的理解和判断，更关乎他们对道德与法治课程内涵的理解和把握程度。一位具备较高道德修养的教师，对道德与法治课程的内涵有深入的理解和全面的把握，能够将课程知识与生活实践相结合，让道德与法治教育更加贴近学生的生活，更具有说服力和感染力。

其次，教师道德修养体现在他们的日常道德行为上。教师的每一次言行举止，都对学生的道德认知和行为表现产生直接影响。教师通过自身的实际行动，以身作则，向学生展示道德品质的具体体现，让学生在日常生活中观察、学习和模仿，自然而然地接受和吸纳这些道德价值。

再次，教师的道德修养决定了他们在道德与法治课教学中的态度和方式。在教学过程中，教师需要以心交心的情感教育，耐心引导和启发学生，有教无类地进行道德教育。这种教育方式要求教师具备较高的道德修养，真正做到心胸开阔、公正无私，这样才能真正赢得学生的尊重和信任。

最后，教师道德修养的厚度直接影响着教师教学方法选择和运用的效度。教师的道德修养水平越高，他们在教学过程中选择和应用的教学方法就越具有针对性和有效性，从而使得道德与法治教育更加深入和生动。

因此，中小学道德与法治课教师必须始终注重提升自身的道德修养，注重自己的道德行为和言行一致，以身作则地引导学生。他们需要在日常生活中言传身教，将自身的道德修养融入教学活动中，使道德与法治教育不仅仅停留在课堂教学中，还渗透到学生的日常生活中，真正做到了道德与法治教育的全面和深入。

（3）法治素养。作为公民的普遍素质要求，法治素养在塑造学生的法治思维、行为规范及社会责任感等方面发挥着关键作用。同时，对中小学道德与法治课教师来说，法治素养也是他们教育实践中的新要求，决定了他们在教育过程中的理论视野、方法选择和教育效果。

首先，教师要强化对法治知识的专业学习，包括对宪法原则、中国特色社会主义法治体系及全面依法治国的深入探索和研究。这种学习并非只是对知识的记忆和理解，更是对法治观念的体验和实践。通过对这些知识的学习，教师可以深化对中国特色社会主义法治道路的理解，增强法治意识，形成法治精神，培养良好的法治生活习惯。

其次，将法治理论和制度融入道德与法治课程教学中。这需要教师具备将法治知识和道德教育相结合的能力，在教学中既注重培养学生的道德情操，又能提高他们的法治意识，使他们在接受道德教育的同时，也能理解和接受法治教育。

再次，将中国特色社会主义法治理论和制度融入中小学道德与法治课的教学中。这既体现了教师对中国特色社会主义法治理论的深刻理解和精准把握，又体现了教师在教学过程中的创新精神和实践能力。通过将这些理论和制度融入教学中，教师可以帮助学生深入理解中国特色社会主义法治道路，引导他们树立正确的法治价值观，增强他们的法治意识。

最后，不断探索和创新道德与法治教育的新方法、新模式，提高道德与法治课程育人实效。这需要教师具备创新精神和实践能力，能够根据学生的实际需求和教育目标，设计合适的教学方法和模式，使道德与法治教育能够真正落地生根，发挥育人实效。

总的来说，良好的法治素养对中小学生的道德与法治教育具有至关重要的意义。教师作为法治教育的重要传播者和实践者，他们的法治素养直接影响道德与法治教育的质量和效果。因此，提高教师的法治素养，对于推进中小学生的道德与法治教育，具有重要的现实意义和深远的社会影响。

（4）社会素养。良好的社会素养对于中小学生的全面发展和健康成长具有重要的作用。社会素养不仅是现代公民文明素质的主要标志，还是道德与法治课程教育的关键环节。通过社会素养的培育，学生可以更好地理解社会规则，培养社会责任感，提升自我价值。对中小学道德与法治课教师来讲，如何引导学生参与社会，提升学生的社会素养，是他们面临的一项重要任务。

首先，教师应引导学生积极参与社会公益活动，如志愿活动、帮扶行动、绿色发展宣传等。这些活动能让学生深入了解社会的多元性和复杂性，体验到帮助他人、服务社会的喜悦和自豪。在这个过程中，学生可以感受到社会的需要，意识到关怀他人的重要性，增强他们的社会责任感。同时，这些活动也是学生实践道德和法治知识、提升社会参与能力的有效途径。

其次，教师应引导学生积极参与各类文化活动，如民俗活动、节日活动、传统文化宣传推介活动等。这些活动能帮助学生了解和认识自己的文化根源，增强对传统文化的认同感和尊重感，提升他们的文化素养。通过参与这些活动，学生可以开阔视野，增强对多元文化的理解和包容，为他们的成长积累宝贵的精神财富。

再次，教师应引导学生关注新闻报道和时事素材，如开展模拟联合国、模拟两会、模拟广交会、模拟招聘会等特色社团活动。这些活动能够提高学生的政策分析能力，培养他们的参与意识。通过参与这些活动，学生可以了解国家的政治制度和政策方向，明确自己的公民身份和社会责任，为将来成为一个有责任感的公民奠定坚实的基础。

最后，通过参与社会活动，学生能够增强团队合作能力和公民意识。在团队活动中，学生可以学习协调、沟通、合作等社交技能，提升他们的团队合作能力。在社会参与活动中，学生可以体验到公民参与的重要性和必要性，提升他们的公民素养。

总的来说，良好的社会素养是中小学生全面发展的重要保障。道德与法治课教师应当引导学生积极参与社会，通过实践活动提升他们的社会素养，帮助他们形成正确的世界观、人生观、价值观，为他们的健康成长和全面发展奠定坚实的基础。

（5）信息化素养。中国特色社会主义进入新时代，信息化素养已经成为公民必备的基本素质。中小学道德与法治课教师需要充分利用现代信息技术，提升教学效果，同时也要引导和教育学生提升自身的信息化素养。

首先，教师需要拥有一定的网络工具运用能力。随着互联网和数字技术的飞速发展，各类在线教育平台和教育应用程序日益丰富，这为教师提供了多元化的教学手段。教师可以利用这些工具开展在线教学，也可以利用它们来设计和实施各种富有创新性的教学活动，如在线讨论、项目式学习、模拟法庭等，以提高学生的学习兴趣和参与度。

其次，教师需要具备信息获取和甄别能力。网络上信息繁多，既有真实有效的信息，也有虚假和误导性的信息。因此，道德与法治课教师需要有足够的能力来获取、筛选和评价这些信息，以确保所选用的教学资源的质量和有效性。同时，教师也需要教育学生如何进行信息的获取和甄别，培养他们的批判性思维和信息素养。

再次，教师需要具备信息分析和整理能力。面对海量的信息，教师需要能够有效地分析和整理这些信息，提取有价值的内容，以设计结构清晰、逻辑严谨的教学内容。同时，教师也应教育学生如何进行信息的分析和整理，让他们学会如何从大量信息中有效获取知识，提高他们的学习效率。

最后，教师需要遵守网络道德与法规，并将这种意识和行为传授给学生。在使用网络技术和数字技术进行教学时，教师应注重保护学生的隐私和个人信息安全，尊重知识产权，遵守网络公约。同时，教师还应教育学生如何健康、安全、负责任地使用网络技术和数字技术，让他们明白在互联网上也需要遵守道德和法律，防止他们陷入网络欺诈、网络暴力等问题。

总的来说，道德与法治课教师的信息化素养是影响中小学道德与法治教育质量的重要因素。教师需要不断提高自身的信息化素养，以适应信息化时代的教学要求。同时，教师也需要通过各种方式，如课堂教学、实践活动、主题讨论等，引导和教育学生提升自身的信息化素养，帮助他们在信息化社会中更好地学习和生活。

（6）教学组织能力。中小学道德与法治课是一门充满挑战和机遇的课程，它既要求教师具备深厚的专业知识，又要求教师具备丰富的实践经验和创新思维。课程强调对学生进行实践体验和社会参与的教育，能够让学生更好地理解和接受道德与法治的原则以及它们在现实生活中的应用。

教师在教授道德与法治课时，需要具备理解课程标准和教材的能力。这涉及教师对教材的深度解读，理解教材背后的理念和意图，将教材内容和学生的生活实际相结合，使学生能够从中获取真实和有用的知识。同时，教师还需要具备教学活动的组织策划能力，通过组织各种实践活动，让学生在实践中学习，使学生能够将所学知识应用到实际生活中。中小学道德与法治课的教学活动是丰富多样的，如读书分享、合作讨论、辩论剖析、写作报告、互动游戏、课本剧表演、参访座谈、模拟活动、公益实践等。读书可以让学生获取信息；讨论和辩论可以让学生锻炼思维；参访座谈可以让学生接触实际；课本剧表演和模拟活动可以让学生体验不同角色；公益实践可以让学生锻炼表达能力和沟通能力，培养服务精神。在教学方法上，可以采用故事分享、情境体验、角色扮演、案例解析、讨论辩论等。这些方法可以激发学生的学习兴趣，帮助学生理解复杂的道德与法治原则，培养学生的思维能力和表达能力。在教学过程中，教师可以根据学生的身心发展特点和学习生活需求，将来自一线的法治案例纳入教学设计中。这种方法可以使学生更直观地理解道德与法治的实际应用，帮助学生培养法治思维能力，使学生在理解法治原则的同时，也能理解法治的实践应用。

教师在讲授道德与法治课时，不仅需要落实新标准和新教材的要求，还要具备教学活动的组织实施能力。这涉及利用多种方式和教学方法，引导学生进行学习和实践，以及根据学生的身心发展特点，适时使用真实的法治案例，进而培养学生的法治思维。这是一项复杂而重要的任务，需要道德与法治课教师具备较高水平的专业素养和实践能力。

第一，教材的校本化能力强。教材的校本化处理是一个重要的步骤，这是因为教育的过程并非一成不变的，而是随着环境、社会、学生个体的变化而变化的。因此，校本化处理是一种对教材进行有效调整和改进的方式，使其更符合学校和学生的实际需求，同时也能更好地引导学生理解和掌握道德与法治的知识。校本化处理要求教材具有直观感受性和社会实践性。这意味着，教材不仅要传达知识，还要让学生能够在具体的情境中体验和理解这些知识。这需要教师将教材与学生的生活实际相结合，例如，教师可通过设计富有生活气息的案例和活动，帮助学生将抽象的道德与法治知识转化为具体的行为和习惯。教材的校本化处理是一个复杂但必要的过程。它要求教师具有丰富的专业知识、敏锐的观察力和高超的教学技巧，才能在满足学校和学生实际需求的同时，保持教材的思想内容体系和核心价值，以提高教学效果，培养学生道德与法治课程的核心素养。

第二，教学逻辑思维的梳理与表现能力强。具备清晰的教学逻辑思维，这是因为教学是一个复杂的过程，涉及多种因素的交互和影响，包括教师的教学策略、学生的学习需求和反馈、教材的内容和结构等。因此，教师需要具备一种能够准确把握和处理这些因素的逻辑思维能力。清晰地明确教学目标，这是教学的出发点和归宿，也是设计和实施教学的方向。设计合理的教学步骤，这是实现教学目标的路径和方法。在每一个教学环节中，教师都需要明确其目的和意义，以确保教学的有效性和针对性。然而，教学过程中难免会出现偶发事件和学生活动的不可控性，这就要求教师具有强大的应变能力和教学策略调整能力。当遇到这种情况时，教师首先需要迅速地分析问题，确定问题的性质和原因，然后根据这些分析，调整教学策略和方法，以确保教学的顺利进行。其次，教师在教学过程中进行反思和调整。教师需要定期收集和分析学生的反馈和学习效果，以了解教学的实际效果，并根据这些反馈和效果进行教学反思，找出教学中的问题和不足，及时对教学策略和方法进行调整。

第三，问题发现与解决能力强。中小学道德与法治课教师需要具备较强的问题发现与解决能力，以便有效地进行道德教育和法治教育。教师具备敏锐的观察力，能够发现学生在学习过程中的困惑和问题。这种观察力需要教师有深入了解学生个性和学习情况的能力，以便及时发现他们的困扰和需要帮助的问题。教师应该倾听学生的疑虑和问题，并细致入微地分析学生的思维和情感状态。通过观察和了解，教师能够准确地判断学生的需要，为他们提供适当的指导和支持。教师应积极引导学生敢于表达自己的看法和观点，培养学生的批判性思维意识和解决实际问题的关键能力。通过启发式的教学方法，教师可以引导学生从多个角度思考问题，理解不同的价值观和观点，并培养他们自主思考和判断的能力。教师需具备创新思维和灵活性，寻找新的教学方法和策略，以满足不同学生的需求。教师可以利用故事分享、情境体验、角色扮演、案例解析、讨论辩论等教学方法，不断激发学生的学习兴趣，提高学生的课堂参与度。此外，教师还可以引入真实的案例和社会问题，让学生通过实践和探究的方式理解道德与法治的重要性。

第四，教学的社会化能力强。具备教学的社会化能力，意味着中小学道德与法治课教师能够将实际生活中的案例和情境融入教学，让学生在实践中学习和体验道德与法治；同时运用真实的案例和情境，引发学生的兴趣和思考。教师可以选择一些当代或历史上的道德与法治问题，如公平与正义、人权与平等、法律与道德冲突等，通过案例分析的方式让学生思考和讨论。教师可以引导学生探究案例中涉及的道德价值观与法律原则，让学生在实际案例中感受道德与法治的现实应用，并从中学习相关的道德规范与法律知识。教师可以组织学生参与社区服务和社会实践活动，以提升他们的社会化能力。通过参与志愿服务、参观厂矿企业、模拟法庭辩论等活动，学生可以亲身体验社会生活中的道德与法治问题，理解道德与法律的实际意义和应用。例如，学生可以参与社区环境保护活动，了解环境保护的道德和法律要求；参与模拟法庭辩论，扮演不同角色，讨论和解决具体的法律案例。通过这些实践活动，学生可以加深对道德与法治的理解，培养实际应用的能力，形成良好的道德习惯和法治意识。教师可以鼓励学生通过独立研究和小组合作等形式，以研究性学习的方式去深入探讨道德与法治问题。教师可以引导学生选择感兴趣的主题或议题，并鼓励他们进行研究和讨论。学生可以通过阅读相关文献、采访专家、开展调查研究等方式，深入了解道德与法治领域的理论和实践，并提出自己的观点和建议。教师可以组织学生进行小组讨论、展示和辩论，促进他们之间的思想碰撞和交流。这样的研究和讨论过程将帮助学生加深对道德与法治问题的理解，提高他们分析问题和解决问题的能力。

2. 道德与法治课程教师专业素质发展

（1）个体发展。个体发展作为一种内在的发展方式，是中小学道德与法治课教师专业成长的重要途径。与其他学科教师不同的是，道德与法治课教师的个体发展不仅在于学科知识的学习，还要侧重教师社会知识的学习和储备情况。其中，在生活经验积累、社会问题观察及社会生活实践等方面显得更为重要。因此，就要求教师要将道德与法治学科专业知识同社会生活和社会实践密切联系，善于发现对学科有实际参照意义的生活化素材，并将其创造性地运用于学科课堂教学实践中。

首先，道德与法治课教师可以通过不断积累生活经验来丰富自己的个体发展。教师可以通过多角度、多领域的生活体验，提高自己对社会现象的洞察力和理解能力；还可以积极参与社会活动，拓宽自己的社交圈子，与各行各业的人们交流互动。这些经历将使教师更加了解社会的多样性和复杂性，为教学提供更广泛的视野和实例。此外，教师还可以通过阅读各类相关书籍、观看纪录片、参观展览等方式，不断丰富自己的知识储备，增强对道德与法治问题的理解和把握能力。

其次，道德与法治课教师可以积极参与社会实践，拓展个体发展的广度和深度。教师可以主动参与社区服务活动、志愿者工作或其他公益项目，深入了解社会问题和公共利益，同时将这些实践经验同道德与法治课教育相结合。例如，教师可以组织学生参与环境保护行动，关注社会公正问题，参与公益活动等，通过亲身参与和实践，让学生深刻体验到道德与法治在现实生活中的作用和意义。教师也可以邀请相关领域里的专家、从业者或相关机构的代表来学校举办讲座或交流，让学生与实践紧密联系起来，了解不同行业和社会组织中道德和法治的应用，并从中汲取经验和启示。

再次，道德与法治课教师可以通过个人思考和反思来推动个体发展。教师可以将自己的生活放在道德与法治层面进行考虑，反思自己的言行举止是否符合道德规范、是否遵守法律法规。教师可以定期进行个人道德伦理的自我检视，思考自己在生活中是否真正践行了所教授的道德原则和法律规定。这种自我审视将使教师更加明确自己的责任和使命，激发教育热情，提升道德与法治教育的质量。

最后，道德与法治课教师还可以通过与同行的交流和合作来促进个体发展。教师可以参加专业培训、学术研讨会等活动，与其他区域的道德与法治课教师进行交流，分享经验和心得。教师可以借鉴他人的成功实践和教学策略，不断提升自己的专业水平。此外，教师还可以组织教研活动，与同事们一起研究和探讨教学中遇到的问题和挑战，共同寻求解决方案，相互启发和支持。

个体发展是道德与法治课教师专业成长的根本途径，这种个体发展需要教师将道德与法治专业修养同日常社会生活和实践相结合。通过积累生活经验、参与社会实践、个人思考和反思以及与同行的交流和合作，教师可以丰富自己的个体发展，提高教学的质量和效果。这样的个体发展方式将使道德与法治课教师更加贴近学生的生活，更加具备启发和引导学生的能力，为学生的道德发展和全面成长提供坚实的支持。

（2）校本研修。校本研修是中小学道德与法治课教师专业发展的提升途径，主要围绕学科教学的主干内容和科学方法开展。从基本概念上理解，校本研修是以学校乃至学科组为基层组织，以解决教师所面临的教学实际困难和问题为核心内容，以提高教师教育教学实践能力为宗旨，融教育教学思想理念、教学实践、教育科研、教师发展于一体的研究学习模式。它主要通过发挥学科组集体智慧和作用，有目的、有计划、有组织、有针对性地开展道德与法治课程教学研讨，致力于解决课程教学的具体问题。通常情况下，校本研修围绕主题，结合实践，面向教学实际问题展开，形成教学计划、方案、课题、活动组织等成果。当下，由名师工作室带动、凝聚教师开展校本研修是一个新途径、新方式。打造名师团队，这种方式有利于学校开展更加精准、专业的校本研修。校本研修的内容既要基于统编版教材的教学，又要设置国家大政方针、经济社会发展重要事件的研究内容；同时也要多关注与中小学道德与法治课相关联的社会生活体验、学生生活案例等，这也是中小学道德与法治校本研修不容忽视的方面。

（3）专项培训。专项培训由教育行政部门和教研机构组织，是中小学道德与法治课教师专业发展的专门渠道。专项培训旨在提升教师的专业素养和教学能力。为了确保专项培训的有效性，需要加强规划，使其具有针对性、系统性和衔接性。

首先，专项培训需要根据不同层次的教师进行培训规划。一般而言，专项培训可以分为新教师培训、青年教师培训、骨干教师培训和名教师培训等不同层次。针对新教师，培训内容可以涵盖基础理论知识、教学技能和职业道德等方面；对于青年教师，培训可以注重专业深化和教学实践能力的提升；对于骨干教师，培训可以聚焦教育研究和课程设计等方面；名教师培训则注重培养教育领域的专家和创新人才。不同层次的培训规划，可以满足不同阶段教师的需求，提升整个教师队伍的素质水平。

其次，培训内容规划应紧密关注道德与法治课教师的专业短板和实际需求。道德与法治课教师培训的核心是加强理论知识和教学策略方法的学习。在理论知识方面，培训可以包括相关法律法规、道德伦理理论、社会活动等方面的内容，使教师能够深入理解和运用道德与法治知识。同时，教学策略方法的培训也至关重要，包括教学设计、案例分析、互动讨论等教学手段的运用，以提升教师的教学效果和创新能力。此外，培训还应特别关注时事政治学习、法治教育和实践活动教育，让教师了解社会现实，加深对道德与法治的理解。

培训内容的规划应该建立在充分调研的基础上，了解教师的实际需求和短板。通过问卷调查、访谈、座谈会等形式，了解教师对道德与法治教育的认知、需求和困惑，将这些反馈作为培训内容规划的参考依据。只有确保培训内容与教师的实际需要相符，才能有效地提升教师的专业水平。

最后，道德与法治课教师的培训应增加更多的实践元素，创新思想政治工作方式和方法。培训不仅应该注重理论学习，还应鼓励教师参与实践活动，加强与社会的互动。通过参观厂矿企业、模拟法庭辩论、社区服务等方式，教师可以更好地了解社会现实和法治教育的实际应用，提升教学的针对性和实效性。此外，培训还可以创新思想政治工作的方式和方法，通过多媒体、在线学习平台、案例分析等手段，为教师提供更灵活、多样的学习和交流平台，以满足不同教师的学习需求。

专项培训是中小学道德与法治课教师专业成长的重要渠道，需要加强规划，具有针对性、系统性和衔接性。通过层次化的培训对象规划、紧密关注教师的需求、基于调查研究的内容规划和增加实践元素的培训方式，可以有效提升道德与法治教师的专业能力和教学水平，这将有助于推动道德与法治教育的发展，培养更多具有社会责任感和法治意识的公民。

（4）研究提升。研究提升是中小学道德与法治课教师专业高端发展的必由之路，也是教师教育理念与教学实践进行结合、转化的重要途径。研究提升主要包括论文撰写、科研课题研究、教学成果凝练等方面。对广大中小学道德与法治课教师而言，研究不是做"高大上"，也不能赶时髦。教师应沉下心，坐住冷板凳，找准研究方向，坚守自己的研究初心。这样的研究才有特点特色，才会创新创造，才有利于教师个人专业的可持续发展和个人教学风格的形成。

（二）研究视野与策略

1. 道德与法治课程的研究视野

中小学道德与法治课的研究视野既要立足课程标准、法治教育大纲和统编版教材的要求，如对课程教材整体体系的研究、各个领域主题的教学研究等，更要着眼于学生发展、社会发展、民族精神教育、国家意志培育的需要。

（1）课程教材研究视野。课程标准是中小学道德与法治课教学的依据，教材则是课程标准的重要呈现方式。因此，研究课程标准和教材是把握课程教学的基础和前提。研究课程教材时，重点要有链接思维，即研究课程方案、课程标准与教材内容体系的"链接"关系。研究教材在体现和表达课程方案、课程标准方面，如何做到思想人本化、观念行为化、主题生活化，更好地理解和把握教材传递课程方案、课程标准的意图与方法。研究教材与学生实际及社会生活现实的"链接"关系，即教材的校本化研究，丰富教材的内容并赋予教材以鲜活的生命力。

（2）学生立场研究视野。学生立场的研究视野是以人为本的思想方法的具体运用，不仅要研究学生道德与法治立场观点和行为表现，还应该研究形成这些立场观点和行为表现的原因、教学策略方法、观念和行为改善评估方法。学生立场的研究有两种基本方法：个案研究和群体样本研究。个案研究是对不同个体的道德与法治意识和行为表现进行持续的跟踪研究，从中提取具有普遍规律的教育教学方法，形成针对具体问题的教学技能，如学生社会参与指导方法等。群体研究则针对某类型学生进行专门研究，以发现某类学生群体共同的问题和教育教学策略，如一年级新生的适应性研究等，并应用于道德与法治课程教学，为相应群体、环境和条件的道德与法治教学提供经验借鉴。

（3）社会生活研究视野。中小学道德与法治课的教学不能局限于教材和课堂，研究也不能局限于教材和课堂，社会生活也是道德与法治课研究的重要视野。教师用社会生活素材进行教学与在社会生活中进行教学是不同的。在社会生活中进行教学包括组织学生参与社会实践、学生行为习惯的社会生活记录与反馈，以及与学校、社区开展的德育活动紧密衔接等。社会生活研究还包括如何发现、提取与中小学道德与法治教学主题相关的生活素材和题材，使道德与法治课程教学与时俱进，与社会共同进步。

2. 道德与法治课程的研究范围

在学习中实践，在实践中研究，在研究中提升，这是教师专业成长最有效的捷径，也是提高教育教学水平的必由之路。中小学道德与法治课给教师带来的挑战不言而喻；同时带来巨大的研究与发展的空间。教师通过边学习边实践、边研究的方式，可以将挑战转化为机遇和发展空间。其中，如何使道德与法治教学研究取得实效，助力提高教育教学质量，定好目标、选准课题、把握要求、掌握方法、展示成效都十分重要。

（1）研究目的。教学研究目的的定位决定了研究的品质和价值。中小学道德与法治课研究的目的主要包括以下三个维度。

首先，要有利于贯彻落实党的教育方针、育人目的和任务。课程是党的教育方针、目的和任务的载体。中小学道德与法治课在意识形态方面要求较高，课程的育人功能更为重要。它是全面落实社会主义核心价值观教育的主阵地、主渠道。因此，要研究道德与法治课的教学必须研究党和国家的德育方针、目的和任务，使道德与法治课程教学在研究目标设定上与党和国家的教育方针、德育政策、育人使命保持高度一致。

其次，要有利于精准实施课程标准与法治教育大纲。在实践中，许多道德与法治课教师养成了只看教材不看课程标准的习惯，这是教材观转变不足的表现。众所周知，课程标准与法治教育大纲是道德与法治课程最精炼、最规范的内容呈现载体，教材只不过是对课程标准与法治教育大纲的展示和演化。对有志于研究的道德与法治课教师来讲，研读课程标准和法治教育大纲是不可或缺的。在研究目的的设定上，落实课程标准与法治教育大纲的理念价值和内容要求，不仅体现依纲达标的价值，而且有利于更加准确地定位研究目标。

最后，有利于促进学生道德与法治课程核心素养的形成，这是道德与法治教学研究的目的和归宿。主要内容包括研究道德与法治课程的核心素养、学生的道德与法治素养状况，并形成与课程、教材教育教学的接驳点，与学生健康成长的连接桥，这是有效研究的起点，它要求突出正确引导和问题导向，着力解决学生道德与法治学习、发展中的困难和问题，形成有效的、可以复制和推广的教学模式及方法。

（2）研究选题的范畴。中小学道德与法治课的研究选题可以围绕政治认同、道德修养、法治观念、健全人格和责任意识五个方面的课程核心素养进行确定，这直接关系到学生的身心健康、人格品质、道德修养、国家尊严、世界情怀的培养和培育。政治认同选题的内容主要包括如何引导学生形成正确的世界观、人生观、价值观，如何有效加强学生的国家认同、民族精神、社会主义核心价值观、理想信念、政治素质等教育。道德修养的选题内容主要包括掌握正确调整个体与他人、社会、自然关系的准则，明善恶、辨是非、能坚守，形成正确的人际观、家庭观、集体观、社会观、自然观等。法治观念的选题内容主要包括培育社会主义民主平等意识，懂法、信法、遵法、守法、用法、护法意识与行为教育。健全人格的选题内容主要有养成明礼守信、与人为善的交往习惯；养成乐学善学、探索创新的学习习惯；养成热爱劳动、勤俭朴实的生活习惯。责任意识的选题内容主要包括引导形成正确的自我认知、乐观的生活态度，培育和谐的人际关系、良好的社会适应能力。

（3）研究要求与方法：

① 研究要求：第一，政策理论依据要精准，与时俱进，运用得当，忌空洞的政策口号；第二，学术理论选择要切实，解读要独到，运用要有效，忌理论引用碎片化、标签化；第三，问题意识必须清晰并有针对性，忌无问题、伪问题；第四，强调有实践实证素材资料，忌理论与实践脱节或无实际材料佐证；第五，研究过程要完整，工具要具体，忌无过程环节的研究。

② 研究方法：研究的基本方法能反映道德与法治课教师的科学态度和研究结果的可信度，同时，研究方法本身蕴含着丰富的教育素材、题材，因此十分重要。中小学道德与法治常用的研究方法有个案研究、课例研究、问题研究、调查研究等。其中，个案研究主要采取跟踪研究，注重从特殊性中提取普遍性；课例研究包括优质课、公开课、示范课、研讨课等课型研究，一般采取样本研究方法；问题研究是针对教学实践中发现的问题进行研究，注重从现象看本质；调查研究包括问卷调查、访谈调查、观察记录等。问卷调查力求真实性，避免导向性和无意义；访谈调查力求对象的多样性，避免主观选择性；观察记录力求现象的典型性，避免流水性和琐碎性。

（4）研究的成效。要符合党的有关教育的方针政策，体现时代精神和素质教育的根本要求，遵循学生身心发展特点和教育教学规律。教师要根据自己的研究方向，提出自己的研究思路、优化完善研究思路并得出研究结论。研究一定要具有一定的实践价值，能针对中小学道德与法治课堂教学中存在的实际问题，创造性地提出解决问题的思路、方法和举措。教师也应力争在教学改革实践中取得突破，对教学改革实践发挥示范作用。教师要特别重视提高教学水平和教育质量、实现培养目标，有可观察的数据指标或材料。研究的成果影响要广泛，在一定范围内应有示范引领和辐射推广的价值和意义。

3. 道德与法治课程的课例研究

课例研究能够直面教学活动从教学思想、逻辑体系、内容体系、方式方法到育人效果等过程，是促进教师专业发展最直接、最有效的研究方法。虽然课例研究可以是个体学习研究，但主要还是备课小组或学科组集体研究，特别是后者，由于同行参与，针对性和及时性强，是校本研究中最常用的行之有效的研究方法。

(1) 在中小学道德与法治课教学中开展课例研究具有特殊意义。一是有利于深刻把握课程所要传递的德育方针政策与育人理念。课例研究作为学校有组织的专业性研究活动，站位比个体更高、视野比个人更开阔，通过发挥集体智慧的作用，立足国家意志，充分研究党的教育方针与育人理念融入课程教学的内容和方法，完整落实课程目标价值。二是有利于深度理解课程标准、法治教育大纲的内容要求。课程标准和大纲是道德与法治课程教学的总纲领、总依据，集体理解比个人理解更有宽度和深度，更能全面、系统地把握课程标准和法治教育大纲的内容要求。三是能够进一步拉近教材与课堂教学的距离。道德与法治课程教学强调学生的思想、品德、法治、社会性发展等教育，是一门以人而非知识为对象、以实践活动而非知识传授为教学特征的课程，教材只是教学活动的工具载体而非教学内容的全部，特别要求对教材进行校本化加工和重塑。课例研究的重要作用之一，就是针对教材在选材、篇幅、表现力、适切性、时代性等方面的不足，进行与本地区、本校学生深度结合的校本化加工，合理融合地方特色文化、经济社会发展成就、时代发展重大主题。教学活动既体现教材传递的核心价值，又能符合学生实际需要。四是能够探索有利于共享的教学技术和方法。教学是一门艺术，道德与法治课教学则是一门关于人的教学艺术，每个人的个性修养教学方法、育人风格、技术运用等各有所长，通过课例研究可以集思广益、博采众长，促进优秀教学方法和前沿教学技术共享，有利于更好地提升中小学道德与法治课程教学质量。

中小学道德与法治课例研究的价值集中体现在六个方面：即进一步统一落实立德树人的根本任务的思想，明确贯彻党的德育目标和政策的内容方法；落实将教与学植根学生生活的基本理念，共同研究以人为本的教学策略；共同探索从目标设定、内容选材到活动体验的综合性实践策略；共同研究与社区实际相结合的、跟踪学生学习生活发展、社会性成长的有效方法；共同探索可供区域共享的优质社区教学资源，促进教学的开放性；共同探索最有效的、适合区域和学生实际的教学技术与方法。课例研究的普遍意义同样适用于道德与法治课程，主要有三个方面：即课例研究是沟通教育理论与实践的桥梁，是教师探究教育规律的重要路径，是中小学教师开展教育科研的主要形式；撰写并研究课例具有学习意义，课例知识是教师知识结构系统不可缺少的重要组成部分；"课例资源库"是学校重要的教育教学思想财富，课例不仅是教育教学问题解决的源泉，而且是教育理论形成和发展的基础。

（2）道德与法治课例研究类型。中小学道德与法治课例研究分为五种课例类型：示范性课例研究侧重提取和分享教学经验，参与者广泛，研究目的是促进教学经验的普遍推广和应用；探索性课例研究侧重于寻找教学问题解决的方法，如解决重难点、尝试新教法或针对特殊群体等，参与研究者范围相对较小，一般局限于学科组和备课组，研究目的是探索某个特定教学内容、教学对象的教学方法；评价性课例研究主要是考察课堂教学同课程标准与法治教育大纲的达成度，参与研究者通常是专家和管理者，研究目的是衡量教师教学水平和能力状况；实证性课例研究是考察项目研究成果与教学实际的关系，参与者是课题研究组成员，研究目的是检验项目研究成果；专题性课例研究是就课程或教法中的某项专门问题组织的课例研究，如活动教学研究、对话研究、社会实践性课例研究等，参与者一般由专门研究人员主持，研究目的是探索某类教学的规律，获取可复制传播的教学范式。

（3）道德与法治课例研究内容：

① 教学目标。课程的目标不是单一的，而是立体、多维的。课例研究要

确定课文主题在落实国家意志、教育方针、课程方案、课程标准、法治教育大纲、社会发展、学生实际等方面的目标体系。

② 内容处理。要全面审视课文内容与课程标准、法治教育大纲及区域、学生实际之间的关系，系统地梳理、剪辑、整合、充实教学内容，将课文内容有效转化为教学对象可接受、可付诸生活实践的学习活动内容。

③ 问题解决。围绕教学主题，调查、发现学生存在的实际问题，包括普遍存在和个别突出的问题，充分考虑这些问题所反映的伦理和法律问题，分析教学对这些问题可能采用的方法及解决效果，注重正向激励引导。

④ 教学思维逻辑。研究如何总结教学全过程的思维关系和逻辑层次，使每个教学环节的教学意图清晰、活动有效、环环相扣、融为一体。教学思维逻辑是教学智慧的集中体现，也是学生有效学习的前提。

⑤ 教学活动组织。研究有必要组织活动的教学主题，分析活动的教学目的、参与范围、活动方式、总结提炼方法等；要强化活动的目的性和价值性研究，注重活动组织的适当性、可行性安排。

⑥ 教学评价方法。研究教学活动的过程评价和结果评价、自我评价与他人、集体评价等办法，以评价方法和结果的教育价值为导向，重点研究评价语言运用、标准分层、方法选择。通过评价促进学生多样化、个性化发展。

（4）道德与法治课例研究的观测。观察一节道德与法治课，应掌握必要的信息观察点，以全面、有效地把握一节课的典型经验、创新亮点及问题与不足，这也就是常用的课堂教学评价表。但常规课堂教学评价表中的内容往往面面俱到，平铺直叙，缺乏个性化、突破性观察视角和维度。因此，本书重点列出评价一节道德与法治课的若干观测信息源，以提高课例研究的直观性、针对性。

① 教学思想政治观点观测。中小学道德与法治课教学十分注重思想政治观点引领的正确性。因此，教学中思想政治观点的把握是首要观测点。具体表现为教学中是否有机融入国家思想政治教育政策、一些政策理论观点的表述是否精准到位、思想指导和引领是否紧扣政策要求等。

② 教学内容观测。中小学道德与法治课需要对教学内容进行重组、裁剪、充实，以便更好地适应教学对象的实际需要。教学内容观测不仅要看教材，

还要看教材与教学的实际链接状况。教学内容观测重点是教学内容是否紧扣课程标准和法治教育大纲，是否有机对接区域和学生实际，内容疏密、难易、先后等是否得当等。观测源于课程标准、法治教育大纲、教材、教案、教学实录。

③ 教师教学行为观测。它包括教学语言、教学态度、师生关系等方面。以教学语言为例，重点可观测教学过程中教师与学生的语言行为分布及学习效果。比如，教师的提示、指示、提问、评价表达、对学生的应答等，分类统计各种教学语言行为发生的次数，可分列解读性语言、指导性语言、启发性用语、激励性用语、反思性用语来进行系统分析。再如，教学态度的观测，一般而言，教学语气语态反映教师对教学理念的理解程度、教学内容的把握程度以及与学生的沟通合作意愿，

④ 教学组织活动效率观测。这主要是指教学过程中教师组织教学的效果状态。例如，教学环节的层次与逻辑活动组织的频率及效度、主题拓展的匹配度和切实性、学生情绪的调动与价值观发展指导、知识与行为能力的关联度、学生个体发展及教育的示范意义等。

（5）道德与法治课例研究程序：

① 综合分析环节，围绕课文教学主题，综合分析课程标准、法治教育大纲、教材、区域特色社会现实、学生实际方面，确定重组、优化教学主题的基本思路和方案。

② 教学设计环节，包括教材内容优化重组、课件制作、活动设计与准备等。

③ 教学实施环节，课前要准备好相关课堂观察表、教学信息收集要求、学生问卷或谈话要点等。

④ 教学反思与总结环节，包括执教者的反思总结、备课组集体反思总结，最终形成课例研究报告，提炼经验，发现需要进一步改善的问题。

这四个程序是一个单循环程序，有必要的话，可针对课例教学中的问题，采取反复循环的方式持续开展课例研究，获取更多更全面的教学经验，不断提高教学质量和育人效果。

（6）道德与法治课例研究的成果表达。课例研究成果除教学课例、研究报告最直接的成果之外，还可以衍生出教学设计、教学论文、课题研究等丰

富多样的成果形式。

① 教学设计的研究成果方式。教学设计是根据本节课的教学目标预设的教学流程和具体的教学方法，要写在"上课"之前。而课例则是对已经结束的教学过程进行的记录和反思，是写在"上课"之后。从写作上看，教学设计更倾向于说明，课例通常采用夹叙夹议的手法展示教学过程。实践中，教师如果混淆教学课例与教学设计成果的呈现方式，就会影响课例研究效果的表达。教学设计不单纯是一个教学目标任务、思路结构、方法流程的文本性表述，而且还是先进教学思想、学科课程宗旨、理解学生的程度、连接社会生活的效度、有效教学策略、灵活教学技能等的综合反映。中小学道德与法治课的教学设计要以学生核心素养培育、行为习惯的养成及其社会性发展为出发点，将教学主题作为连接学生与社会生活、个性发展与社会规范遵循的纽带，创新适合学生道德心理认知和发展规律的教学策略、方法及艺术。

课堂教学实录式。这种表达显然是课后记录，不是教学设计的表现方式。但不少教师把它当作教学设计，也有教师的教学设计就是这种模式，其突出的不足是课还没有上，教师无法确定学生如何回答、如何表现。针对课堂教学实录式，有两个问题值得追问：一是在教学思想上，老师课还没有上，如何准确地预判学生怎样回答；二是在教学形式上，这种"设计"是否容易导致满堂问、满堂答的单调的课堂局面。这类与教学实录混淆的教学设计只能反映教师的主观意愿，意在表演而不在教学、意在完成课堂任务而不准备与学生真实地进行对话沟通。虽然课堂教学实录式教学设计已被大多数教师淘汰，但其所反映的僵化的教学思想仍然值得注意。

教学流程勾勒式。这种教学设计在很大程度上体现了教师主导、学生主体的教学思想，也是寓教学于活动中的一种设计方式。其背后的备课功夫是十分认真和充足的。这种教学流程式设计相当流行，对于厘清教学思维和教学逻辑有很大的辅助作用。特别是对于知识性课程教学而言，这种设计对于把握教学难易、深浅梯度有很好的调控作用。但对于基于人格、道德、法治、社会性发展的道德与法治课程而言，这种机械的教学流程设计还不能完整、有效地表现道德与法治教学机制、教学反映和指导跟踪的多样化的可能，难以有效应对学生行为习惯的个性化表现。虽然此类教学设计对于教师总体把握道德与法治教学主题演绎的逻辑、程序具有一定的作用，但不能生动地表现道德与法治课教学设计的灵活性和多样性。因此，虽然此类教学设计可以作为辅助厘清教学思维逻辑的基础性工作，但不能成为道德与法治课教学设计的主流方法。

教学活动说明式。教学活动说明式将教师教学设计过程与设计意图挂钩，用以表达教师教学思想。教学活动说明式表述了教师应该怎样做，而且对这种做法的教学意图进行了解释，这种教学设计相对于前面两种而言，无疑是一种很大的进步，至少有教学思想和教学目的贯穿的意义。但突出教学意图从另一个侧面表达教师只是课堂教学的主导者、掌控者角色，对学生主动学习、活动预留的空间关注不够、留空不足。这种教学设计方法在理念上尚未完全体现学生主体地位价值，换言之，教学设计还没有把充分研究学生作为设计的前提和基础。因此，这类教学设计方式不是现代以人为本、学生主体、活动主导、能力培养导向的教学设计方法。

教学活动预设式。这种教学设计方法突出的思想是"预设"，在充分预设学生个性化的表现、表达和行为的基础上设计教学活动，是一种真正以人为本、眼中有学生的教学设计方法。在具体行文中表现为表格式和文本式两种。教学活动预设式是中小学道德与法治课相对合适的教学设计形式，理由有三点：一是这种设计将教师的教学思想以"设计意图"的方式展示，充分表达教师教学的思想和理念；二是传承教学的逻辑性和层次性，将教学过程清晰表达出来；三是充分考虑学生实际及社会性发展状况多样性、个性化的多种可能，设计学生必要的行为和可能的作为，但不固定化、模式化，给学生活动、教师反应及跟踪留足空间。因此，这类设计是值得提倡推广的方式。

② 优秀教学课例评价标准。教学思想要突出先进性。教学要深刻体现国家意志、社会主义核心价值观；能以人为本、尊重学生个体人格；珍视童年价值，遵循学生身心发展规律；注重社会生活体验，密切联系学生行为习惯与经济社会发展实际。这是强化国家意志、生活德育、人本德育、实践德育等理念在教学实践中的反映。

首先，教学情感要讲求真切性。教学情感的真切性是道德与法治课成功的内在因素，也是与其他课程的区别所在。一个字词、一个数学公式可能不太强调情感色彩，但人格、品格、品德、法治思维、行为习惯引导却离不开情感的表达和投入。

其次，教学过程要注重生成性。道德与法治课的教学对象是人的品格、思想和寓于日常生活之中的行为习惯，这就更强调教学活动必须及时、有效地回应学生的问题和反应，而不能照本宣科。这就是道德与法治课教学过程及策略的生成性，即课程的教学机制。及时回应和跟踪学生的反应是道德与法治课教学的又一个特殊性，它与知识性课程教学的系统性、组织性、逻辑性形成反差。道德与法治课不是强调教学流程的完整性，而是强调对学生行为习惯问题的针对性、真实性，以及正确引导的艺术性、深刻性和有效性。道德与法治课教学过程的生成性意义大于它的教学形式和氛围营造的意义，是课程的真实原型和本质追求。

再次，教学导向要引领行为习惯。道德与法治课教学要有利于内化为学生的思想；同时，应当注重这种思想向行为习惯养成的转化，教学的行为习惯养成性导向是道德与法治课成功的要诀。依标扣本，连接生活；关注细节，注重训练；厚植思想，导向行为，是道德与法治课有效教学、灵动教学的重要表征。

最后，教学视野要有广博性。要能将学生立场、生活空间、社会视野、世界意识有机统一起来，使学生的人格养成立足于社会性发展、民族精神培育和世界意识教育基础之上。课程核心素养的培育不仅要有传承优秀传统文化的国民性诉求，在经济全球化的背景下，还必须强调世界意识及品格价值观的养成。通过有趣的课程素材的合理运用，使学生感受尊重、理解、认同的人格品质的魅力，使个性品质教育的课例同样具有世界意识教育功能。道德与法治教学视野的国际性是课程开放性教学的要求，代表了课程育人价值的新追求、新方向，需要进一步大胆实践，积极创新。

（7）道德与法治课例研究的实践：

①课前"磨"采集。让"问题"成为中小学道德与法治课堂教学的起点。道德与法治课堂教学是否有效，很大一部分原因取决于课堂教学活动是否有针对性、是否针对真实存在于学生之中的问题。课前采集是发现学生问题的有效途径。简单而言，课前采集是指学生在教师的指导下自主找寻与课堂学习主题相关的学习素材。在采集过程中，学生可以用自己喜欢和熟悉的方式

去感受现实生活，收集学习资源，教师则可借助采集表，发现存在于学生生活中的共性、有代表性的问题与困惑，再紧扣这一问题有针对性地展开教学，让"问题"成为道德与法治课堂教学的起点。

首先，采集表要设计为匿名填写，采集表的收集方式也应该是以尊重学生的隐私为前提，让学生勇于真实填写采集信息，才能确保采集有效；其次，采集的方式要尽量符合学生的年龄特征，简单易行，以不加重学生的学业负担为准。有时候采集可以直接在课堂上完成。通过采集表，教师就能了解初次见面的学生的丰富生活，并捕捉到涉及学习主题的真实的问题。此外，采集的信息可以适当加工，发掘的问题要突出共性。所谓适当的加工，可以是将学生表达不够简洁准确之处加以梳理，也可以是将存在于不同生活情境中的不同个案的问题加以提炼和融合，让问题更为集中，能够引起大部分学生的共鸣。

② 课堂"磨"互动。让真诚有效的互动促进师生成长。教师每次试讲，都会对学生做课前采集，了解学生共性的问题，但课堂上总会有学生的反馈出乎教师的预设，这些未曾预设的问题更需要教师有针对性地学习。道德与法治教师亦是学习的主体，应通过追问、分享、等待等多种形式与学生真诚互动，唤醒学生的生活经历，提升学生的学习体验，将学习认知内化为触动心灵的行为实践。

教师还应该敏锐地捕捉学生发言中的关键点，并通过追问的方式，帮助学生理清思路，引导学生思考并表达，促进交流话题向深度展开。

在道德与法治课堂上，教师也是一名学习者。教师并不等同于学生，其榜样及引领作用不可忽视。因此，在学习过程中，教师应主动参与讨论，适时地分享自己的生活经历。对学生来说，既是一种有效的示范，又能够激发学生内心的情感共鸣，让教学情感得以升华。

在道德与法治课堂上，总会有学生发出"不一样的声音"，这种声音往往是教师预料之外的。大多数教师遇到这样的情况，更多的是选择回避。其实，这种"不一样的声音"往往代表了学生最真实的想法，教师首先应该做到尊重，尊重每一个真实的声音，允许不完美的表达，等待学生阶段性地达成目标。针对如何与学生有效"互动"开展磨课活动，让一线的中小学道德与法治教师面对学生时可以更加从容。

③ 课后"磨"评价。过程性的评价能够促进学生核心素养与行为实践的养成。

在道德与法治课堂教学过程中，教师要关注学生学习的全过程，突出教学过程中学生评价的重要性，要让评价真正成为课堂教学的助推力和诊断器，做到正确的品格价值观的浸润，让评价促进学生素养与行为的养成。

评价的内容紧扣教学主题。评价是为教学服务的，是实现课堂教学目标的有力支撑。因此，评价的内容应紧扣教学主题，成为教学的一部分，有效地促进学生素养与行为的养成。比如，在讲授"让我们的教室更整洁"一课时，教师可以将评价的内容可浓缩为"静"和"净"两个核心概念，紧扣教学主题。在组织学生整理桌面时，教师发现桌面特别干净的同学，就给他们桌子上贴上一颗"干净之星"。在学生打扫地面时，教师发现有个小组完成自己的任务后，就自觉地坐在自己的座位上端正坐姿，静静等待，教师则公开表扬这些学生的行为，并给他们桌子上贴上一颗"安静之星"。这种紧扣教学主题的评价与教学活动相得益彰，就是一种正确价值观的浸润。

评价的方式充分尊重学生。从心理学角度分析，学生对老师存有许多心理的期望，期望老师对自己的关心、尊重，也包括期望老师对自己的肯定和恰如其分的评价。评价方式的选择要充分尊重学生，用恰当、合适，为学生所接纳的方式评价学生。学生的想法得到了充分认可，评价则成为一种快乐的体验。

评价的过程力求全员参与。在传统的道德与法治课堂上，即时评价常用的只是教师对学生的评价，这样一来，学生的自我评价就会受到教师个人判断的影响。道德与法治课堂教学强调教师的主导作用和学生的主体作用，课程标准要求落实多主体评价机制，即课堂教学的评价主体不仅是教师，还有学生。评价方式不仅仅是师生互评，还应包括生生互评、小组内评价及学生与听课老师之间的评价。施行这种立体化的评价方式不仅能够有效地促进课堂教学即时评价的科学性，还能够帮助学生形成批判性思维能力和正确的价值观。

"磨课"能够更新中小学道德与法治课教师的教学理念，提升课堂教学水平，改变学生的学习方式。所以，"磨课"是最适合中小学道德与法治课教师专业成长的新方式。

（8）道德与法治课例研究与教师专业发展。课例研究对促进教师专业发展起着直接的、综合性的影响和作用，借助课例研究这个途径和载体，教师应积极主动自我规划，学校应创新工作机制，激励教师在多个方面实现自我发展。

① 教师应自觉将党的教育方针、课程方案、课程标准、法治教育大纲和专业理论知识的理解融入课例研究过程，在一段时期内，选择一种或几种能够解决自己在教学中的困惑、总结自己教学经验的专业理论，认真地进行课例研究的学习与实践，并在课例研究和教学实践中进行尝试、修正、提升，力图实现专业理论的"自我化"。

② 主动吸纳课例研究经验成果，自觉反思自己的教学理念、教学行为和教学风格，并与他人进行比照，培养自己的研究意识，掌握必要的研究技能，发展自己的教学风格和特色。

③ 教师要勇于学习、吸收和接纳新教育思想和新主张，敢于在教学实践中尝试各种新理念和新方法。只有这样，才能与时俱进，常教常新，不断取得新发展、新突破。

④ 学校要创新机制体制和管理方式，让教师群体成为课例研究共同体。鼓励同一学科内、相关学科间的教师之间相互帮助和支持，建立同质或异质不同类型、层级的课例研究小组，致力于建设学习型共同体，促进教师在合作中共同提高。

⑤ 为了引导教师将课例研究常态化、制度化、规范化，学校应出台一系列维持和肯定教师创造性劳动的管理政策，如理论学习制度、听课说课制度、研讨评课制度、奖励制度、考核制度等，使课例研究沉淀为学校宝贵的教育财富。

中小学道德与法治课不仅是一门课程，还是学校德育工作的重要组成部分，也是系统、科学、持续的学校德育工作主体。对德育课程重视与否，实质上是对德育工作重视与否的风向标。要完善德育制度、落实德育责任，加强德育环境建设，强化实施监管；应加强整合，充实和拓展学校德育管理机构的职能，使其成为班主任工作、学生日常管理、团队教育、德育课程实施的总领班、总统筹；应强化、细化、生活化学校德育工作责任。要注重学校、家庭、社会协同发力，建设有实际教育意义的家校协同机制和德育社会实践基地；要改进德育工作及德育课程实施方法，多采用实践、体验、感受、参观、访谈、调查等办法，使学生在其中有道德教育的获得感、满足感、成就感。另外，还要加大教师的培养力度和专业发展力度。

第三节　道德与法治课程核心素养的培育路径

一、双主体拓展思维，活跃教学状态

中小学道德与法治课堂教学需要师生双方的同心协力。多元智能理论认为，人的智能是多样的，而每一项又不是完全独立的。教师要将关注的重点放在学生的心理、情感、适应社会等多方面的培养上。因此，为了让道德与法治课变得更加生动有趣有深度，教师可以在灵动课堂的引入环节中设置一些与生活相关的问题，而这些问题要与学生曾经的经历有关。在灵动课堂中，学生也是极其重要的主体。教师根据教学内容提出问题时，若学生对该问题有前概念的知识或生活经验的积累，那他们就会有信心回答。这时候老师要充分发挥自己的主体作用，并进行恰当且有依据的点评，引导学生从简单的发言作答变成侃侃而谈。

从长远来看，师生之间可以互相促进、教学相长。一方面，学生在学习中接受老师的教育和指导，另一方面，教师在与学生相处的过程中，也会对很多问题有所启发和思考，促使教师自身素质的不断进步。

二、多元载体融合，发挥隐性课程作用

中小学道德与法治灵动课堂活动的设计具有多元化的特点。丰富的课堂活动可以激发学生的学习主动性，从而有助于达成道德与法治课的教学目标。但是，多元化的活动也会让学生的精力被分散，从而影响正常的授课效果。所以，教师在对活动进行最优组合与深度强化的同时，还必须重视多样的载

体，让隐性课程具有更长远、更长久的效果。

除了课程安排之外，即使是经过了周密计划，课堂效果也有可能出现不尽如人意的情况，究其原因，主要在于无论是课上还是课下，教师都容易忽视"无声教科书"的作用。"无声教科书"被看作是一门"隐性课程"。要想最大限度地提高和完善道德与法治课程核心素养，寻找适当的载体来发挥"隐性课程"的功能就变得非常重要。

在中小学道德与法治灵动课堂中，教师可以运用并掌握的"隐性课程"内容包括师生交流、课堂规范、教师布置、教学活动方式等。因此，贯彻实施课程核心素养，要发挥"隐性课程"的功能。

首先，"融合课堂"在中小学道德与法治课程灵动教学中的运用。道德与法治的教育不仅是一种专业的教学过程，而且是多种课程相融合的教学过程。比如，学校开设的心理活动课、丰富情感体验的主题班会课等都是中小学道德与法治课程的又一重要阵地。常常在课程思政的灵动课堂里，更容易将学科知识渗透到学生的心里，使学生将知识内在化，并付诸行动。

其次，根据课程标准开展小组活动和社会实践。道德与法治灵动课堂教学目标往往不能被定量化，而更多的是以经验和行动的方式进行反映。由于组织活动和社会实践具有多样性，因而在参加过程中，学生不可避免地要与他人沟通，在解决困难和问题时还需要通力合作。在灵动课堂教学中，教师更容易将教学目标中的核心素养融入道德与法治课的教学过程中。它所牵涉的人际关系处理和对突发事件的处理，不但可以让学生获得磨炼，而且教师榜样的影响也在潜移默化中起到了重要作用。

最后，注意与班主任及其他学科教师的交流，培养教师与学生之间的感情。教师的自身表现力和个人魅力，会使学生不遗余力地向教师靠拢。学生会以老师为楷模而为之奋斗。教师和学生之间的关系是否和谐，对学生的心理发展来说也是一个非常关键的潜在因素。此外，中小学道德与法治课教师还要做好收集数据的工作，如对那些学业较差的学生进行全面了解，在与班主任和课程教师交流时，给予更多的关心和关注。在充分了解学生基本状况的基础上，教师分享自身以往的经历，容易与学生产生情感共鸣，可以帮助学生摆脱目前的困境，让他们更有信心地学习、更自信和更有效地解决学习生活中遇到的困惑和问题。

三、采用案例教学深化体验

青少年是国家的未来、民族的希望。培养学生的法治意识和法治观念不仅是培育课程核心素养的要求，也是道德与法治课程规则意识和责任意识的要求，同时也是青少年成长的必经过程。《义务教育道德与法治课程标准（2022年版）》将法治教育与道德教育、国情教育及中华优秀传统文化教育等结合起来，突出了对权利与义务、尊法学法用法护法等的认识和理解。学生在道德与法治课教师的指导下，通过对课程内容的学习，树立法治理念、培育法治思维，懂得使用法律武器维护自己的合法权益，并能将自己所学到的法律知识用于日常生活。

在灵动课堂教学中，法治意识、法治观念、法律知识三个概念是截然不同的。有些教师过分重视对法律知识的教学，导致学生在课堂上学习枯燥无味的法律条文，法治意识和法治观念依然淡薄，很难将学到的法律知识内化于心，对尊法、守法、用法、护法运用不精准。教师要懂得使用法治案例进行教学，增加道德与法治课堂的趣味性和可理解性。在材料选取方面，教师既要根据课程的目的，又要根据学生的身体和心理特点，选取与学生的实际生活相接近的事例。案例的形态参照新媒体技术的发展理念，在表现上采用动态影像、声音，以及静态的图片和文字资料等方式。如果能将案例内容通过师生共同演出的方式表现出来则效果会更好。案例的内容必须具有规范性和感染性，这样才能体现法律的理性，才能凸显法律的权威性和亲民性。当然，教师在实际的课堂教学中，必须突出法律的客观存在性和内涵深刻性，同时还需要提出一些具有探索价值的问题，这样才能让学生产生代入感，加深体验，启发学生的潜能。

案例教学属于一种体验性教学，会给学生带来体验的最大化。首先，教师在法治案例的基础上，要创设多种主题情境，并合理设置情境问题，从而实现陶行知先生提出的"生活即教育，教育即生活"的创造教育理念。其次，教师要认识到合作讨论是解决问题的关键所在。教师可引导学生通过生生合作、师生协作等方式进行体验、探究、实践。灵动课堂教学的目的之一就是锻炼和培养学生的体验研究能力。教师可以通过案例教学来引导学生系统思考，也可以通过课后生活作业的方式，让学生在案例中获得更好的情感体验。

道德与法治课教师要处理好对教材的把握和超越教材的关系，利用案例教学在灵动课堂上进行强化情感教育。在课堂教学过程中，教师可以通过提高案例教学的使用频率，来实现对学生课程核心素养中的责任意识、法治观念素养的培育，同时还可以加强学生对法治观念、法律意识、法律知识的真实体验感。这样，不但加强了对法律的宣传，而且提高了学生的法律意识，在不知不觉中促进学生对各种违法行为的有效预防，让学生认识到法治和安全的重要性。

四、强化渗透时事教学

在中小学道德与法治灵动课堂教学中，与时事相关的深度教学环节较少。时事教学反而成为一种"流于形式"的教育，很容易造成学生对时事的不良情绪。时事教学表面上是相对于道德与法治的独立存在，实际上它与统编版教材，尤其是九年级的国情教育内容有着密切的联系。《中国学生发展核心素养》中对科学精神、人文精神、责任意识、实践与创造等素质提出了新的要求。因此，统编版教材将人文情怀、批判思维、国家认可、国际理解等都细化成了核心知识模块，为学生将来进入社会奠定知识基础。

当前，中小学道德与法治课中存在着大量的实践性知识，而这些实践性知识对道德与法治教学工作提出了新的要求。一些教师对检测评价要求、特点的理解不够透彻；部分学生从自己的渠道了解的信息对时事变化并不能形成全面的理解与构建机制。首先，教师要认真分析教材与学生的学习情况，从教材出发，与现实生活相结合。在道德与法治课的教学过程中，教师紧紧抓住教材是非常关键的一点，有些学生的认知存在着一定的偏差，所以教师应该充分发挥引导作用，选择一些在日常生活中含有丰富的、在课本中所倡导的时事事件，对这些事件进行分析加工，并设置一些问题，再根据这些问题做出合理推断，使学生能够主动自觉地去观察、感受社会，进一步发展自己的最近发展区。其次，收集社会生活中的各种素材，让学生自己去挖掘，主动去体验。生活的各个方面都渗透着时事教育，如学生的校园生活、主题宣传活动、社会公益活动等，都可以帮助学生灵活地运用课堂所学知识。这种利用专项活动体验来理解和深化自身经验的做法，可以培养学生主动、互动的创新精神。最后，激发学生的主体精神，回归实际生活。教师应将课堂中的素材与学生的成长环境相结合，将学生的主体意识完全激发出来。学生对问题的多视角思维有助于他们自身将当前的形势与自己未来的发展相联系，回到实际生活中去，成为一个有强烈责任意识的公民，过着充实而有意义的人生。

当然，在灵动课堂上对时事素材进行渗透就是通过教师的教学活动和学生自身的活动体验，帮助学生形成对时事素材的再认识、再理解，直至做出正确的价值选择，促使中小学道德与法治课程核心素养得到更深层次的培育。

第四章　运用情感教学　打造灵动课堂

第一节　情感教学概述

教师在中小学道德与法治课堂中进行情感教学时，需要理解情感教学的内涵、特征及其核心价值，这样有助于增强教师对实施情感教学重要性的认识。

一、情感的内涵

所谓"情感"，是人类区别于其他动物的内在心理机制，是人类精神生活的重要组成部分。人类的情感，也就是常见的七情，即喜、怒、哀、乐、爱、恶、惧等，这是人类对客观事物存在的特殊情绪状态与形式。作为人类所独有的"情感"，它是人类对待客观世界表现出来的一种复杂的、较为稳定的情绪状态，是人类通过个体的具体行为外显出来的一种心理特征。情感集中体现了事物的普遍性与特殊性，其普遍性存在于每个个体的内部，特殊性则体现在不同个体呈现的不同形式，这也反映出了"情感"的复杂性。

二、情感教学的内涵和特征

（一）情感教学的内涵

本书所指的"情感教学"实际上是在实施灵动课堂中与情感有关联的教学活动。

教师在中小学道德与法治课堂中开展情感教学，必须以教材内容为基础，首先挖掘教材中包含的情感内容，然后辅助其他课外资源。情感教学必须使用适合的教学方法和技术，教师需要在教学中释放自己的情感，为学生学习营造更浓厚的氛围。综合来看，引导学生激发自身对道德与法治课的学习兴趣，满足学生学习道德与法治课的情感需要，要求教师积极运用情感因素，并以此来实现教学效果的提升。

中小学道德与法治课程属于大德育课程的范畴，课程目的是培养受教育者形成高尚品德和法治素养。因此，课程的本质在于培养学生的"德"与"法"。鉴于此，道德与法治课堂教学活动的开展不能单纯使用理论灌输的方式，还需要让学生接受情感方面的熏陶。分析道德与法治课程的教学实践，可以发现其一直较为注重情感教学。然而，在社会快速发展、基础教育进行课程改革的背景下，中小学道德与法治课程必须从新的起点出发，重新审视情感教学，使其具有时代特征。

（二）情感教学的特征

1. 人文价值性

人文价值性主要体现在灵动课堂上的情感教学中。中小学道德与法治课程进行内容教学时强调寓教于情，注重通过情感来感化、教育学生。在社会快速发展的情况下，社会要求人才向复合型人才的方向发展。因此，国家极为重视素质教育。加强素质教育有助于构建经济建设和文化建设的协调统一机制。情感教学不仅是素质教育的基本要求之一，还是党和政府加强社会主义精神文明建设的重要举措。人文情感包括民族认同感、集体归属感、社会责任感及道德义务感等内容。在中小学道德与法治灵动课堂中，情感教学想要发挥人文价值，需要依赖教师。因此，教师必须注重提升自身人文素养，给予学生人文关怀，为学生创设人文环境。与此同时，教师还要挖掘教学中与人文价值相关的内容，让人文价值内容充分发挥作用，助推学生成为全面发展的人才。

2. 寓情于智

教学具有非常鲜明的教育性特点。教育除了强调知识教学的重要性之外，也要关注教学中的非智力因素。而情感是非常重要的非智力因素，极大程度地影响受教育者对知识的接受程度和运用情况。大量的实践研究证明，教学是知、情、意统一协调的过程，这也足以说明知、情在同一课堂教学过程中会交织发展。所以，在道德与法治课堂开展情感教学时，教师必须深刻意识到，如果学生没有建立起完善的知识结构，那么其必然不会形成极为深刻的情感认知。相同的道理，如果学生在学习过程中没有投入足够的情感，那么也不会对知识形成深刻的理解。因此，在教学过程中，教师必须综合融合智力因素与非智力因素，让二者以相互辅助的关系，共同发挥作用。

3. 复杂性

情感是非智力因素中的重要因素，其在很大程度上影响学生的学习成效。情感教学具有非常明显的复杂性。学生作为独立个体存在，会对教学形成不同的需求；而受到学生个人成长背景、认知方式、个体心理特点等内容的影响，教学必然面临更多方面的差异化挑战。学生会呈现全新形式的情感发展特征，会经历生理方面的变化，会有更为丰富的情感体验。综合来看，学生的情感发展呈现两极分化，所以，道德与法治课教学必须思考如何引导学生正确完成情感转化。因此，从学生的角度来看，情感变化非常复杂。除此之外，从教师的角度分析，也可以发现情感教学的复杂性，教师需要选择不同的教学工具、教学地点、教学手段，需要使用差异化的教学内容。所以，无论是从教师还是从学生的角度进行分析，我们都可以发现情感教学的复杂性，这要求教师具备足够的教学能力，否则难以正确、有效地实施情感教学。

（三）情感教学的核心价值

1. 学生情感发展特点是情感教学的基础

在学习条件、教育要求发生了变化之后，学生在教学活动中呈现的情感特点也发生了变化。比如，当学生取得优异的成绩时，一般情况下会非常开心；当学生取得不理想的成绩时，往往也会陷入极端的苦恼状态。分析学生情感两极分化的现象，可以发现学生情感波动比较大、情绪强烈。学生能够呈现出这样的情感发展特点，究其原因就是"移情"的问题。所谓"移情"，指的是感情的移入。如果学生真切感受到了其他类型的情绪，那么他们会直接体验到这种情绪。教师如果能够充分利用学生的情感移动特点对其进行积极引导，那么课堂教学效果将会明显提升。

在心理矛盾的作用下，学生情绪的两极分化特点会被迅速放大，这就要求教师做出正确处理。当学生出现积极情绪时，教师应该给予认可，推动积极情绪持续保持；而当学生出现消极情绪时，教师则应该积极引导学生释放情绪，形成积极心态。

2. 教师的情感素养是情感教学的关键

教师在课堂教学中扮演着至关重要的角色，承担着培养学生、教育学生的责任和使命。在课堂教学过程中，教师避免不了师生之间的人际交往。因此，中小学道德与法治课教师除了掌握学科知识以外，还要具有优秀的情感素养。优秀的道德与法治课教师需要具有充沛的情感。如果教师态度冷淡，那么学生将会受到情感方面的伤害。新时代，中小学道德与法治课教师要有理想信念、仁爱之心、扎实学识，还要有道德情操，要努力成为新时代的"大先生""教育家"，这是党和政府对为人师者提出的更高标准的要求。

3. 课堂中的软情境是情感教学的保障

课堂中的交流不仅涉及知识或者信息等内容，还涉及情感。要在课堂当中充分培养师生情感，必须设置课堂上的软情境。所谓课堂软情境，可以理解为课堂气氛。在情境的有效烘托下，情感教学会更为顺利。从教育学的角度分析课堂氛围，可以将其理解为课堂中具有优势的情感或态度。

情感教学离不开"课堂环境"这一物质载体。对情感教学而言，课堂环境至关重要。结合当下教育学的研究成果进行分析，可以发现营造课堂环境需要师生配合，共同努力。在班级内进行指向核心素养的文化建设有助于培养学生形成积极情感。举例来说，小组形式的学习有助于成员建立起合作关系，形成合作意识；再比如，允许学生自主制定班级内部的激励标语，不仅可以体现人文性，还可以加强学生对班级的爱护程度，让班级真正成为家庭一样的存在，为学生的学习提供温馨氛围。

营造温馨和谐的课堂软情境有助于培养学生的学习情感，也容易激发学生的学习兴趣，促进创造性思考。从整体来看，课堂软情境的构造提升了学生的思想觉悟水平。

第二节　核心素养下情感教学的实施

核心素养与情感教学具有内在一致性，基于核心素养的情感教学指将核心素养的要求融入情感教学的过程中，促进学生发展和社会发展。义务教育阶段学生课程核心素养的培育，对传统情感教学的开展提出了不少的挑战。

在情感教学背景下，教师尝试探索适合中小学道德与法治课程特点与核心素养培育相得益彰的情感教学实施路径，具有重要意义。

一、核心素养导向下情感教学的实施原则

在核心素养培养的时代背景下，中小学道德与法治课教师实施情感教学，情感教学活动更具综合性、系统性和连续性。在道德与法治课堂教学实施中，教师需要遵守以下几项原则：

（一）主体性原则

新课程改革强调基于核心素养的情感教学需要遵循主体性原则，这里的主体性原则更多地指要赋予学生学习的主体性。我们知道，在教学活动中，师生共同参与课堂教学活动，教师需要发挥"教"方面的主导性，学生也应体现"学"方面的主体性。情感教学就是要真正尊重和发挥学生在学习中的主体地位，才可能获得良好的教学成效。学生可以遵循教师的指引，自主主动地进行学习探索，完成自身的全面发展。

（二）导向性原则

教学具有鲜明的计划特征与目的特征。中小学道德与法治课情感教学的计划性和目的性更为明显，开展道德与法治课的情感教学活动必须遵循导向性原则。中小学道德与法治课教学的主要目的是培养学生形成正确的品格价值观，引导学生树立正确理想信念。因此，教师在中小学道德与法治课开展情感教学需要立足学生生活实际，培养学生形成正确的行为习惯和积极向上的情感。课程核心素养的培育应该关注学生在教育中的情感体验是否积极，也应该关注学生的生活态度是否乐观向上。

（三）渐进性原则

教学不是一蹴而就的，而是循序渐进的。因此，情感教学需要遵循渐进性原则。教师需要挖掘教学素材和教学案例，以此来激发学生的学习兴趣，让学生受到潜移默化的影响。在生活和学习持续受到积极情绪影响的情况下，学生也会慢慢地形成正确的情感取向。

（四）思想性原则

中小学道德与法治课具有鲜明的思想性特点。情感教学在中小学道德与

法治课中的融入不仅可以激发学生形成较为强烈的情感波动，还可以促进情感的转化，使其成为学生积极学习的动力。与此同时，学习马克思主义基本观点可以纠正学生原有思想认知方面的错误。教师可以借助道德与法治课的情感教学，了解学生当下的情感取向，并对学生进行情感关怀，引导学生思想向正确的方向发展。

二、核心素养导向下情感教学的实施路径

（一）课前预设

中小学道德与法治课属于大德育课的一种重要体现，道德与法治课本身包含有大量的情感因素。教师应按照课程标准的要求，以统编教材为基本依据，联系学生生活实际，在课堂当中添加情感因素。中小学道德与法治课要实现的三维目标，分别是知识、能力和价值观。在三维目标当中，层次最高的是价值观目标。在以往，道德与法治课重视智力教育，学生很难通过课堂学习满足自身的情感发展需要。然而，在强调核心素养培育的大环境下，教师会综合地关注三维目标，并且从有利于学生长远发展的角度出发，注重对学生的情感和价值观进行培养，即教师会提前预设如何完成情感教学目标的计划。

中小学道德与法治课堂上的情感教学，既包括显性情感因素，又包括隐性情感因素。遇到显性情感因素时，教师需要情感化的理解和解读，充分调动情感，使用语言、肢体动作阐释内容，提高显性情感因素的感染力；遇到隐性情感因素时，教师需要对相关内容进行深层次的挖掘，并借助其他外在材料精准地呈现隐性情感因素的内容，让学生可以生动形象地感受隐性情感因素。教师在挖掘教材当中的情感因素时，也会与其进行深层次的情感交流。只有当教师充分领悟情感因素的内涵时，学生才可能通过教师的讲解而理解情感因素的内涵，从而形成情感共鸣。

（二）课堂教学

1. 创设情境，激发情感

新课程改革强调教学要遵循"三贴近"原则，该原则当中的一项内容就是教学要贴近学生实际生活。情境创设是实现教学生活化的有效途径之一。

中小学尤其是初中道德与法治课涉及很多理论性知识，这样的知识容易引起学生的抵触和抗拒。教师如果能够充分运用情境创设的方式，将理论知识和实际生活联系起来，那么，学生的抗拒情绪可能会有所降低，甚至消除。教师可以在情境中设置与理论知识联系较为紧密的实际情境，引导学生将注意力集中在教学当中。

2. 师生互动，交流情感

教学活动的本质是以知识为基础进行交流互动。道德与法治课的情感教学想要获得好的教学效果，必须进行有效的交流互动。交流互动需要师生投入情感，在有效的情感投入下，课堂氛围会更加活泼、轻松，学生也可以更加自由地表述自己的看法和观点。而且，随着交流的深入，学生会进行更深层次的思考，也会更大程度地参与到课堂活动当中，更容易激发学习热情。

3. 总结反思，升华情感

课堂小结是道德与法治课堂当中的重要环节。有效的课堂总结有助于学生构建系统化的知识结构，梳理知识层次。在强调课程核心素养培育的背景下，学生应该积极参与课堂小结，以体现其在课堂当中的主体地位。在参与课堂小结的过程中，学生能够再次体验情感、深化认知。

（三）课后实践

课堂中学习到的知识、获得的情感体验想要真正变成学生的道德品质，必须借助实践活动。在实践活动过程中，学生可以应用在课堂当中掌握的知识和体验到的情感；同时，教师也可以通过实践活动检验学生在课堂当中的学习成果。强调核心素养所培养出的学生是为了步入社会，是为了对接社会实践活动。为了让学生在社会当中更好地成长，教师就要培养学生形成责任担当意识，要敢于拼搏、善于创新。想要完成这些目标，必须依托社会实践，学校必须为学生提供丰富有效的情感实践活动。首先，教师在讲授新课时，需要对其进行有效的情境化、问题化设置，只有知识与学生实际生活紧密联系在一起，学生才能够深刻地认识到教材知识的重要性，并且知识和生活的紧密联系更容易培养学生形成学习欲望。其次，学校需要为学生提供丰富的实践活动渠道，让学生有机会体验社会生活，参与社会活动。只有这样，道德与法治课情感教学的成果才能得到有效巩固。

第三节　情感教学促进中小学道德与法治课的灵动运用

一、情感教学在灵动课堂教学运用中的优势

（一）注重"生生"情感互动

"生生"情感互动是在中小学道德与法治课堂教学中学生和学生之间的情感互动与交流。常见的"生生"情感互动多以小组合作、同伴互助学习等方式展开，能够更有效地落实学生在课堂教学中的主体地位。增强"生生"情感互动是让学生快速融入新集体、得到同伴认可的重要途径之一。在当前中小学道德与法治课堂教学中，教师可通过故事分享、访谈展示、小组合作等形式促进"生生"情感互动，贯彻凸显学生主体性这一理念，将道德与法治课堂归还给学生，使学生成为课堂的真正主人。

比如，学生小组成员的日常表现（包括课前表现、课堂表现、课后表现、纪律表现等）、学习成绩以及整个小组团队在班级中的排名等，都是密切相关的。这些因素可以增强学生之间的团结合作意识，培养学生热爱集体和关心集体的积极情感。又如，在七年级道德与法治"认识自己"一课教学中，教师讲解时可以适当增加"生生"互动的环节设计，通过学生的自评和小组内的互评则可以帮助学生掌握正确认识自己的方法，学会理性面对他人的评价。

（二）注重塑造教学环境中的情感氛围

教学环境从心理学角度可分为物质环境和社会环境。物质环境包括课堂自然条件（如温度、照明等）、空间布置（如座位的排列等）及教学设施（如桌椅、黑板和投影仪等）。社会环境涉及师生关系、学生关系、课堂规则、课堂环境、校风校貌等。教学环境主要指班级环境，强调师生之间的"情感迁移"。例如，在道德与法治课堂上，教师为了追求良好的课堂效果，除了告诉学生课程的重要性之外，还会在班级内张贴相关的学科资料，让学生从心理上重视这门课程。又如，在班级内张贴优秀作业、手抄报可以促进学生之间

的良性竞争，让学生能主动参与并积极完成道德与法治课的作业。教师表扬和赞许优秀学生，一方面是肯定学生的努力，另一方面也是鼓励学生对此课程产生学习兴趣，进而更加努力学习这门课程。

（三）注重激发学生对学习的积极情感

中小学生是有思想、有感情的人，是要在一定情感状态下接受学习任务、从事学习活动的。因此，情感不同，对学生学习产生的影响亦不同。新一轮课程改革建议在中小学道德与法治课的教学中运用情感教学，要设立一个科学合理的情感教学目标，根据目标进行拆解，确保学生可以完成目标任务。学生是学习情感的主体，从客观上讲学习情感是为学生服务的。一旦学生掌握这项能力，就能提高学习积极性，更高效地完成学习任务。

学生学习的过程实际上是一个自主构建大单元知识框架和深度理解的过程。中小学道德与法治灵动课堂教学中，教师也应经常运用诙谐幽默的方式，增进学生学习情感。比如，为达到更好的课堂教学效果，教师会特意留给学生预习时间，抓好课前预习可以提高学习效率，高效地完成学习任务并且使课堂教学取得事半功倍的效果。而学生在课堂中将预习结果展示给大家时，难免会出现紧张情绪。面对这种情况，教师可对学生的主动行为和预习成果进行口头赞扬，并在表现栏打分给予肯定。这样做既能让学生感受到被重视，又能激发其他学生的竞争心理，形成良好的教学氛围。

二、情感教学在道德与法治灵动课堂中的运用策略

在新课程改革过程中，学生的核心素养培育备受重视，这对中小学道德与法治课教学提出了全新的要求。为了提高课程的教学效果，教师在课堂教学中不能一味地进行说教，而应不失时机地渗透情感教育。教师应善于将情感作为课堂活动开展的线索，引发学生的情感共鸣，使其形成正确的情感道德观念。在中小学道德与法治灵动课堂教学中运用情感教学，既能满足学生情感发展的需要，又能增强道德与法治课堂教学的亲和力。

（一）寓教于情：优化情感教学设计

中小学道德与法治课教师常常要根据教学需要编写教学设计，而编写教学设计有助于教师积累教学经验，不断提高教学质量。教学设计是教学工作

的重要一环。一方面，通过教学设计，教师可以将已有的教育教学理论和课题研究成果运用于学科教学中，提升学科教学质量；另一方面，教师也可以将自己的教学经验升华为教学方法，进一步完善教师本人的教学理论。这样，教师可将教学理论与教学组织紧密结合起来。虽然教学设计贯穿中小学道德与法治课堂的整个教学过程，但并非所有的教学环节都要融入情感教学。正如前文中提到的，情感因素和认知是相辅相成，两者结合才是一个整体，不能独立存在。

1. 明确情感目标的优先地位

情感目标指学生体会学习的乐趣，敢于发表自己的观点和看法，善于与他人合作，激发心中某种强烈的情感。情感目标涉及兴趣、爱好、动力、意志、团队合作精神等多个方面，不失时机地影响学生的学习过程和学习效果。情感教学在道德与法治灵动课堂中的应用，就是要将主题诠释得更加细致清晰，并表述为情感目标，情感目标在教学中会让学生心理产生变化。通常，人们都是以自我为中心来看待客观世界的。在课堂教学中，学生也会根据自己的知识、经验、需要、兴趣、价值观等去评判其他的人、事、物。所以，情感目标是教学设计的重要一环。根据实际教学经验得知，部分教师在达成教学情感目标过程中出现很多问题，究其根本还是情感教学目标设计不合理。

教师设置情感目标时，应做到思路清晰、阶段明确，并将整体目标进行优化拆解，具体可分为情感目标水平层次和道德与法治课情感目标内容。

知识、能力、价值观三个维度在教学实施过程中是有机的统一体。在情感教学课堂中，相对于知识和能力的教学，价值观的教学往往是缺乏的，主要因为教学实践对情感需要经历接受、反映和态度三个阶段。接受使学生在情感教学活动中，表现出积极参与的学习状态，态度也由被动转为主动。态度的转化是促进个人行动的表现。道德与法治课程应引导学生完成两个情感目标：一是对生命的重视；二是尊重他人，以及乐于助人、积极向上的进取心和责任感。

2. 深入剖析课内外情感资源

教学资源的丰富和有趣也是激发学生学习兴趣的重要来源。因此，从根本上提升情感教学的应用成效，教师应该从教学资源入手，除了展现教材基本知识外，还要就地取材，深度挖掘情感资源，将课堂内外素材与之结合，才能取得"1＋1＞2"的良好效果。

（1）明确情感教学资源。教材是教书育人的重要载体，中小学道德与法治课教师应对教材进行情感分析和感性挖掘，充分利用教材中蕴含的大量情感资源，引导学生积极体验特定情感，这才是情感教学中培养学生情感的重要方式。教材是连接师生双方的情感桥梁，纵观整套教材，无论是整体的主体框架还是细枝末节的单元节点，都体现了"情感教学"这一特点，这是学生对教材产生兴趣的主要因素。由此可见，教材在情感教学研究上具有独特优势，对学生的主动性学习也非常有帮助。

基于此，教师应根据课程标准的基本要求，找到教材内容的核心重点，利用情感优势发挥寓教于乐的课堂作用，让学生在欢乐的班级氛围中学习知识、思考问题。也就是说，教师进行教学设计时要明白教学的核心重点，并将重点提炼并思考如何科学利用。以上对教师的考验，需要教师对教材有更深入的研究，挖掘教材潜在的情感因素，并应用到教学中。

情感教学是将情感渗透到教材中，使学生体会所有知识点的内在联系。中小学道德与法治课涉及大篇幅的情感教学，如师生情、友情、亲情等，长期熏陶下，学生易形成清晰的认知框架。

为更好地完成课程目标，统编版道德与法治教材在编写过程中融入了丰富的生活案例，从中小学生的日常生活层面着手，环环相扣、层层递进，深入学生内心的情感世界。比如，教材中的接纳自己、欣赏自己、团结合作、乐观向上、责任担当等内容，要求学生在欢笑中体会泪水与苦涩，在校园中感受同学情谊，在家庭中感受亲情、珍爱自己，这些都体现了教材的情感特性。明确教材的情感内容，教材深层的情感因素是每个教师在进行教学设计时必须考虑的因素。

（2）融入课外情感教学资源。情感不仅能激发学生浓厚的学习兴趣，稳定保持、迁移和深化这种兴趣，还能提高认知加工的水平和效率，促进知识内化水平的发展，对认知活动发挥一系列作用。因此，课外教学资源应将时事热点和乡土资源融入其中。情感具有信号功能和感染功能，道德与法治课本身与时事热点相关联，双向结合更能展现社会对新型人才的发展需求，也为教师运用丰富的表情浸润教材中的情感表达提供了可能。

情感教学与评价系统是分不开的。高级的情感教学可以分为三个方面，即道德感、审美感和理智感。情感教学的内容包括生活情感与人际交往情感，而时事热点本身就与中小学道德与法治课紧密相连。教师将时事热点融入情感教学课堂中，借助现代互联网设备，中小学生获取信息的方式会更加便捷、多元化。但中小学生资历尚浅、涉世未深，对互联网鱼龙混杂的信息难以分辨真伪，容易被错误的价值观所误导。这就要求教师在选择素材时合理规避，让时事内容更加生活化，进而帮助学生树立正确的思想观念。

教师在道德与法治课的灵动教学中，将一些时事素材作为新课导入，有利于激发学生的学习兴趣，拓宽其知识面，强化其对知识模块的理解，锻炼其学科能力。教师可在课前安排小组分享展示，其他组学生认真听讲并有的放矢地做好笔记。这在一定程度上提高了学生道德与法治课的学习水平。为了让学生有一个良好的体验，可以以课、单元或者学期为周期做综合评价，既能凝聚班级力量，又能增强学生之间的团队合作精神。

此外，道德与法治课可将时事热点作为教材的辅助材料，为教材提供更好的案例佐证，以便学生更好地理解教学内容。比如，在家庭建设内容教学时，教师可指导学生正确理解家风和家庭建设的关系，深入认识新时代家风建设的论述，让学生理解家风与社会风气之间的关系，培养爱家的责任意识。

教师是学校民族团结教育的实施主体，在学生民族团结思想意识、行为习惯、心理倾向和价值取向的形成发展中起到主导作用。因此，在中小学道德与法治灵动教学中，教师应该充分将民族地区的教育资源优化整合到教材内容当中，这样的教学设计有助于培养民族地区学生的爱国情感，让他们更加热爱祖国、热爱包括自己民族在内的中华民族大家庭，成为伟大祖国的建设者。

3. 借助多样的情感教学媒介

统编版道德与法治教材中涉及情感的内容丰富，教师在教学设计中要善于借助多种媒介去激发学生的即时情感，将其情感性的作用最大限度地发挥出来。需要注意的是，教师不能单向地进行知识灌输或者随意性地选择教学方法，把本应丰富多彩的生活化内容变成生涩古板的理论。教师在中小学道德与法治灵动课堂教学中运用丰富多样的情感教学媒介的重要意义在于，一是能够满足不同学生的情感需要，创设学生不同的情感体验；二是能够增加灵动课堂的情感色彩，增强课堂教学的趣味性。当然，情感教学媒介的使用应该科学合理、有法有效。教师还要在课堂教学中合理使用多媒体手段，多媒体凭借其鲜活、直观、形象的优势，创设让学生感官愉悦的教学情境，引发学生的情感共鸣。

（1）创设情感情境。在课堂教学中创设特定的情感情境，有利于开展情感教学，引发学生与教学内容之间的情感共鸣，从而产生特定的情感体验。教师通过多种教学手段创设主题情境的方式，可以促使课堂教学更具情感色彩。在这一过程中，教师要注重引导学生尽量呈现真实的情感表达，并根据学生的表达有针对性地进行价值引领和正确的价值观教育。

（2）丰富教学方法：

① 由于中学生年龄小，涉世未深，对任何事物都有天然的好奇心，模仿是他们与社会沟通的方式。对于身处这一时期的学生，若有一个鲜明的榜样供其效仿，不仅能让他们拥有巨大能量，还能促进情感教学的落实。

② 教师运用榜样教学时，要注重人物的选取，多选择一些正面积极向上的英雄模范或充满正能量的人物。

③ 设置目的是方便了解学生学习进度及影响因素，以便"对症下药"，解决情感教学中出现的问题。中小学道德与法治课要将榜样运用到灵动课堂教学中，引导学生向正确的道路前行。

（3）灵活使用统编版教材中的"小栏目"。统编版道德与法治教材中设置了很多丰富多样的"小栏目"，如"运用你的经验""探究与分享""阅读感悟""相关链接""拓展空间""方法与技能"等。教师对"小栏目"的科学设计与灵活运用能够增强学生的学习兴趣。需要注意的是，在运用这些"小栏目"促进情感教学时，教师不能照单全收，而是必须立足学生生活实际，借助问题情境和文本素材对这些"小栏目"进行修改优化，以便更有效地促进情感教学，实现本节课的教学目标。

4. 有效设计情感性教学活动

导入新课在教学环节中起着重要的作用，并不是没有必要的课堂花絮，也不是插科打诨的课前噱头。从时间上看，导入是教学活动的首要环节；从方式上看，导入主要起到引领作用；从目的上看，导入要帮助学生快速进入课堂学习的桥梁。然而，一部分教师总容易忽视课堂导入这一环节，喜欢"开门见山"。教学实践证明，课堂导入对教学成果起到决定性作用。教师只有在教学中采用恰当的方式方法，才能快速带领学生进入课堂氛围，让学生以更饱满的精神状态投入课堂学习中。

教学互动通常以提问的形式进行，教师可设置一些有关教材内容的问题，调动学生积极性。教师与学生之间的良性互动来源于师生之间的相互尊重，教师教学示范，学生谦虚好学。为此，教师设置的问题不能仅停留在教材本身，而是要联系生活实际，让课程更加有趣，而不是为了完成任务而互动。那样的互动不仅没有效果，还容易让学生产生疲劳，所以问题最好有一定的深度和延展性，引发学生从多个维度进行思考。教学互动的形式不局限于一种，小组合作学习、讨论、辩论都可以成为灵动课堂中情感教学的互动形式。教师利用多种不同的形式，让课堂变得灵动有趣，使学生在活跃的班级氛围中主动完成教师提出的问题，并对问题进行发散性研究，进而培养学生多思质疑、善问乐学的态度。

（二）以情育人：善用情感教学技术

情感教学的主导因素是教师，教师对情感教学的把握会直接影响课堂效果。而学生需要将教材中的"死知识"灵活运用，这就需要教师和学生相互配合。同时，学生也会对教师的授课提出更高要求。因此，在情感教学中，教师学会并应用情感教育的方法非常重要。

1. 教师要保证教学中情绪、情感的良性发展

教师的情绪和感情起到双重作用。从情绪的内容可以看出，情绪不仅指的是人们心中的感觉和经历，还包括情绪、态度等外在表现。而情感和心境则像是一对双胞胎，彼此之间联系密切但又迥异，我们可以把情绪理解为数量上的变化，而情感理解为质量上的变化。简单来说，情感就是对一个人或者一件事情产生的感情，其会随着时间的延续而变得更加持久、稳定。情绪是瞬息万变的、不稳定的，而情感则是经过长期积累积淀的过程，相对稳定。在中小学道德与法治灵动课堂教学中，教师要能够充分利用积极的情绪来配合教学，并善于将具有积极意义和正能量的情绪提升为稳定、持久的情感。因此，在中小学道德与法治课中开展情感教学，教师要格外重视学生的学习情绪和认知情感得到良性发展。

从情绪与情感的辩证关系来看，教师在课堂教学中的情绪控制需要得到特别重视。中小学道德与法治课教师与其他学科教师一样，拥有自己的内心

情感世界。对道德与法治课教师的情绪状况给予调控，帮助教师创造和积累良性的情感体验，有利于教师在课堂教学中将自身积极的情绪传递给学生。

教师的情绪和情感是影响课堂教学效果的主要因素之一。一堂好课的生成，离不开教师对课堂的前期准备与教学的精心设计。因此，教师要善于运用自己的教学智慧，以积极向上、乐观的心态来带动整个课堂的氛围。

（1）引导学生进入一种特殊的情绪状态。这里所说的情绪状态并非盲目的，它要求中小学道德与法治课教师要使自身情绪与教学内容相适应，也就是通过不同的教学方式和活动设计表现不同的情绪，促使学生获得各种各样的情绪体验，让学生的心态变得更加丰富充实。教师要清楚地认识到在学生的发展过程中，师生之间的关系是亟须解决的问题。师生关系中的"师"与"生"的关系由教师的"独角戏"转变为相互学习、相互尊重和人格平等。道德与法治课教师在此种情况下，就要做到收放自如、流畅舒适地与学生进行沟通，表达特定的情感。其目的就是引导学生尊敬教师、理解教师、拥护教师，最终形成亦师亦友、和谐共处的关系，真正实现"学为中心"的教学理念。

比如，七年级道德与法治"对生命的思考"一课的教学目标是让学生懂得自我调节，不断充实情感内容，强化学生对生命的情感体验。因此，教师要灵活地在各种情绪状态之间进行转换，并考虑到初中学生身体发育特征，以及他们原有的知识，这些因素导致他们很难完全掌握这门课程的精髓。因此，教师不能将这门课程变成纯粹的理论性的"假大空"，而是要"接地气"，巧妙地利用寻常的语言来影响他们，让哲学性的理论转化为生活中的常识。教师可选择一些学生熟知的生活材料，帮助他们从自我认知的生命体验，进而拓展到对他人生命的认识、体验和思考。在此过程中，教师的情绪表现应当是自然的、轻松的、亲切的，这样才能激发学生对生活主题的研究和探索的兴趣。

此外，有关生命的话题也是一个很重要的课题，这就需要教师在整个教学过程中营造轻松、融洽的课堂氛围。在课程结束时，教师可以将学习内容提升到一个新高度，这就是"感情升华"。其目的就是让学生对生命产生尊重、敬畏的情感，进而形成正确的生命观，增强学生的责任感和使命感。

（2）教师在课堂教学中应做到有效利用积极情绪，避免消极情绪。积极的情绪包括表扬、夸赞、肯定、自信等状态，而消极的情绪主要集中在新任教师身上的焦虑、气愤、烦躁、失望等。消极情绪下的课堂教学总是让人感到沉闷、抑郁，学生们常常不敢公开表达自己的观点，师生之间失去了正常的情感交流。可见，在道德与法治课堂教学中调控好教师和学生的情绪，对情感教学的目标达成是十分有效的。

中小学道德与法治课教师在课堂教学中的情绪和情感，都会对教学效果产生影响。积极健康的情绪对课堂教学效果是有利的，消极不良的情绪状态则不利于实现良好的教学效果。因此，教师对情绪、情感的调控也是情感教学所必需的。

2.教师要善用情感教学语言

在中小学道德与法治的灵动课堂上，教师善于运用情感教学，既可以提高学生的认识效能，又可以培养他们的情感素质。

在中小学道德与法治灵动课堂中，应用情感教学语言是十分必要的。教学语言以"情"为特征，具有传播性和感染力。教学语言就像是一种乐器，要按照乐队整体要求的语调抑扬顿挫、有条不紊地进行演奏。因此，教师的教学语言要注意轻重缓急，掌握好在教学过程中的情感表达，提高课堂教学的吸引力。比如，教师在课堂教学中可以运用欢快、幽默的语言，配合适当的肢体动作，引导学生在轻松愉悦的学习氛围中进行互动探究、深入思考。

在教学过程中，教师教学语言的选用也会影响学生的情绪与行为。比如，教师经常使用肯定、表扬、赞扬、鼓励等积极的教学语言，有助于让学生产生积极的情绪体验，让学生的行为朝着正确的方向发展。

在中小学道德与法治课教师的专业提升中，教学语言的训练是一项重要内容。拥有深邃睿智的语言修养，应当是每一位教师专业追求的目标。因此，在进行灵动课堂教学时，道德与法治课教师要对自己的教学语言进行多样化设计，强调自身教学语言的吸引力，以自身积极向上的情感来感染学生。

3.教师要与学生进行积极的情感交流

在中小学道德与法治课灵动课堂教学时，教师和学生之间既存在着认知上的信息传递，又存在着情感上的信息交换。在师生共同学习过程中，情感沟通是一个重要的因素。教育教学绝不是呆板的沟通，而是人与人之间的真诚情感表达。因此，教师和学生之间的情感互动是融洽师生关系的重要纽带。

教育的本质是对人进行规范的培养，而人是有血、有肉、有情感的生物，对人的培养不是工厂的"流水线"。教师在课堂和课下的言谈举止要考虑到情感因素，渗透情感需要。

师生之间的情感沟通可以促进师生感情、缓解师生矛盾，使师生关系更加融洽，形成新型的师生关系，从而提升课堂教学效率。在课堂教学中，教师应该充分发挥自己的优势，营造轻松愉快的课堂气氛，放低姿态，与学生多做情感上的交流。人与人之间要求对等吸引。教师的正面情绪会使学生产生对教师的爱戴和尊敬，使他们更愿意与老师交流。在这种情况下，学生还会产生与教师交流感情的想法，这种想法会让学生对教师的喜爱提升到对这门课程的热爱，从而提升学生对道德与法治课的热爱程度。

（1）如果想让学生感受到主动积极、乐观向上的学习与交往体验，教师可以采用妥善的情感交流，营造彼此互信、民主和谐、融洽轻松的学习环境，进而积极进行情感教育。在这种教学氛围中，教师和学生可以自由交谈、直抒己见，学生既可以获得知识，又可以陶冶情操、塑造人格。比如，课堂提问是最好的沟通方法，这样能将注意力集中在学生身上，更加关注他们在课堂上接受教学内容的状态。教师应积极鼓励学生主动思考，踊跃表达自己的观点，这对学生的全面健康成长具有重要作用。

（2）教师要注意观察学生的日常行为，及时发现异常并与学生展开情感交流，同时要尊重他们拥有个人隐私和私人空间，不能触及学生的底线，要给予充分的尊重。教师可以通过多交谈、多交流、多帮助等方法深入学生的心里，重视学生真实的需要和实际的困难。比如，教师真诚的笑脸、一句暖心的话语、一个赞美的表情、一次热情的拥抱或握手等，都可以让学生体会到来自老师的情感传递。教师与学生之间的情感交流，可以达到以情感人、以情动人、以情化人的目的，激发学生的正面情感体验。

4. 教师要明确学生的情感需要

学生的情感需求划分为以下两个方面：

（1）课程标准中的要求。在中学时期，学生要明确初中与小学的区别，体会其中的意义；要感受生命成长历程，体会成长过程中每个时期独一无二的价值与意义；要建立新目标、珍视新生活、拥有新动力，提升自我，整装出发；还要做有远大理想的人，培养积极乐观的生活态度。

① 研究新的领域。学生要认识到学习对个人成长的影响，建立起终身学习的观念；建立良好的学习理念，培养自觉主动的学习意识，形成热爱学习、勇于质疑、善于思考、擅长协作的学习品质；感受学习的艰辛，享受学习过程带来的乐趣。

② 认识自己。学生要明白了解自己的重要性，了解和探索自己是一个逐步深入的过程；学习以一种理智的心态去看待他人对自己的看法；接受和欣赏自己，正面看待自己。

③ 友谊伴随着成长。学生能够感知并接受自己及他人对友谊的渴求，体会到友谊的强大与美好；能够识别友谊中的主要特征；能够适应友谊的变化，认识到竞争并不会损害友谊。

④ 理智结交朋友。需要学生敞开心扉，为友谊付诸行动。遇到问题时能够处理好和朋友之间的关系，谨慎选择在虚幻世界中结交朋友，不沉溺于虚幻世界，要在真实的生活中学习如何与人交往。

⑤ 认可教师在教学行业所包含的价值观，培育尊师品德。学生要积极地与教师建立良好关系，爱戴老师、尊重老师、体谅老师、理解老师，关心老师，还要主动与老师交流，建立融洽的师生关系。

⑥ 珍惜和探索生命。学生要培养热爱、敬畏、感恩生命的情感，树立正确的"三观"；要热爱自己的生命，关心、友善地对待身边的人，珍惜自己及他人的生命，对自己及他人的生命负责；要注意保护自己，加强安全意识和自我保护意识，感受面对失败时生命所表现出来的坚韧，培养能够战胜困难、拥有强大意志的人生态度，形成道德观，提高人生的责任感与使命感。

（2）按照学生的高级情感进行划分。高级情感包括道德感、理智感和美感。不同的人会有不同的情感需求，不同学生对道德感、理智感和美感的需要也有所不同。中小学道德与法治课教师在课堂教学中要明确不同学生的情感需求，给予有针对性的激发和引导。

道德感指爱国情感、社会情感、社会公德、道德品质等方面的正义情感，以及对劳动的情感、对集体的情感，以及对个人的好恶情感。理智感是学生在学习活动中产生的情感体验。学生在学习过程中获取新知识时自然会产生高兴的情感，遭遇困难时会产生消沉的情感，遇到新生事物时会产生好奇的情感等，这些都属于理智感的范畴。教师在课堂教学中要善于利用学生的道德感和理智感，激发学生对道德与法治课的学习兴趣。而美感既指在美丽的画面、美妙的音乐、精彩的舞蹈等艺术活动中发展学生的美好情感，又指对学生身边人的外貌产生审美体验。教师如果能够了解不同学生对美感的实际需求，就可以在情感教学中科学选择教学方式，如通过文学作品、故事分享、音乐体验、剧本表演等活动方式，引导学生置身于特定的主题教学情境之中。

因此，教师对学生情感需要的正确认知和科学操作，可以有效提高教师自身情感教学的驾驭能力。教师要掌握不同学生的不同情感需要，进行有针对性的教学引导，以最大限度地提高整体教学质量。

（三）以情生情：总结评价，交流反思

1. 寻找有效的情感教学评价方法

教师对学生进行有效情感教学评价是十分重要的。首先，评价是激发情绪的重要方法，而正面的评价则是能够引导人们走向胜利的"引擎"；其次，现代教育评价理论强调要对学生综合素质进行考核，即在评价指标和评价内容上不仅只是对学生的学习知识进行评价。在道德与法治灵动课堂中，情感教学评价要做到多样性、多主体性。教师在完成教学任务后，通过对学生课堂上的语言行动所表现出来的学习态度、学习方法和学习结果等方面进行全面的量性评价和质性评价。采用形成性评价与终结性评价相结合的评价方法，在教学实践中较为科学有效。在进行情感教学时，教师要关注整个教育教学的全过程，这样可以让学生的情感体验更加深刻持久，让学生深入理解其遇到的学习和生活中的难题，有助于对学生进行深刻的情感、态度和价值观教育。

（1）情感的自我评价。教师要想让学生能够产生并得到有意义的情感体验，能够在课后提出有价值的情感评价，就必须在课堂教学中有效引导学生的情感。比如，教师在道德与法治课堂教学中不回避学生的发问和质疑，善于运用情感评价的方法去鼓励学生。教师开展情感评价可以将肢体表情、教学语言与肢体语言相结合进行，如使用赞美的眼神、温暖的目光、期待的表情、鼓励的语言等。尤其是针对知识掌握薄弱的学生，教师要有意识地安排他们去回答较为容易的基础性的问题，并对他们的回答及时进行鼓励和肯定。教师要懂得运用多种形成性和终结性的评价方法，分阶段增强学生学习的自信心，帮助学生树立学科自信和课程自信。在落实"教—学—评"一体化要求，尤其是多维度、多主体评价体系的过程中，教师之间还要进一步探讨，特别是针对道德与法治这门课程的特殊性，在重视学生认知和能力发展的同时，也要重视学生的情感发展，持续、全面地观察和评价学生在灵动课堂上的表现。

（2）情感共享评价方法。在教学实践中，情感共享评价方法是一种较为常用的情感评价方式，深受学生的认可和喜爱，主要应用于课堂总结这一环节。共享型情感评价方法既可以检验学生的情感目的，又可以让学生处于情感环境之中，开启他们的情感之门，使道德与法治课更具情感温度和人文关怀。

2. 及时开展教学反思

教师在课后及时开展教学反思的目的是要发现并分析课堂教学过程中所出现的问题，并科学、理性地解决这些问题。教学反思是教师教学的自我反省，不仅需要对教师自身的教学流程进行总结，还需要与他人沟通以找到突破口。教师不仅要与学生沟通，还要与其他学科教师深入沟通，由此有效降低情感教学实施过程中出现问题的概率，还可以做到情感教学的不断完善，实现教学工作水平的不断提升。

（1）多角度沟通。在完成情感教学后，中小学道德与法治课教师要能够有效地了解学生对情感教学内容的理解和掌握程度。教师既可以采用面对面的沟通方式，与学生平等、自由地交谈，又可以采用书写交流的方式，如问卷调查、读书笔记等形式来了解学生的学习成效。此外，道德与法治课教师还要和其他学科的老师互相沟通、互相分享心得体会和困惑，让大家共同思考。在这种沟通氛围下，教师能够及时发现问题，总结纠正方案，从而确定未来情感教育的重点和发展方向。

（2）写反思日志。写反思日志可以帮助教师更好地了解自己的教学过程，并反思教学中存在的不足。每天写一篇日志可以帮助教师梳理问题，发现不合理之处。除了教学工作之外，教师的工作还会涉及班级管理、安全管理等方方面面，而这些工作经常会导致教师难以准确记忆每一个教学环节的问题。因此，通过反思日志，教师可以将教学问题及时以文字的形式保留下来，准确地记载每一堂课中出现的问题和难点，有助于教师总结归纳出有针对性的教学方案。

（3）不断地对教学设计进行修正。不断地对教学设计进行修正，也是提高教师备课水平的过程。道德与法治课教师要针对不同班级学生的学习状况进行针对性教学，以"动"及"情"、以"情"为本。教师可以某一个班级的反馈为依据，总结经验并修正，重新展开反思，将实际课堂教学效果与教学设计比较，确认教学目标能否实现，从而对教学设计进行优化，精炼情感教学，以获得更好的教学效果。

第五章　使用案例教学　创设灵动课堂

第一节　案例教学概述

一、案例教学的内涵和特征

　　国内外的文献对于案例教学内涵的研究有所不同、各有侧重。但案例是案例教学的基础这一观点已达成认知共识。中小学道德与法治课进行案例教学就是在教师的指导下，根据《义务教育道德与法治课程标准（2022 年版）》和课程教学目标的需要，运用典型性案例素材，引导学生进入特定的主题情境，组织学生依据教材知识分析案例，对学生进行品格价值观教育，不断培养学生分析问题和解决问题的能力。教师还要明确道德与法治课的案例教学与其他学科案例教学的主要区别，突出道德与法治课案例教学的政治导向性、思想教育性、现实针对性等主要特征。在坚持时代性、主体性、适度性等原则下，做到衔接共性，强化一体化意识，尊重个性发挥，实现梯度上升，以进一步提升中小学道德与法治课案例教学的有效性和针对性。

　　中小学道德与法治课使用案例教学具有以下特征：

　　（一）情境化

　　案例教学的基础是案例，即教师根据教学目标要求，创设真实的问题情境，对教学内容进行模拟再现，引导学生进入这种特定的情境，让学生感受到情境的真实性。因此，情境化是案例教学的重要特征。

　　（二）时效性

　　中小学道德与法治课案例教学中选取的案例必须具有鲜明的时效性。道德与法治课是对学生进行时事政策教育的专门课程，而时事教育要挖掘鲜明的时事素材，要求时效性强、素材新颖，才能有效培养学生的时政素养。要达到这一目的，教师必须在活动设计时努力创设时效性强的案例，让学生产生共鸣。

（三）问题化

很多时候，教师进行案例教学需要针对所选取的案例进行分析探究，设置问题链，在发现问题和解决问题的过程中引导学生深入探究案例，得出结论。因此，案例教学中的案例素材一定要具有一定的问题化，要有疑可问、有疑可研、有疑可究。问题是起点，解决问题是案例教学的重要环节之一。

（四）互动性

案例教学主要培养学生事理分析和探究学习的综合能力，是依托小组合作活动来实现的。因此，教师与学生、学生与学生之间的小组合作、同伴互助交流是非常必要的。

二、案例教学的意义

案例教学能够提高学生学科关键能力，增强学生学习的主动性和有效性，引导师生互动、生生互动等多维度互动，在中小学道德与法治课堂教学中广泛应用，教学效果良好。

（一）有利于提高学生学科关键能力

教学不能仅仅要求学生学习成绩好，而是要让学生掌握多方面的学科关键能力，身心得到全面健康发展，以适应新时代的社会需求。那些"高分低能""照本宣科"的情况已反映出传统教学方式存在的问题。教师在课堂教学中运用案例教学，既可以指导学生进行有效学习，又能帮助学生提升学科关键能力。

在中小学道德与法治课堂教学中，教师通过引导学生分组对关联案例的问题链进行讨论和分析，可以提高学生的思维力、理解力、表达力等。此外，在案例教学中，教师还要多鼓励学生针对选取的案例产生新的思考和观点，这有助于锻炼学生的创新意识和创造能力。教师在组织小组合作讨论时，要侧重于增强学生的团队合作意识，有意识地加强所有学生的参与意识和表达能力，以增强学生将来进入社会的适应能力。

（二）有利于增强学生学习的有效性

1. 激发学生学习兴趣

众所周知，学生对一门课程越感兴趣，他们的学习动力就越强。如果要让学生喜欢上道德与法治课，教师就必须改变以往的传统教学方式。中小学道德与法治课的确具有一定的理论性，教师可在课堂教学中运用案例教学，借助多媒体等现代信息技术来设置案例的呈现方式，如利用视频、照片、图表等形式呈现案例，通过聚焦案例、出示问题、探究思考等环节，让学生不再机械地记忆知识，而是有学习的"兴趣感"，增强学生学习的求知欲，不断提高学生对道德与法治课的学习兴趣。

2. 有利于理论联系实际

中小学生对于统编版教材里的较为抽象的理论知识感到难以学习和掌握，教师在课堂上的灌输式讲授往往达不到理想的效果。此时，教师如果能够通过运用案例教学，在理论知识与生活实践之间搭建起一座桥梁，这就是经过思考后而形成的一种关联，可以帮助学生持久地进行记忆。教师应将理论知识与生活实践深度联系，不仅仅局限于教材内容，更要落实到行动中，鼓励学生灵活运用。案例教学做到理论联系实际，就能够让学生记得更牢固、做得更好，从而增强了学生学习的有效性。

3. 有助于师生、生生互动

在中小学道德与法治课案例教学中，互动是一种非常重要的设计。案例教学中的互动不同于传统教学中的互动，它不是照本宣科、形而上学，而是要充分体现学生的主体作用。教师在进行教学活动设计时引入案例素材，以此激发学生课堂学习的兴趣，依托多媒体等信息技术手段增强学生学习的主动性和积极性。在教学活动中设计互动环节，不仅在师生之间，在学生小组讨论时也设计了生生互动活动，这在一定程度上能够增强课堂的趣味性，拉近师生关系，提高学生的教学参与度，激发学生主动学习的兴趣，形成良好的学习环境。

4. 有利于提高教师专业素养

（1）在集体备课过程中，备课组教师要根据教学目标和教材内容，分工合作精选案例。选取的案例不仅要紧扣教材主题，还要贴近学生的生活实际，更要考虑到案例是否适合学生的认知水平和身心发展规律，是否具有时效性和科学性等。为了能够筛选适合本节课教学使用的案例，备课组教师还必须设计与其相适应的教学方法和教学策略，组织相应的教学活动和探究活动来为案例服务。

（2）对于案例问题链的设计要恰如其分，既不能太过生疏，让学生不知所云；又不能太过简单，让学生没有思考的余地。因此，教师在课堂教学过程中，不仅要全面客观评价学生的发言和回答，引导学生把握案例与思维的起伏，还要照顾到每一个学生，让所有学生都能够参与到案例教学中，扩大学生的参与度。因此，在道德与法治课中，运用案例教学既是对教师学科专业功底的考验，又能够提高教师的专业水平和教学能力。

第二节 围绕核心素养的案例教学的运用

《教育部关于全面深化课程改革落实立德树人根本任务的意见》中正式提出了"核心素养"的概念，培养学生的发展核心素养已成为当前新一轮课程改革的新焦点。作为实现素质教育的重要方法，案例教学在中小学道德与法治课中的运用，能否有效培育学生的课程核心素养，是道德与法治课教师需要思考和解决的问题。

《义务教育道德与法治课程标准（2022 年版）》在课程核心素养的界定中将道德与法治课程核心素养总结为五个方面，即政治认同、道德修养、法治观念、健全人格和责任意识。中小学道德与法治课的设计思路是立足中小学生的学习生活实际，想方设法提高学生各方面的学科综合素质。课程核心素养是学生成为新时代合格公民必备的品质要求。

中小学道德与法治课使用案例教学的实施策略具体如下：

一、创新使用多种方式呈现案例

中小学道德与法治课教师在课堂教学中应转变传统的教学方式，积极运用案例教学，结合多媒体教学手段，多使用音视频、照片投影、小品表演等方式，以激发学生的学习兴趣。学生对自身感兴趣的事情，往往会记忆得较为牢固持久，而对大篇幅文字案例则往往提不起兴趣，学习效果较差。因此，教师要根据学生的认知水平和心理特点，精心选取合适的案例，并采用多种方式呈现案例，以助力学生学习质量的提高。

二、把握典型性，选用适切的案例

教师在案例教学中应选取贴近学生学习生活实际的案例，要求案例与本节课的教学目标和教材内容相适应、相一致。教师应挖掘学生前置的学习生活经验，立足学生在生活中遭遇到的实际问题和困惑，择优选取学生关注的话题案例，帮助学生真正理解学习和生活的规范性要求，提高将来进入社会的适应能力。案例教学还能够让学生直接进入特定的问题情境，在教师的引导下和同伴的帮助下独自解决学习内容，增强其学习能力。因此，教师在选取案例时绝不能是简单的"拿来主义"，必须考虑到该案例是否与学生的学习生活实际贴近、是否具有典型性。

三、合作探究，成果分享，培养科学精神

教师在中小学道德与法治课中使用案例教学，要注意引导学生进行互助合作和互动探究，这样能够突出学生的主体地位，发挥好教师的主导作用，让学生逐步从被动的接受者转变为课堂的主人翁。互助合作、互动探究的活动设计是案例教学得以顺利开展并取得成效的关键保障。教师在道德与法治课运用案例教学，应引导学生课前收集资料，课中分析案例，课后反思案例；引导学生主动参与讨论探究活动，通过合作思考得出结论，在这个过程中逐步培养学生善于探究的科学精神和创新能力。

教师在道德与法治课堂教学中选取适当的教学案例并科学合理地使用案例，不仅能实现本节课的教学目标，还能持久地激发学生的学习积极性。

第三节 案例教学促进中小学道德与法治课的灵动运用

一、案例教学在道德与法治灵动课堂中的应用原则

只有符合学生身心发展规律和学科教学规律的活动设计，才能实现预设

教学目标的效果。道德与法治课教师要在专家、学者们研究成果的基础上，总结案例教学的实践经验，不断完善在道德与法治灵动课堂中运用案例教学的应用原则和实际价值。

（一）方向性原则

中小学生正处于生长发育的关键时期，受周围环境的影响较大。因此，在道德与法治灵动课堂中实施案例教学时，教师应牢牢把握住正确的价值观方向，帮助学生培养自信、自强等良好品格，使学生成为具备渊博学识和良好品格的人。同时，教师还可以通过列举反面案例的方式进行对比，坚定学生正确的价值观念。

（二）实践性原则

中小学道德与法治课同学生的生活密不可分。在进行灵动课堂的案例教学时，教师需遵循实践性原则。学生可以通过分析问题、解决问题，将教材理论知识应用到生活实践中，以此培养自己的关键能力，真正做到导之以行，学以致用。实践性原则要求教师所选择的案例需贴近学生生活，让学生将理论与实践结合起来，从而在实际生活中体会实践是知识的唯一来源的道理，以增强知识类学习的实际效果。教师在课堂教学中还应强调培养学生的责任意识和公共参与素质，这也是课程核心素养的育人要求之一。

（三）启发性原则

教师在教学活动中不应只是单向地讲授知识，还应使用丰富多样的教学方法和活动手段，持续激发学生的学习兴趣，引导学生通过研究探究一个又一个的问题链，鼓励学生提炼和整理结论。教师在中小学道德与法治灵动课堂运用案例教学时，启发性原则是不可或缺的。

（四）针对性原则

道德与法治是一门理论性较强的课程，也是对学生品格价值观培养起到关键作用的德育类课程。教师在进行灵动课堂的案例教学时，也必须严格遵守针对性原则。首先，教师需要根据中小学生这一特殊群体的年龄特点和认知水平，从生理和心理两个方面来选取案例，以确保案例适合中小学生，不会超出他们的认知范围。其次，教师选取的案例要与教材所学知识相契合，不能与教材产生较为明显的偏离。这样才能帮助学生更好地理解知识，做到事半功倍。尤其值得注意的是，案例教学需要根据学生的实际生活环境，尽可能贴近学生的实际生活，而教师则需要考虑到这些方面的内容，以保证案例教学的有效实施。

二、案例教学在道德与法治灵动课堂中的应用途径

（一）转变教师观念，提高案例教学能力

1. 树立重视案例教学的理念

教师是先有某种教学理念，然后才进行教学实践。因此，教师只有具备了重视案例教学的理念，才能在教学设计和实践中真正落实案例教学，主动改变传统的教学方式。

（1）案例收集方面，教师不能仅重视统编版教材上的事例或新闻媒体上列举的案例，还应该在日常生活中有意识地广泛收集，并建立完善的案例资源库。

（2）在道德与法治灵动课堂中，教师不能仅通过案例讲授具体知识模块，而是要有意识地引导学生分析、讨论案例，让学生在思考中寻找答案，注重生成性学习。此外，教师评价学生不应仅以成绩作为主要标准，而是要更多地关注学生多方面的能力水平。

2. 提高运用案例教学能力

在道德与法治灵动课堂实际应用案例教学时，部分教师对于案例的选取还存在一定的问题。比如，选取案例的数量有时过多、有时过少，分析案例的角度过于简单化等，这些现象表明，教师运用案例教学的能力还较为薄弱。

（1）教师需要加强精选案例的能力。要紧紧围绕本节课的教学目标和教材内容，选取一些生活化浓厚、代表性典型、教育性较强的案例；同时还要考虑学生的年龄情况和认知规律，对不同年级、不同学段的学生选取程度不同、难度不一的案例。这样，才能更有效地帮助学生将理论运用于实际，丰富知识、提升能力。

（2）教师需要提高对案例的多角度分析能力。目前，很多教师仍然将案例教学看作举例讲解，案例仅仅被用来讲解知识点。道德与法治课教师应充分理解和认识案例教学的内涵和实质，要紧扣课标和教材要求，引导学生从多个角度和维度去分析案例、整理结论，不断提升自身分析能力，从而解决

案例分析角度简单化等问题。

（3）教师需要提升问题设置能力。在灵动课堂的案例教学实施过程中，学生需要分析讨论的问题质量是至关重要的。这就要求道德与法治课教师在设置问题时应遵循由浅入深、层层深入的结构化原则，所设问题必须涉及多个角度，具有层次性、可分析性，让不同知识基础的学生均有话可讲；同时，还要注重问题对学生的引导作用。

（4）教师需要提高课堂组织能力。教师的灵动课堂组织能力包括处理冷场或讨论偏离主题等问题，做到能够灵活处理学生讨论不够深入、回答与预设相差太远等问题。教师在道德与法治课教学时，可以将案例教学与讲授法相结合，为学生的学习提供保障。同时，教师还要和学生明确讨论目标和时长，在整个讨论过程中要密切关注学生，当学生作出错误判断时，教师要及时引导他们再次思考，不能为了赶教学进度而对学生不闻不问。因此，教师要成为案例教学的学习者和实践者，为提高道德与法治灵动课堂案例教学的质量作出努力。

（二）激发学生兴趣，增强案例学习有效性

毋庸置疑，学生是案例教学的最终受益者和主要参与者。而只有学生与教师进行全面积极的配合，案例教学的实际效果才能得到最大限度的发挥。在灵动课堂教学中，学生应积极参与分析、讨论，教师也应引导学生思考、探究，让学生在学习中掌握知识、培养能力。教师与学生应共同学习，相互促进。

1. 转变学生观念，激发案例讨论积极性

在案例分析和讨论探究的过程中，部分学生会出现积极性不大、参与度不高的问题。经过调研，笔者发现主要存在两个原因：一是学生自身对案例教学的重要性认识不够；二是学生已经习惯了传统教学方式，对案例中的问题链产生畏难情绪。由于长期接受传统方式的教育，大多数学生在课堂上的参与度和展示主动性都显得较为羞涩，课堂教学预期的效果不明显。为了改变这种情况，教师就要引导学生改变观念，顺应并积极参与到案例讨论中。教师可以有意识地培养学生的积极性。例如，教师可以通过随机提问让学生养成积极主动思考的习惯，对回答较好的学生给予鼓励，对于回答有所欠缺的学生也要给予正面引导，不让他们丧失自信心。教师还要时刻观察课堂教学过程，营造轻松和谐的课堂氛围，鼓励学生大胆回答问题。通过这些方法，教师可以帮助学生逐渐转变观念，并激发他们的积极性，从而达到更好的教学效果。

2. 激发学生对案例学习的兴趣

为了提高中小学道德与法治灵动课堂的教学效果，教师需要通过激发学生的兴趣来引导学生关注案例学习。只有对案例素材真正感兴趣的学生才会去关心、关注课堂呈现的案例。因此，教师可以通过安排直接分享案例或举办"案例分享会"等方式来培养学生搜集案例的能力，同时让学生主动去关注生活中与课程相关的案例。这样的学习过程不仅能培养学生的兴趣，还可以帮助他们更好地理解道德与法治课的意义，并更好地应用课程中的知识。通过这样的教学实施，教师可以更好地实现道德与法治课的育人目标，让学生在学以致用的道路上越走越远。

3. 做好案例学习的理论储备

为了让案例教学在中小学道德与法治灵动课堂中发挥最佳效果，学生需要做好充分的准备。为此，教师应该在课前做好预习任务的安排，指导学生预先熟悉教材的知识模块。这样，学生在课堂上实际分析案例时才会更容易地将理论知识融入案例中，从而理解案例教学的意义；也可以避免学生总是停留在案例中，而忽略更重要的系统知识学习。为使案例教学取得较好的效果，教师还需要设计引导性问题来帮助学生积极思考，并将案例和理论知识联系起来。因此，教师和学生都应在课前做好前置准备工作，充分发挥案例教学对学生学习的优势，实现预设的教学目标。

（三）加大学校支持力度，提供案例教学保障

1. 组织教师案例资源共享，建立"案例资源库"

首先，学校应支持中小学道德与法治课教师开展集体备课和案例共享活动。老教师经验丰富、课堂驾驭能力强，但其对新兴事物的接受程度较低、学习能力可能较弱；年轻教师具有创新能力，擅长与学生沟通交流，师生关系和谐顺畅，但他们对课堂和教材的驾驭能力还比较薄弱。通过集体备课可以帮助年轻教师尽快成长。老教师和年轻教师可从各自不同的角度选出各板块的"案例使用范本"，设计更灵活、更有趣、更容易让学生接受的活动，从而提高案例教学法的使用效果。

其次，学校要大力支持道德与法治课教师建立灵动课堂案例教学的"素材资源库"。案例是实施案例教学法的"核心"，而建立案例素材资源库可以帮助教师节省反复搜集案例的时间，使教师有更多的时间和精力对案例进行精雕细琢、精磨细研，从而为提高课堂教学质量奠定基础。案例素材资源库可以根据教师在教研活动中、日常教学中及公开课、社会热点事件中得到的积累来建立，这样不仅可以为教学提供不断更新的案例教学资源，满足教学的不同需求，还能提高案例教学法的实效性。

2. 实施案例教学多维评价机制

只使用单一的评价方式会让学生错误地认为道德与法治课只是一个需要背诵的课程，加深课程看似枯燥的印象，这与道德与法治课设立的初衷相背离。而部分教师为了完成学校的考核任务，也会将案例教学看作是浪费课堂教学的时间，从而失去相关的原动力。

要改变这一现状，学校应采用多维度的评价方式对学生进行全面评价，而不仅仅是依据成绩评判学生。学校可以将评价分为两个部分：一部分是学生的期中、期末等检测成绩，另一部分是学生的日常表现及所学知识在生活中的应用。这两部分评价标准既可以促进学生理论知识的学习，又可以实现道德与法治课程的育人目标。此外，学校对教师的评价也应是多维度的，应将教师对学科教学方法的创新和成功应用纳入评价中，鼓励教师进行案例分享，谈谈自己的学习体会和研究心得，从而增强教师的工作动力。

3. 完善案例教学硬件设施

互联网的出现和普及让"地球村"这一概念成为现实。现在的中小学生一出生就生活在充满高科技的社会中，因此他们接收的信息极为丰富。为了适应学生的认知水平并给予他们更丰富的资源，学校必须创造相应的主客观条件，不断完善案例教学所需的硬件设施。

第六章　创设教学情境　构建灵动课堂

第一节　情境教学概述

一、情境教学的解读

（一）情境教学的界定

情境是教师为了创设教学内容，精心设计教学场景、教学环境和教学情境，学生可以通过这些教学情境深刻感受和体验教学情感，加强学生对教材主干知识的理解和认知，对教学内容的深度认同。在设计教学的过程中，情境最好是学生亲身经历的事件，这样能够加强学生的情感体验和知识理解，最终取得良好的教学效果。

情境教学是教师将学生情感及认知活动紧密结合，从词和理、情和境全面发展的角度出发，创设符合教学实际的一种教学方式。教师运用情境教学可以激发学生的参与意识和学习兴趣，将认知和情感有机融合。在实施情境教学的过程中，教师要按照新课标的要求，确定本节课的教学目标，立足本节课的教学内容，精心设计特定的主题情境，以激发学生的学习积极性和主动性，提高课堂教学的质量。

情境教学要求教师依据学生的发展特点、认知特点、课程标准和教材内容等，充分运用现代化设备，通过情境创设呈现教学内容，重点关注学生的情感认知和情感体验，引导学生主动构建知识体系，进而提升学生对真实情境的认知。情境教学最重要的是"情"。教师在教学活动中使用情境教学时，应该用真实情境去激发学生情感，只要学生的认知活动产生相应的情感，他们的学习就会更加积极主动。因此，教师在教学实践的过程中不仅需要用真实情境"感动"学生，还要运用相应的教学手段，进而让学生的新旧情感融合。教师在运用情境教学时，应该以学生为主体，重点关注学生的感性认知，并充分调动学生的求知动力，重视学生的学习情感体悟，清楚学生的学习需求和认知基础。

情境教学强调以情境交融和情理相容为基础。相较于传统教学方式，情境教学更具生动性和鲜活性。教师在实施情境教学时，要充分发挥现代信息技术的作用，鼓励学生自觉融入情境教学中，增强自身的学习积极性，培养深度思考和辩证思维。目前，很多教师为了切实发挥道德与法治课堂的价值，开始积极探索具有可行性的生活化教学情境和途径。这不仅提高了学生的学习兴趣，还降低了学生的学习难度，让学生更深入地了解和掌握道德与法治的相关知识，促进学生健康成长，引导学生形成正确的价值观念。

教师在道德与法治课创设教学情境时，应熟悉新课标要求和统编教材的核心内容，明确教学目标对学生学习的具体要求；还应根据统编教材的内容积极创设贴近学生生活实际的特定情境，确保创设的情境对教材、对学段都具有针对性和可操作性，以此作为实现本节课教学目标的保障。

（二）情境教学的主要特征

1. 注重学生情感的体验性

情境教学强调教学活动中真实情境引发的真情实感，注重教学活动的情感作用，将学生的个人认知和情感体验结合在一起，强化学生对教学活动的情感体验，进而激发学生的学习积极性。教师在创设教学情境时，应引导学生主动体验教学情境，充分激发学生的思想共鸣和学习兴趣，从而提升学生的情境认知，增强学生的学习能力和感知能力，并将学生的注意力集中到教学活动中。

情境教学的最终目的是引导和帮助学生接受知识、增强能力，进而培育学生的核心素养。学生可以通过教学情境获得情感体验，引发情感共鸣。只有这样，学生的学习体验才会内化为自己的情感体验，进而强化学习效果。情境教学不仅需要尊重学生的情境体验，还需要尊重学生对教学课堂的真实情感。教师要在情境体验的基础上引导和帮助学生深化思想认知，不断丰富学生的情感体验。教师在选择教学情境时，应该从学生的实际情况出发，精心设计教学情境，充分激发学生的情感共鸣，进而引发学生思考。大多数情况下，教学情境来源于真实实例。因此，教师应该创设多元化的教学情境，帮助学生更好地理解和掌握教材内容。

2. 强调教学内容的生动性

教师创设主题情境的目的在于指导学生将抽象的知识形象化，引导学生全面认知教材，使抽象、枯燥的理论性知识变得更加形象、具体，帮助学生更主动地理解和掌握课堂知识，从而实现课堂教学质的飞跃。在创设情境的过程中，教师应该运用多元化的方式，创设生动的教学情境，激发学生的学习积极性，引导学生养成主动学习的习惯。同时，教师应该为学生营造轻松愉悦的学习氛围，缓解学生的学习压力。此外，情境创设还可以缓解部分学生在学习过程中产生的畏难心理，轻松愉悦的学习氛围有助于学生保持良好的心理状态，从而提高其学习效率和学习效果。

在课堂教学中，教师不能一味地运用"灌输式""填鸭式"教学方式，这样无法实现教学目标。教师应充分利用情境创设，使抽象理论变得形象化和具体化。此外，教学情境的形式多种多样，教师需要利用现代化多媒体设备和技术，将教学内容生动、形象地传授给学生，以增强学生学习的积极性，激发学生的学习兴趣。

3. 重视情境创设的生活性

情境教学主要来源真实的生活情境。在实施教学情境的过程中，教师可以使用不同的形式和手段，从自身或学生的真实生活经历入手，充分调动学生的学习主动性，引导学生学会积极思考。获取知识、增强能力都需要学生的亲身经历和系统化学习，由此促进学生对知识的理解和感知，促进学生全面发展。情境教学离不开学生的切实感受和主动体验，教师需要教育学生去努力内化教材核心知识。教师在设计情境时，必须从学生熟悉的生活故事入手，培养和提升学生的自主学习能力，帮助学生全方位掌握所学知识。

教师创设教学情境需遵循真实原则，与学生的生活和学习情境充分贴合，让学生感受到教学的真实感，从而达到形象、真切的效果，帮助学生更好地理解和掌握教学内容，使教学内容更具真实性和说服力。除此之外，情境教学还需要教师在创设情境时，充分了解学生的认知范围，运用"最近发展区"原理，先了解学生的实际生活，再在此基础上创设情境，引导学生全面反思，进而设置合理的教学情境。

情境教学的突出特性是生活性，这种特性有助于提升学生发现问题、解决问题的学科能力。此外，教师创设教学情境的重要来源是学生的实际生活，主要依据学生的真实生活情境来呈现个人感受，这样才能提高情境教学的质量，帮助学生全面学习知识、领悟道理、加深思考，并强化学生的批判性思维能力。

4. 注重教学效果的启发性

情境教学不仅可以激发学生的学习兴趣，还可以启发学生的智慧，教学效果良好。适当的教学情境能够较为深层次地启发学生思维，对学生关键能力的培养发挥着重要的作用。教师要懂得在教学过程中充分发挥学生的主体作用，引导学生主动研究、深入探索，帮助学生提高分析和解决问题的关键能力，指导学生增强家国情怀。情境探索应该将培养学生学习兴趣和实现学习目标相结合，提高学生的综合素质和综合能力。由此可见，情境教学可以帮助学生学以致用，将所学知识充分运用到实际生活中，使学生能够将学科知识与现实问题充分融合，产生不同的情感体验和知识思考，进而形成积极的生活态度，起到强化学生思维和启发学生思考的作用。

在情境教学之后，教师还应该引导学生感知现实生活，并从中启发学生进行思考。情境教学应以学生为主体，充分激发学生的思辨能力，引导和帮助学生提高发现问题、分析问题和解决问题的能力。此外，教师应该在教学过程中充分激发学生思维，引导学生从多角度分析、解决问题，进而充分发挥情境教学的作用，促进学生全面发展。

二、情境教学的理论依据

（一）构建主义学习理论

构建主义学习理论为情境教学的蓬勃发展提供了心理学上的稳固根基。该理论深刻指出，知识并非静止不变，而是随着情境的演变而不断发展。它主张知识植根于具体的环境和可感知的行动中，个体的知识理解是依据自身的经验背景逐步构建的，这一过程受到特定学习环境中的历史轨迹的深刻影响。

构建主义学习观深刻揭示了学习过程的本质特征，强调学习的主动性与构建性，以及学习与情境的紧密联系。它倡导课堂教学应融入真实情境与日常活动，赋予学生解决问题的自由与责任，引导他们主动探究与实践。在这一过程中，教师不仅是知识的传递者，更是学生学习思维的激发者与引导者。构建主义坚持学习应是对新信息意义的主动构建，是对个体经验的改造与重组，而非简单的记忆与复述。它坚信，只有在真实的情境中，学习才能富有意义，学生的主体性才能得到充分发挥，进而推动其全面发展。

构建主义学习理论要求教师在教学活动中必须紧密围绕学生的实际生活经验展开，确保教学内容与日常生活紧密相连。为了更好地激发学生的学习兴趣，教师应精心设计富有情感色彩的教学情境，这样的环境有助于学生深入理解和掌握知识。在教学过程中，学生是主导者，他们通过不断构建自身知识体系，实现新旧知识的融合与提升。因此，教师应创设与学生生活息息相关的教学情境，引导他们主动参与、积极探索，进而促进学生全面、深入的发展。

（二）情境认知与学习理论

情境认知与学习理论是一个集心理学、社会构建主义和人类学等多学科视角于一体的综合性理论，它代表着情境理论流派的核心思想。从该理论的视角出发，知识被赋予了情境性属性，其产生和运用均深深植根于特定的环境之中。情境认知和学习理论主张知识与情境的紧密相连，强调知行合一，生活情境本身就蕴含着丰富的知识资源，这些知识通过个体的学习实践得以不断充实和升华。根据这一理念，学习不仅是个体的思维过程，还应当在积极的情境中自然展开。在这样的情境中，学习者所获得的知识相比其他途径更具现实意义，因为它们与真实的生活场景紧密相连。此外，情境认知和学习理论重视情感与知识的内在关联，通过结合教育学和心理学知识，深入探讨了教学过程与心理发展、情感认知的紧密关系。因此，教师在创设教学情境时，应当注重学生的情感发展，为他们提供富有情感的学习环境，以此促进他们情感体验和个人认知的全面发展。

情境认知学习理论要求教师应以学生为中心，结合真实生活与社会实践，营造富有启发性的教学情境。在教学过程中，强调场景模拟的实践运用，将理论融入学生的日常生活，引导其主动探索与体验，从而促进其全面发展。

（三）人本主义理论

人本主义理论重点关注人的尊严、自我实现和创造力，将自我实现视为发挥人的潜能。人本主义理论的教育目标是满足人的情感体验，全面实现人的价值，充分激发人的内在潜能。它强调人的主体地位，注重情感因素对人的影响。此外，该理论充分融合了情感体验和个人认知，重视学生的主体地位，关注学生的全面发展，注重培养学生的情感、态度和价值观。该理论强调教师在教学过程中要信任和尊重学生，才能充分发挥学生的内在潜力，以学生为主体，从学生的角度看问题，全面提升学生的综合素质。

中小学道德与法治课教师在运用情境教学的过程中应以学生为主体，运用多样化的情境创设呈现各种教学情境。另外，在教学过程中，教师不宜直接下结论和灌输知识，而是要给学生保留足够的思考空间，引导学生积极进入教学情境，让学生在情境中不断反思，在学生情感体验的基础上引导学生自主学习，将被动学习转化为主动学习，培养学生自主学习的习惯。教师要始终坚持"以学生为主体"的教学理念，设计教学内容以学生的实际生活和现实意义为依据，根据实际情况创设多种形式的教学情境。

三、情境教学的主要类型

（一）设置生活情境

生活情境设置是一种独特的教学方式，它强调在真实的生活环境中开展教学活动，从而使学生能在实践中学习、学习中实践。为实现这一目标，教师在创设教学情境时，必须深入考虑学生的日常生活背景和体验。教师应从学生的日常生活场景中提炼教学素材，巧妙地将生活中的事物与学习的内容相结合，以此激发学生对知识的兴趣，引导他们主动探索和深入思考。通过将学生作为生活情境中的核心角色，可以充分激发他们的学习热情，培养他们发现问题、解决问题的能力。这种情境化的教学方法不仅提高了学生的参与度，还让他们有机会将课堂上学到的知识运用到实际生活中，从而丰富他们的实践经验，进而提高学习质量。

（二）设置故事情境

故事情境是一种独特而富有魅力的教学手段，通过教师的语言描述，将真实或虚构的故事情节呈现给学生，引导他们深入理解学习内容。在这一教学策略中，故事、问题和导引是不可或缺的三大要素。故事作为背景设定，为学生提供了丰富的想象空间；问题巧妙地融入故事情节中，成为激发学生求知欲的关键；导引则像一条隐形的线索，帮助学生逐步分析、思考、探究，最终解决问题、掌握知识。故事情境中蕴含着丰富多样的信息，教师通常通过生动的口头陈述或多媒体展示来传达这些信息。在这个过程中，时间、地点、人物、事件、情节等因素相互交织，情感贯穿始终。教师不仅要讲述故事，还要引导学生去发掘故事背后的深层含义，让他们的思维得到拓展、心灵得到滋养。故事情境对学生的影响是深远而持久的。它不仅能激发学生的学习兴趣，提高他们的学习效果，还能在潜移默化中影响他们的行为和意识，帮助他们形成正确的价值观。因此，教师在创设故事情境时，需要用心设计，让故事情境真正发挥其应有的教育作用。

（三）设置合作情境

合作探究，这一深具内涵的学习方式，重在培养学生的自主性、实践性与团队协作能力。教师通过巧妙引导，创设充满活力与效率的合作情境，无疑是提升学生合作探究效果的关键所在。这样的情境，不仅能让学生优势互补、共同促进，还能深化团队精神，使他们在学习、交流、合作与表达上达到全新的高度。更为难得的是，教师也融入这种合作的氛围中，与学生并肩作战，真正实现了教学相长，打破了传统的"一言堂"模式，极大地拓宽了师生的交流空间。在这样的互动中，学生得以接收到更多、更深入的反馈，从而加深对教学内容的理解。不止于此，合作情境的构建还在无形中增强了学生间、师生间的情感纽带，营造了一个团结友爱的班级环境，让道德与法治的核心素养真正扎根于学生的内心。

（四）设置问题情境

问题情境的构建是教师深思熟虑的结果，旨在根据学生的心理、生理特性及认知水平，悉心择取贴近学生生活的问题，通过教师精心策划的问题链，引导学生进行深入探究与热烈讨论。设置问题情境的目的在于揭示课堂核心要点，点燃学生对知识的渴求。

四、情境教学的基本特征

（一）形象性

对于中小学道德与法治课程而言，运用情境教学可提升课程的形象性，使课堂充满生机与活力，自然而然地增进学生的学习效果。

教师运用可视化教学技术，如虚拟现实（VR）与增强现实（AR）等尖端科技，能使情境教学更加栩栩如生，让学生仿佛置身其中参与探究学习。这既顺应新课程改革的要求，又极大地提升了学生的学习兴趣。通过这种方式，教师巧妙地将课堂设计中的平面知识与立体情境结合，实现了抽象知识形象化的目标。学生在愉悦而富有启发性的情境中学习，能够轻松理解教材中难以捉摸的知识点，从而提升其道德认知，培养其法治观念。

（二）情感性

在灵动的教学背景下，情感性成了情境教学的鲜明特点。现代心理学认为，信息处理活动分为认知和情感两部分，这两者在信息加工的过程中紧密相连。教师在情境中扮演引导者的角色，而学生则成为情境的主角，感受每一个细微的变化。这要求教师必须明确区分引导者与主体的角色与关系，确保教学过程中的和谐与平衡。当教师和学生都怀揣积极正面的情感，学生便会欣然接受并主动学习和理解教师的每一个指引，这样的课堂氛围自然会孕育出丰硕的学习成果。而当看到学生茁壮成长，教师也会满怀动力地继续教学，形成一个美妙的良性循环。教师以充满感情和爱的行动去启迪学生，而学生则以同样的方式回馈教师。这种情感的交融不仅促进了学生的身心和谐发展，还形成了课堂上独特的趣味与魅力。

（三）趣味性

教学实践中，教师的引导作用至关重要，而调动学生的积极性，营造和谐、公平、轻松、平等的课堂氛围是关键。情境教学恰好具备趣味性特点，为课堂注入了活力。通过设计富有趣味性的情境，让学生感受到学习的快乐，教师得以打破传统的沉闷教学方式，依据课程与学生兴趣打造独具特色的课堂。这样的环境不仅帮助学生释放紧张情绪，还让他们在愉悦中深化对道德与法治课程的理解，实现教学的高效与生动。

（四）参与性

传统教学中，教师往往倾向于单向传授知识，学生往往被动地作为"听众"接受。然而，情境教学从根本上改变了这一模式，它将知识巧妙地融入特定的场景之中，鼓励学生主动、积极地参与到其中，而非仅仅停留在听讲的层面。情境教学的参与性特点，体现在它要求学生的学习与情境紧密相连。教师精心设计的情境能极大地提高学生的参与度和激发学习兴趣。要有效地实施情境教学，开展符合学生兴趣的情境活动至关重要。这样的活动不仅能极大程度地调动学生的参与性，还能确保学生在课堂上占据主体地位。这种"以学生为中心"的教学情境，能够形成良性循环，确保学生在愉快、积极的氛围中高效学习。

五、情境教学的意义

（一）教师层面

1. 有助于提高教师教学水平

虽然情境教学在课堂教学中颇为流行，但其在课堂上得以顺畅且高效地应用，实际上是对教师综合素质的严苛考验。它不仅需要教师具备深厚的学科知识和专业的教学能力，还需要教师具备灵活应变的实践能力。在实施情境教学时，教师在课前需要精心策划，深入思考如何构建与教材内容紧密相连的情境，并根据学生在课堂上的实时反馈及时调整和优化情境设计。这要求教师不仅要有全面且专业的知识体系，还要有出色的教学水平和扎实的实践能力，以确保整个情境的推进都在可控范围之内。在选择情境素材时，教师同样需要深思熟虑、精心挑选。恰当的情境素材可以帮助学生更加透彻地理解课堂知识；反之，则可能因与学生的实际生活脱节或不符合实际情况，而影响教学的效果。每一个环节都应该紧紧围绕教学的主线进行，一个有效的教学情境不仅可以提高学生的学习效率，还能激发整个课堂的活力，使教学更加生动有趣。

2. 有助于帮助教师转换角色

为打破传统课堂的桎梏，注入灵动的气息，确保学生掌握学习的主导权，成为新课程改革的核心议题。教师需要转变身份，从单纯的知识传递者转变为课堂的组织者和管理者，致力于为学生打造更为广阔的学习天地，激发他们的学习兴趣和潜能，使学习过程充满发现与惊喜。

在传统的课堂教学中，教师扮演着引领者的角色，以一连串的问题引领着学生的学习步伐。然而，这种快节奏的教学模式使得学生们鲜有时间深入思考，探索知识背后的深意。在这种模式下，教师成为课堂的中心，学生则沦为了知识的接收者，他们的学习变得机械而被动。这种教学方式不仅剥夺了学生的学习独立性和求知精神，还限制了教师的创新与发展。在新课程改革的浪潮下，教师们被赋予了新的使命：转变传统观念，激发学生的学习潜能。为此，教师需要调整自己在课堂中的角色定位，从权威的讲解者转变为与学生平等对话的伙伴。这样的转变不仅有助于构建和谐的师生关系，还能为学生创造自主、开放的学习环境，让他们在自由思考和探索中发现学习的乐趣与价值。

（二）学生层面

1. 有助于激发学生学习兴趣

在课堂教学中，传统的死记硬背已无法满足学生对知识学习的需求。学生需要灵活运用所学知识，而不仅仅是机械的记忆。通过情境教学，教师可以帮助学生将自己的情绪和情感融入课堂教学当中。这种方式可以让学生更主动地投入学习中，提高他们的参与感和融入感，从而增强学习效果。此外，教师可以将教材中的知识点整合在情境中，展现一定的逻辑性和系统性，帮助学生更好地理解和运用所学知识。对学生来说，参与情境创设的课堂可以最大限度地吸引他们的注意力，激发他们的主观能动性，增强学习兴趣。这种方式让学生不再觉得课堂枯燥乏味，更加享受学习的过程。通过情境教学，学生不仅能够记住知识点，还能够理解知识的实际应用，为将来的发展打下坚实的基础。因此，教师在课堂教学中应该积极运用情境教学的方法，让学生在学习中感受到快乐和成就感，这样不仅可以提高学生的学习成绩，还能够培养他们解决问题的能力。情境教学是一种教学方式，更是一种激发学生学习兴趣和潜力的有效途径。

在进行教学实践时，教师需了解学生的学习状况，以及他们对课程知识的掌握情况。在备课时，要考虑学生的学习水平和掌握程度，特别关注他们的薄弱环节；通过设置问题来引发学生思考，激发他们的兴趣，帮助他们更好地掌握课程重难点。只有在有趣的学习氛围中，学生才能更好地理解知识，并能为未来更高层次的学习打下基础。因此，教师需要创造有针对性的学习场景，以帮助学生更好地成长。

2. 有助于强化学生学习动机

中小学课程应该根据学生的认知水平和兴趣爱好来设计，内容要由浅入深，适度增加难度。随着学习压力的增加，许多学生的学习态度逐渐转为冷淡，这时需要学生自主学习，而不是依赖教师灌输知识。同时，新课程改革也强调教师应该关注学生的学习态度和兴趣，帮助他们树立正确的学习态度，激发他们学习的热情。教师应该根据学生的需求和特点灵活调整教学方式，引导他们主动参与学习，培养他们的自主学习能力和创新精神。只有在全面关注学生的学习状态的基础上，教师才能真正实现教育的目标，让每个学生都能得到有效的成长和发展。

学习动机对于学习者的学习行为起着至关重要的作用。一个学生的学习动机足够强烈，他将展现更高的学习积极性、专注力和自制力。在日常的教学实践中，我们可以观察到，学生对课程感兴趣时会自发地投入更多精力和时间去学习相关知识，并展现更积极的学习态度。为了激发学生的学习动机，教师在课堂中可以巧妙地设置情境，使之持续演变成一个具有吸引力的动态客体，从而引起学生的兴趣和注意力。此外，教师还需给予学生足够的自由学习空间，及时对学生的表现予以鼓励，以确保他们能够充分参与到课堂学习中来。通过采用情境教学法，教师可以更好地引导学生的学习动机，从而提升他们的学习效果，让学生在积极、自主的学习氛围中感受到学习的乐趣和成就感，这将有助于激发他们更大的学习热情和动力，在学习过程中更加专注和努力。通过不断强化学生的学习动机，可以推动他们更好地完成学习任务，提高学习成绩。因此，教师在教学中应当重视学生的学习动机，通过巧妙的课堂设计和个性化的激励方式，引导学生主动参与学习，营造积极向上的学习氛围，从而提升学生的学习效果和综合素质。

3. 有助于培育学生核心素养

随着新课程改革的推进，培育学生的核心素养已成为评判改革成效的重要标准。核心素养的重要性备受学校、教师和家长关注，也成为热门话题。研究发现，教师不仅要注重学生的学业表现，还要关注其综合素质的发展。新课标要求教师加强学生核心素养的培养，这就凸显了情境教学的价值。通过情境创设，教师可以串联课堂中的重难点，提升学生的综合素质。因此，教师的系统性情境创设能最大限度地锻炼学生的核心素养。

教师在教学中要善于运用问题引导学生思考，引入对比材料，营造探究问题的情境，培养学生的研究意识。除了传统教学方法外，多媒体资源如图片、视频、故事等也应充分应用，丰富课堂内容，激发学生的学习兴趣。同时，教师还需在课堂末尾巧妙升华教学主题，引发学生的情感共鸣，加深知识领悟，培养学生的核心素养。通过这些方法，教师可以激发学生的学习潜能，提高他们的综合素质，为其未来发展打下良好基础。教学不仅是传授知识，还要关注学生的全面发展，培养他们的创新思维和解决问题的能力，帮助他们成为具有国际竞争力的人才。

4. 有助于发展学生多元智力

多元智力理论对教育领域的重要性不可忽视。教师应该深入了解学生的不同智力类型，为他们创造适当的学习环境。在课堂上，教师可以通过设计巧妙的情境来促进学生的思维力、想象力和观察力的发展，从而培养学生的多元智力。

当今社会正处于快速发展的时代，对复合型人才的需求日益增加。传统的单一知识点讲解已经无法满足社会对复合型人才的需求。教师对情境教学的有效运用，可以从不同角度设置教学活动，根据学生的不同理解能力和兴趣分配任务，使学生在参与各种活动的过程中得到全面发展。传统课堂模式下，教师常常以输出知识为主，学生则扮演着被动接受的角色，教学内容枯燥，缺乏针对性，学生难免昏昏欲睡。在情境教学的课堂里，学生可以根据自身能力和兴趣选择适合自己的学习目标，从而激发学习主动性，提高学习积极性，培养学生的自信心和多元智力，使他们在实践中不断发展自身综合素质。因此，教师在教学中应该灵活运用情境教学，通过设定多样化、有趣的学习情境，激发学生的学习兴趣，促使他们积极参与学习活动。同时，教师要根据学生的实际情况和差异特点，为他们提供个性化的学习任务，让每位学生都能在学习中找到适合自己的发展路径。

（三）课堂效果层面

1. 有助于营造轻松活泼的课堂氛围

教师在课堂教学中应时刻关注学生的参与度。传统教学注重教师讲解，学生被动学习，而新课改要求学生积极参与合作研究、发挥创造力。新教学理念强调让学生在课堂上积极"动"起来，从单向传授到互动交流再到激发思维。教师应引导学生多思考、多行动，让课堂充满活力。通过激发学生兴趣，促进互动交流，实现触动灵感，课堂才能真正生动有趣。只有让学生主动参与，才能激发他们的学习热情，实现课堂教学的最佳效果。在新时代下，教师的角色不仅是知识的传授者，还应是激发学生学习潜能的引领者，形成灵动的教学环境。

教师在进行情境教学时，应该注重在保持课堂秩序的同时，给予学生更多自由和活跃的空间，而不是一味强调绝对安静。在这种情境下，学生可以自由表达观点，通过小组合作进行探究性学习，这与他们身心发展的特点相吻合。当教师过分强调课堂纪律时，学生往往会感到焦虑和压力，最终导致学习疲劳。因此，教师在教学过程中应该灵活运用情境教学法，创造充满生机和轻松氛围的学习环境。这样不仅可以激发学生的学习兴趣，还能促进他们更好地参与学习活动。通过有效运用情境教学法，教师可以让课堂更加活跃，学生更加投入。这种灵活自由的教学方式能更好地满足学生的学习需求，提高他们的学习效果和满足感。

2. 有助于讲活讲透教学重难点

大部分教师在课堂上注重知识点的讲解，虽然讲解通透，但整体性不足。学生往往将教师教授的知识点视为零散的信息，难以串联起来，记忆困难。一些学生觉得最难忘的不是知识点本身，而是配以有趣素材的讲解方式。这种情况导致学生对知识框架模糊、重难点不明、课堂内容难以掌握。有必要引导教师改变教学方式，注重整体性，加入趣味性素材，帮助学生更有效地学习和理解知识。

教师在教学过程中需要将教材中的知识点有机结合，形成系统化的教学设计，使学生更容易理解和记忆。比如，在七年级道德与法治"男生女生"一课的教学中，教师通过创设一个在超市采购物品的情境，让学生们身临其境地感受男生和女生在购物偏好上的不同，从而帮助他们梳理这两者之间的差异。这种情境教学设计不仅可以深刻影响学生，还有助于他们更好地记忆和理解知识。通过整体性的情境教学设计，教师可以帮助学生更好地掌握教材内容，形成逻辑化的知识体系。教师需要在有限的时间内合理地规划教学设计，使教学内容有条不紊地展现给学生。只有这样，学生才能在有限的时间内充分吸收和掌握知识，为今后的学习打下坚实基础。教师的教学方法不仅要注重教学目标的实现，还要关注学生的学习体验。通过情境教学设计，学生可以在参与实践中感受知识，从而更深入地理解和记忆。比如，通过超市购物的情境设计，学生们能够亲身体验男女生购物偏好的差异，这不仅是知识学习，还是一次生动的体验。这种教学方式可以激发学生的学习兴趣，让他们更主动地去探索和学习。总之，教师需要有计划性地展现教材内容给学生，并结合情境教学设计，帮助学生形成系统化的知识框架。通过这种方式，学生能更深入地理解和掌握知识，为他们未来的学习打下坚实的基础。教学不仅是知识的传授，更是对学生综合素质的培养，因此教师的教学设计至关重要，需要注重实效性和创新性。

3. 有助于提升教学质量

传统教学方式依然影响着一些教师在课堂上的教学方式，他们过分关注学生的学习成绩，往往采用灌输式的教学方法。这种做法破坏了课堂的学习氛围，使学生的参与度下降，最终导致教学效果和教学质量的下降。因此，教师们应该摒弃过分追求学习成绩的观念，改变教学方式，多运用启发式的教学方法，引导学生主动思考和探索。教师只有激发学生的兴趣和潜能，创造积极向上的学习氛围，才能提高课堂教学的效果和质量，促进学生全面发展。

教师在进行教学时，应全面考虑学生的个性和对知识的理解水平，创设生动直观的教学场景，帮助学生将理论知识与实际情境相结合。通过这样的方式，学生可以独立思考问题，更好地掌握课程核心知识和学科概念。这种教学方法也有助于学生在日常生活中灵活运用所学知识解决问题，从而提高解决实际问题的能力。学生的综合能力提升不仅会反映在学习成绩上，还会提升整体教学质量。因此，教师需要根据学生的实际情况精心设计教学内容，以期帮助他们更好地理解并应用知识。

第二节　核心素养下情境教学的运用策略

　　《义务教育道德与法治课程标准（2022年版）》强调，中小学课程性质的指向就是核心素养，课程还充分展现了思想性、政治性和实践性等重要特征。核心素养指的是面对复杂的现实情况时，个体在解决问题时所呈现的综合品质。核心素养立足于真实生活情境，以学生生活实际为基础，指导学生充分运用所学知识和具备的能力，在发现和解决问题的过程中充分激发学生的综合能力和素养，全面提升学生的思辨能力和解决问题的能力。

　　中小学道德与法治课应培养学生的课程核心素养，包括政治认同、道德修养、法治观念、健全人格和责任意识等。道德和法治的课程目标与情境教学的目标相互适应、相互一致。道德与法治课要求在真实的主题情境中指导学生树立正确的世界观、人生观和价值观，增强学生的认知能力和感悟水平，鼓励学生自觉提高发现问题和解决问题的关键能力。道德与法治课教师所设计的主题情境必须十分贴近学生的学习生活实际，通过设置真实、开放的教学情境，帮助学生养成良好的课程核心素养。情境教学的重要基础是学生的现实生活，在教学实施的过程中，教师应该在学生生活的基础上创设教学情境，并引导学生不断深入教学情境，在情境变化的过程中，不断转变学生思维，帮助学生培养和形成良好的综合能力。这不仅有效落实了课程标准的要求，还进一步培养和提升了学生的课程核心素养。

　　突出课程核心素养的培育，要求教师不能简单地传授和丰富学生的知识，更重要的是要将主题情境与课堂学习情境有机结合。情境教学要突破传统的单项式教学，核心素养培养也不是简单地从知识层面培养学生，而是重点培养学生的综合能力和情感体验。核心素养可以将教学直观地呈现，让学生通过情境教学内化教材知识，这不仅可以提升学生的知识观念和道德观念，还可以培养和提升学生的核心素养。在教学过程中，道德与法治课教师预设教学情境的主要依据是课程核心素养的具体要求，将教学知识与教学情境相互融合，激发学生形成个人认知和情感共鸣，进而帮助学生将理论知识转化为实践能力。在现实生活中，情境教学弥补了实践能力缺乏的问题，打破了传统教学的弊端，帮助学生通过情境活动学习和掌握知识，提升学生的实践能力。

一、发挥教师主导作用，开展情境教学

（一）以学生为主体，构建教学情境

在道德与法治课堂教学的过程中，充分发挥学生的主体作用至关重要。首先，教师设计的特定情境必须符合学生的认知水平和身心特点，能够基本满足学生学习的实际需要。不同的学生之间存在着个体差异，教师在实施情境教学时，应该从学生的认知规律出发，根据学生的个体差异设计不同的教学活动方案，进而创设不同的特定教学情境。其次，情境的设计应该符合学生的生活实践和学习需求。情境教学属于模拟课堂活动，而学生的心理结构则是外部活动逐渐内化形成的。因此，情境的设计应该符合学生的心理发展特点和规律，情境创设的内容应与学生的实际生活紧密联系。最后，情境创设应该以学生为主体。在传统道德与法治课堂中，教师起主要作用，大部分学生的学习是被动的。学生自身具有一定的主观能动性，教师在设计特定主题情境时，应先明确不同学生之间的个体差异性，再根据学生的身心发展特点，有意识地调动学生的主观能动性。教师在设计教学情境的过程中，应该始终坚持以学生为中心。每一位学生都是具有独立人格的个体，每一位学生都具有巨大的学习和发展潜力。

当前，新课程改革正在如火如荼进行中。教育教学的主体也发生了根本性的改变，即从教师为主体转向学生为主体。教师在教学活动中主要担当组织者和引导者的任务，而学生成为真正的教学主体，这种教育理念早已得到教育界的一致认同。学校教育的中心是学生，教学的重点是培养和提高学生学习的积极性、主动性和创造性，并在此基础上培养和提高学生的实践能力。值得注意的是，在创设教学情境的过程中，教师应该将教材内容、学生和社会实际充分融合，进而优化情境创设内容，全面开展情境教学。

除此之外，教师不仅需要以学生为主体，还需要注重课堂教学角色与责任的转变。因此，教师要清楚自身在教学活动中的主导作用，特别是在实施情境教学、创设具体的教学情境时，教师更应该将学习的主动权交还给学生。教师要不失时机地引导学生不断感悟生活中不同的角色，鼓励学生去主动感

受和体验探究，进而激发学生的情感共鸣，实现培养核心素养的目标。

（二）指向核心素养，注重总结评价

教学环节设计不仅需要良好的导课，也需要完美的结局。情境设计也应该有良好的开端和完美的结尾。教师应该坚持以学生为主体，以教师为主导的原则去创设情境。另外，教师在教学活动结尾处要注意升华教学内容，提升课堂的高度。在传统教学中，教师常用简单的课堂总结和课后练习进行教学总结。而在情境教学中，教师则会与学生共同梳理教材知识结构，指导学生构建本节课的知识体系。部分教师还会从课堂体验、课堂表现和课堂收获等方面，对学生的课堂表现进行详细评价。

在课程核心素养背景下，教师的总结和评价教学环节都必须坚持以核心素养目标为基础，通过情境教学提高学生的综合能力和核心素养水平。此外，教师还应该牢牢把握情感升华在教学中的引导作用，引导和帮助学生形成正确的"三观"。具体而言，主要包括以下几个方面：

首先，在实施情境教学之后，教师应该结合核心素养的指向性目标开展教育，引导和帮助学生提升核心素养。

其次，教师在点评课堂活动的过程中，坚持以学生为主体，引导和帮助学生形成完整的表述和思考过程，激励学生积极参与情境创设的教学活动。学生在回答课堂问题的过程中，教师应该引导全班学生倾听并关注学生发言的关键词句；通过动态板书的形式，实时捕捉学生发言的闪光点和价值点，重视学生思考的全过程。简单来讲，教师要思考学生"为什么会这样回答""应该如何回答"等问题，进而引导全班学生积极、深度的思考。只有这样，教师才能真正了解学生，进而方便后续教学工作的开展。

最后，始终坚持总结与评价相结合的教学原则。培养核心素养是一个长期的、潜移默化的过程，教师应根据学生的课堂表现开展个性化的核心素养教育，促进学生个性化发展，进而推动学生全面发展。

除此之外，教师在巩固学生核心素养的过程中还应结合学生的课后作业情况。比如，教师可以将课后作业设置为观看有意义的节目（如《新闻速递》等）；还可以组织学生开展社会实践活动，如环保宣传、文化大篷车、学雷锋纪念日等。教师组织学生参加这些活动后，即可以组织开展分享会，鼓励全班学生互相分享、互相学习。这种教育形式不仅可以鼓励学生，还可以减轻学生的学习压力，强化学生的学习积极性，更有效地促进课程核心素养的落地。

二、发挥学生主体作用，积极参与情境教学

（一）转变学习态度，增强主体意识

随着新课程改革的不断深化，强调学生主观能动性的情境教学在教育教学工作中逐渐被广大教师所关注。教师在中小学道德与法治课堂中合理运用情境教学进行授课，能够极大地提高学生的参与度，营造和谐融洽的课堂氛围，进而激发学生的学习主动性。众所周知，个体学习态度的形成，是从认识到学习的趣味性和重要性开始的，之后会慢慢形成自己的认知、理解和评价。学生认为有趣、有用、有效果的，才会认可、认同自己的学习过程，产生喜欢和热爱的情感。有了喜欢和热爱，学生自然就会产生学习的动力，最终勤奋努力学习。

虽然实施情境教学能在一定程度上激发学生对道德与法治课的学习兴趣和情感体验，但这种兴趣和体验产生得快、散得也快，很难持久地维持到整个学习过程。原因在于学生从自身的主观意识上对道德与法治课重视不够。长此以往，学生的学习会变得越来越功利化，不利于培育学生的课程核心素养。因此，道德与法治课教师应教育学生改变陈旧的认知观念，消除自身对道德与法治课认知和学习上的偏见，自觉主动地参与到课堂教学中，尤其是情境教学的全过程中。学生要学会在学习过程中掌握核心知识、提升综合能力、培育核心素养的有机统一。

（二）加强自我教育，提升核心素养

众所周知，任何成熟的课堂教学都应该是双向互动的。在教学过程中，不仅需要充分考虑教师的引导作用，还需要充分发挥学生的自主性，提高学生的自主学习意识。只有让学生认识到培育核心素养的现实作用，他们的学习动机才能被充分激发，才会主动自觉地参与到情境教学活动中。

在培养学生的课程核心素养时，教师应充分运用情境教学，让学生意识到课程核心素养的重要性，并引导学生从内心意识到道德与法治课程核心素养的作用。在此过程中，教师应该有意识、有目的地培养和提升学生的核心素养。此外，学生也需要强化核心素养意识，进而将这种意识转化为学习动

机，激发学习积极性。教师只有充分认识和理解核心素养，才能帮助学生强化自身能力，最终提高核心素养。

第三节　情境教学促进中小学道德与
法治课的灵动应用

一、情境教学在中小学道德与法治课的应用原则

情境教学在实践中需坚持生活性、情感性和趣味性原则。通过生活化情境设计，激发学生学习兴趣；注重情感体验，增强教学效果；设置趣味化情境，提升学习动力。只有在这三个方面兼顾的情况下，情境教学才能达到最佳效果。生动的情境能使学习内容更加具体易懂，通过体验情感，学生能更深刻地理解和记忆所学知识，而趣味性的情境则能激发学生的学习兴趣，让他们更主动地投入学习中，实现教与学的双向交流。

（一）情境形式创设的多样性和符合实际原则

情境教学的核心理念是以情境为中心，通过创设不同形式的情境来促进学生的学习。教师可以根据课程内容和学生的实际情况，灵活地创设各种情境。只要能够激发学生学习的热情，并且提升教学效果，教师就可以尝试不同的方法。在保持教学目标和内容的前提下，教师可以大胆创新，让课堂变得更加生动有趣。在创设情境时，教师应以"思"为核心，引导学生思考；以"情"为纽带，从学生的角度出发；以"学生"为主体，让学生参与其中；以"活动"为途径，运用各种形式的活动来激发学生的兴趣；以"生活"为源泉，让学生在实际生活中感受到知识的重要性和应用性。情境教学不仅可以提高学生的学习积极性和参与度，还可以让他们更好地理解和掌握知识，培养他们的实际应用能力和创造力。因此，教师在教学过程中应该善于利用情境创设，打破传统的教学模式，让学生在轻松愉快的氛围中学习，从而更好地实现教育教学的目的。

教师可以通过创设问题情境、语言表达情境、故事情境、视频图片情境和音乐情境等方式，帮助学生在情境中获得启发。不同的学习内容可以采用

不同的情境学习形式，如角色扮演情境、实践情境、游戏活动情境和辩论情境等。无论是教师呈现的情境还是学生主动构建的情境，学生的参与都是关键。例如，角色扮演情境要求学生现场扮演角色，运用角色语言和模仿行为，这需要学生的积极参与。而教师提出和设想的情境只是启发学生，学生需要自主创设情境、参与情境、体验情境的过程。情境创设必须符合教学实际的原则，教师不能为了形式而创设情境，必须与教学目标和内容相契合。好的情境创设应该既符合实际又能够达到教学目标，最终目的是提高教学效率。教师与学生共同努力，共同创设情境，才能取得良好的教学效果，促进学生的发展。

（二）情境问题设计的启发性和循序渐进原则

在中小学道德与法治课教学中，情境问题设计的启发性原则尤为重要。在设计问题时，教师要注重引发学生的思维活动，让他们积极参与课堂学习。每个问题都应精心设计，避免浪费时间和影响教学进程。不合适的问题可能引发无关讨论，导致课堂失控，使学生产生误解。因此，教师在制定问题时应谨慎，确保问题与课堂主题相关，引导学生正确认识问题，提高他们的学习效率。正确的问题设计不仅可以激发学生学习的兴趣，还能促进他们的思考和交流，提高教学效果。只有通过精心设计问题，才能引导学生正确认识问题，达到教学目的。

问题设计应该立足于教学内容，旨在激发学生思考，引导他们探索知识并自主构建新的理解。问题设置应该以引起学生兴趣和好奇心为目的，通过分析和解决问题提高他们的思维能力。此外，问题设计还应该遵循循序渐进的原则，逐步构建问题链，帮助学生在探索过程中逐渐深入理解和形成知识体系。通过这样的问题设计，学生不仅能够加深对知识的理解，还能够培养他们的求知欲望和独立思考能力，从而更好地应对学习和生活中的挑战。

学生的学习发展水平在教学中扮演着至关重要的角色。学生的学习水平包括现有的发展水平和最近发展区两个方面。现有的发展水平是指学生目前已经掌握并能独立解决问题的学习水平；而最近发展区则是指学生通过教师的引导和帮助，最终能够达到的问题解决水平。在中小学道德与法治课的教学中，设置问题的过程至关重要。问题的设置要具有一定的梯度、广度和深度，既不能低于学生现有的发展水平，又不能高于他们的知识水平。教师在进行问题设计时，应该注意把握好"度"，让问题略高于学生的知识水平，使学生通过思考和探究才能得出答案。在指导学生解决问题的过程中，教师们应该遵循先易后难、环环紧扣、循序渐进的原则。通过由浅入深、层层递进的提问方式，逐步引导学生向问题的本质靠近，激发他们的思考力和解决问题的能力。只有通过这样的方式，学生才能逐渐突破困难，解决问题，最终有豁然开朗的感觉。因此，教师在教学中应该结合学生现有的发展水平，精心设计问题，引导学生不断思考和探究，帮助他们逐步提升自己的学习水平。只有这样，才能够真正实现教学的有效性，提高学生的学习动力和学习成效。

（三）情境材料选取的真实性和贴近生活原则

中小学道德与法治课教学中，情境素材的真实性至关重要。教师只有选择符合学生实际的真实素材，才能让学生更容易融入课堂活动。真实的情境素材能够引起学生的共鸣，让他们更积极地参与到讨论和互动中，分享自己的经验和感受；相反，如果素材脱离学生现实，虚假不实，学生就会觉得枯燥乏味，失去学习兴趣，甚至产生"教"与"学"分离的情况。因此，教师在选择情境素材时，必须紧扣学生身边真实发生过的事件，让学生感受到与自己生活相关的内容。这样不仅能增强学生的参与度，还能更好地引起他们的情感认同。只有符合学生生活实际的情境素材，才能真正引导学生深入思考，增强他们的道德意识和法治观念。在中小学道德与法治课教学中，我们要始终坚持选择生活性情境素材的原则，引导学生积极参与、思考、交流。只有通过真实的情境素材，学生才能真正体会道德与法治的重要性，才能更好地理解其中的道理和内涵。

教材内容应当贴近学生的日常生活，引导学生树立正确的价值观和人生观。为了激发学生的学习兴趣，教师应选择那些能够引起学生思考的情境素材。这些素材不仅可以来源于学生身边真实的事件，还可以涉及学生关注的社会热点。通过将教材内容与学生的生活实际相结合，教师可以更好地引导学生的情感、态度和行为。例如，教师可以借助学生身边发生的事情来引导他们思考如何应对挑战和困难；同时也可以利用学生关注的热点事件来拓展他们的视野，让他们了解社会的多元化和复杂性。在中小学道德与法治教育中，选择合适的情境素材至关重要。只有让学生在学习过程中感到身临其境，才能真正激发他们的学习动力。因此，教师需要不断更新素材内容，让教育更加贴近学生，让学习更加有趣、有意义。

中小学道德与法治课的情境教学应选择与学生生活贴近的材料，这样才能吸引学生的注意力，引发情感共鸣，激发内心情感，实现情感上的"激趣"，从而激发他们对知识的学习兴趣。教师只有通过精心挑选合适的情境材料，才能让学生在课堂中积极参与，体会道德与法治的重要性。教师在教学时要关注学生的感受和需求，积极创造有趣且具有启发性的情境，让学生在互动中深入理解课程内容，激发学习动力，推动道德与法治教育的有效实施。

二、情境教学在中小学道德与法治课中的灵动运用

（一）课前理解教材和课标要求，情境预设贴近生活

1. 教师准备

教师认真研读教材并分析教学内容，是确定课时教学目标的重要步骤。教师只有通过深入研究，找到教学内容与课程标准的契合点，才能清楚地了解课时内容在教材中的位置和作用；在理解了教材和课程标准的基础上，才能有针对性地组织和处理教学内容，并确立课时教学的三维目标。这样做不仅可以解决"教什么"的问题，还可以为后续的教学活动提供明确的方向。不同学科甚至同一学科中不同的教学内容，在确定教学目标时都会有不同的侧重点，这需要教师结合具体情况进行灵活处理。因此，在规划课程时，教师应当认真研读教材和课程标准，通过分析教学内容来确定课时的教学目标。教师只有将教学内容与标准相结合，才能准确把握课时内容在整个教学过程中的角色和关系，进而为教学活动的设计提供必要的指导。教师在设定教学目标时，需要根据不同学科的特点和教学内容的要求进行灵活调整，确保目标的明确性和可操作性。这样才能有效引导学生的学习方向，促进他们在课堂中更好地理解和掌握知识。

中小学道德与法治灵动课堂注重培养学生的情感态度和价值观，重视情感教育。课程标准充分尊重道德与法治课程的情感性，强调培养学生道德素质和实践道德的重要性。因此，教师需留意学生的情绪和行为表现，创设符合学生生活的情境，激发学生的情感。教师的角色不仅在于传授知识，还在于引导学生在实践中培养正确的情感和态度，通过树立良好的教育示范，帮助学生树立正确的人生观和世界观。重视情感教育，不仅是为了学生的心理

健康发展，更是为了他们将来成为具有道德素质和责任感的公民。让中小学生在道德与法治课堂上得到真正的启发和教诲，成为品德高尚的社会栋梁。

深入了解学生的学情，是开展教学工作的重要基础。针对不同年龄阶段的学生特点，明确教学重点和难点，是实施因材施教的关键。对中小学阶段的学生来说，他们正处于生理和心理快速发展的阶段，情绪、情感、思维、能力及性格都非常不稳定。因此，在教学过程中，教师需要引导学生根据自身认知基础来培养学习兴趣，以此激发他们对知识的探索和学习的热情。这个阶段的学生在心理发展方面并不成熟，对事物的认知往往停留在表面，缺乏深入思考和分析的能力。教师在教学中应该充分考虑到学生的心理特点，采用生动有趣的教学方式和方法，激发学生的学习兴趣和动力；同时，结合学生的实际情况和社会生活经验，引导他们主动参与课堂活动，培养他们的团队合作意识和实际动手能力。这个阶段的学生的注意力较易分散，对枯燥的理论知识缺乏学习兴趣。因此，在教学过程中，教师应该结合生活实际和学生的兴趣爱好，设计富有趣味性和挑战性的教学内容，激发学生的学习兴趣和求知欲。只有深入了解学生的学情，根据其年龄特点和心理发展阶段进行因材施教，才能更好地帮助他们提高学习能力，助其在知识的海洋中畅游。

为了使道德与法治课堂教学效果更加灵动，教师在备课时应该注重突出重点、突破难点，帮助学生深入理解教学内容。在设计课堂教学的过程中，教师需要仔细考虑哪些知识是必须重点讲解的、哪些知识是可以简单带过的，以及哪些知识是学生难以理解的。同时，教师还需要了解学生的知识水平和思维发展状态，以便更好地把握教学重点和难点。在对教材内容和班级学情进行分析的基础上，教师应该根据教学目标设定本节课的重点和难点，通过考查学生的知识储备和本节课的难易程度，结合教学内容和学生的实际生活经验，确定本节课教学的重点和难点。只有在确保教学内容明晰，学生掌握深入的前提下，教学效果才能得到提升。因此，教师在备课时要全面考虑教学内容的设计，努力突出重点、突破难点，帮助学生对道德与法治知识有深刻的理解。通过科学合理的课堂设计和针对性的教学方法，提高教学的有效性，使学生能够更好地理解和应用所学的道德与法治知识，为他们的成长和未来发展打下良好基础。

精心设计教学情境并优化教学结构是提高教学效果的关键。在确定了教材分析、教学目标和教学重难点后，紧接着的教学设计环节就显得十分重要。教学设计是一节课成功的关键所在，只有周密的设计才能确保教学效果的最大化。在设计教学过程时，教师要确保每个环节合理且符合教学目标，这样才能确保教学过程的顺利进行；同时，教师还要必须提前考虑可能遇到的困难并准备相应的对策。在教学设计中，教师要注重情境的设置，让学生能够将所学知识与实际情境相结合，提高他们的学习兴趣和学习动力。教学结构的设计也至关重要，需要合理安排教学内容的组织和呈现方式，确保学生能够有效地吸收和理解所学知识。此外，教师还要考虑如何激发学生的思维，引导他们主动参与学习，培养他们的创新能力和解决问题的能力。总之，精心设计教学情境和优化教学结构是确保教学效果的关键，只有在教学设计上下足功夫，才能真正实现教学目标并激发学生的学习潜力。教师在教学设计过程中要充分考虑学生的接受能力和特点，确保教学内容的生动性和有效性，促进学生成长和发展。

教师在运用情境教学时，需要深刻理解其特点和作用，并根据实际情况灵活运用。关键在于创造教学情境，在吸引学生注意力的基础上，引导他们逐步探究，激发情感体验，促进师生互动，使学生在情境中获得新知。因此，教师应该审时度势，巧妙地设计情境，从而让学生在参与中学习，在体验中成长。只有通过情境的营造，才能激发学生的好奇心和求知欲，让他们在愉悦的氛围中愿意主动探索并学习。教师的角色不仅是知识的传授者，还是情境的设计者和引导者，应牢记情境教学的初衷，帮助学生在积极的情感体验中感悟和成长。

新课程改革提倡学生作为学习的主体，强调发挥他们的主体作用。教师布置课前预习任务，是激励学生自主学习、发挥主体作用的方法之一，也是教师重要的准备工作之一。此外，教师还要提前准备所需的辅助教学工具，以配合教学设计。例如，若课堂需要角色扮演或情境剧场，教师则需提前安排学生扮演的角色及剧情设计、道具等准备工作。这些准备工作的目的在于激发学生的参与度，帮助他们更好地理解课程内容，培养他们的创造力和表达能力。课前准备工作将为教学活动的顺利开展提供保障，同时也能激发学生对学习的兴趣和热情，推动教育教学工作向更高层次发展。

2. 学生准备

学生作为学习的主体，应该在课前积极准备，以提高课堂学习效果。他们可以通过自主预习新课内容、收集相关资料等方式，提前了解课程内容，发现困难之处，便于课堂上集中注意力解决问题，从而提高学习效率。此外，学生还应根据教师要求完成特殊的课前任务，如角色扮演、情景剧表演等。这不仅能提高学生的实践能力、锻炼胆量，还能促进学生之间的沟通和交流，提升人际交往能力，增进同窗情谊。通过这些活动，学生可以更深入地了解彼此，建立友谊关系。总之，学生在课前的积极准备对提高学习效果至关重要。通过预习和完成教师布置的任务，学生不仅可以更好地掌握知识，提高学习效率，还能培养实践能力、沟通能力和人际交往能力，促进同学之间的互相了解与友情。

（二）课中利用情境开展教学，情感体验助理解

1. 情境导入，激发兴趣

课堂教学的成功与否往往取决于情境导入的质量。道德与法治课教师在实施灵动课堂时，首要任务是设计一个能贴近学生生活、激发学习兴趣的情境。教师只有引起学生的兴趣，激发他们的学习欲望，才能有效地吸引他们的注意力，让课堂教学更加顺利开展。因此，教师应该精心构思开头，让学生在愉快的氛围中学习，通过生动有趣的情境导入，激发学生的好奇心和求知欲，帮助他们更加专注地参与到课堂学习中，从而提高课堂教学的效果。

情境导入在教学中有着重要的作用，而如何选择适合的情境导入方式则显得尤为重要。不同的情境导入方式包括问题情境、图片情境、视频情境、音乐情境等多种形式，教师可以根据教材内容和学生实际情况来选择并设计导入方式。通过创设生动形象的场景，激发学生的兴趣和求知欲，引导他们自主学习；根据"最近发展区"理论，设计一些稍高于学生认知发展水平的问题情境，通过逐步引导让学生能够最终解决问题，从而促进他们主动学习。除了课堂上的情境导入设计，教师平时也需要在工作和生活中积累、整理和分类各种情境素材，以减轻备课负担并随时提供所需素材。情境导入不仅能让学生在轻松愉快的氛围中学习，还能激发他们解决问题的欲望，唤醒对知识的渴望。教师在设计情境导入时，应该注重情境的生动性和情感色彩，让学生能够身临其境，更容易理解和接受所学内容。同时，通过不断积累和整理情境素材，教师可以随时根据需要提取相关素材，为学生提供更好的学习体验。总之，情境导入是教学中不可或缺的环节，教师应该善于选择适合的

方式，注重设计精心、生动的情境，以激发学生的学习兴趣和求知欲。

2. 情境探究，感受体验

中小学生的身心发展尚不成熟，自制力不足，容易受外界环境影响，导致上课时难以保持长时间的注意力集中。因此，单一的情境导入远远不足以吸引他们的注意。在灵动课堂中，教师必须设计能够激发学生兴奋的环节，才能让他们保持专注。否则，他们很容易就会被周围其他事物吸引，导致课堂效果不佳。教师在教学过程中需要巧妙设计各种激发学生兴趣的活动，以确保学生能够全神贯注地参与课堂学习，提高学习效率和质量。

在道德与法治灵动课堂的教学中，创设直观的教学情境对培养良好的学习氛围至关重要。教师在新授课时应当注重运用丰富的情境，以激发学生的兴趣并活跃他们的思维。通过利用现实生活中的素材，教师可以帮助学生更快地融入新课程的学习，保持他们学习的热情和主动性。因此，教师应根据课堂内容的差异选择合适的情境素材，以增强教学效果。只有创设令学生身临其境的教学情境，学生才能更好地理解和应用所学知识，从而更好地加快教学进程，达到预期的教学效果。

情境探究作为一种教学方式，十分重要。教师在选择主题时，可以引用学生生活中的具体例子或社会热点问题，满足学生的兴趣和需求。通过创设各种情境，提出问题，激发学生的思考和探索，有助于培养他们的思维能力，使大脑保持高效运转，保持良好的学习状态。然而，在进行探究活动时，教师必须突出学生的主体地位，鼓励他们积极参与，教师只是扮演引导者的角色，在学习和讨论中引导学生。情境探究的目的在于引起学生的情感共鸣，使他们真正接受和信服所学知识，并逐步内化。为创设教学情境，教师可以采用实际情境、动手实验、辩论比赛、学生模拟、情景剧等形式，为学生营造一个积极的探究环境。

在灵动课堂上，每个学生都有不同的想法和体验，因此在探究、体验和分享的过程中，他们会有各自独特的收获和感受。教师需要尊重学生的想法，不要过早地评判其对错，而是应首先肯定学生举手回答的勇气。如果学生在回答中存在知识性错误或者情感、态度、价值观上的问题，教师应抓住这个教育机会，积极引导学生，给予他们思考的时间，帮助他们纠正错误，回到正确的学习方向上。这样的教学方式不仅能保持学生的积极性和自信心，还能促进他们思维能力和学习效率的提高。在教学过程中，教师的引导和帮助至关重要，能够让每个学生都受益良多。

3. 课堂小结，情感升华

在教学活动的最后阶段，课堂小结不仅需要总结知识、巩固学习成果，还要注重培养学生的道德与法治素养。除了帮助学生理解知识，还应促使他们将所学知识运用于实际生活中，提高综合能力和情感修养。在中小学道德与法治课堂中，教师应该思考如何引导学生情感的提升。通过引导学生积极参与课堂讨论和实践活动，让他们在实践中体验道德与法治的重要性，从而使学生的品德、能力和情感得到升华，进而提高学生的精神境界。通过这种方式，学生在道德与法治方面可以取得更大进步，从而为他们的未来发展奠定良好基础。

教育的根本使命在于培养德才兼备的人才，而道德与法治课程则是塑造学生成长发展的重要一环。在课堂中，教师应注重学生素养和精神世界的培养。为此，情境的营造和升华显得尤为关键。通过精心设置情境，学生们在体验中逐渐产生情感共鸣，进而引发对内心世界的深入思考。在这个过程中，教师们有着重要的引导作用，他们需要抓住情境的特点，及时引导学生情感的升华，让学生能够真切地感受并思考其中所包含的道德、伦理意义。比如，教师可通过情境故事的讲述，引导学生对知识点进行深度思考和综合运用，以此考查他们的学习成果。在课程的结尾，教师善用语言艺术也是至关重要的，适时的语音语调变化和抑扬顿挫，能够增强学生的情感体验，使主题得以更加深刻地触及学生的内心深处。通过观看视频、诗歌朗诵等形式也可以唤起学生内心的共鸣，让他们在情感上得到进一步的升华。总之，教师在进行道德与法治课程教学时，应注重情境的营造和升华。只有通过这种方式，才能够真正触动学生的心灵，使课堂教学充满灵动的意境，激发学生对道德伦理的思考和探索。

（三）课后回顾情境教学过程，结合评价促提升

课后反思总结是教师专业成长中不可或缺的一环。这个阶段实际上就是教学评价的过程，通过对教学目标、教学过程及结果的评估来判断教学的有效性。在中小学道德与法治灵动课堂中，情境教学被广泛运用，旨在促进学生道德观念的形成和内化，实现课程育人的目标。为了取得更好的教学效果，

教师必须不断进行教学评价和反思，审视情境教学过程，不断改进教学方法，解决问题。通过这个过程，教师可以发现自身的不足之处，提升教学水平，激发学生的学习兴趣和潜力。只有不断反思并改进教学方法，教师才能更好地引导学生，实现教育目标，提升教学质量。

在中小学道德与法治课教学中，通过灵动课堂实施情境教学非常重要。教师应当认真观察学生在课堂上的表现，并根据学生在情境学习活动中的表现情况进行评价。评价应以鼓励性为主，及时鼓励学生，增强学习动力，让学生享受学习的乐趣，提高学习信心。除此之外，教师还应该结合学生自我评价和互评，让学生能够认识自己在学习道德与法治课程中的优点和不足。通过扬长避短，学生可以更好地了解自己，努力改进和完善不足之处，推动学生全面发展。通过在灵动课堂中实施情境教学，并注重学生的评价和反馈，教师可以更好地激发学生学习的兴趣，提高学习效果，帮助学生培养正确的道德修养和法治观念；同时，教师也能够促进学生的自我认知并提高学习动力，为学生的未来发展奠定坚实的基础。

在道德与法治课的教学过程中，对教师而言，评课是一个非常重要的环节。完成课时后，教师可以通过评课的方式，倾听观课教师对自己和本节课的评价，并结合自己在课堂上观察到的学生情况进行总结。教师需要回顾自己在灵动课堂中运用情境教学的情况，包括每个情境设置的合理性、教学环节之间的顺畅衔接、学生的参与度、提出问题的有效性及学生在情境学习活动中的接受度和掌握程度等方面。通过不断自我追问，找出自身的优点和课堂中存在的不足之处。然而，仅靠个人反思是远远不够的。教师需要倾听多方的意见和看法，结合同行教师的评价，才能更全面地发现问题，进一步思考改进的方案，不断完善情境教学在中小学道德与法治课堂中的应用。通过各种评价方式进行课后反思，收集来自各方的评价反馈信息，了解自己在运用情境教学法中的优势和不足，发挥长处和优势，改善不足，促进自身教学能力的提升。评课是一个帮助教师成长的过程，通过不断地反思和接受他人意见，教师可以更好地发挥自己的潜力，提高教学质量，为学生的道德与法治教育提供更好的支持和指导。

第七章　应用议题式教学　丰富灵动课堂

第一节　议题式教学概述

一、议题式教学的解读

（一）议题式教学的界定

议题式教学是指教师围绕本节课的教学目标，结合教学核心内容和学生生活实际，设计不同的可讨论话题，指导学生在学习过程中分析探究这些话题，形成学科主干知识网络，并教育学生形成正确的品格价值观。值得注意的是，"议题"并不单单是具有争议性的话题，更多引领价值观的话题也可以成为议题；"议题"更非是庞杂无序的，必须与教学内容密切相关。在中小学道德与法治课教学过程中，教师需要根据教学内容确定一个中心议题，并在其统领下确定若干子议题；每个子议题需与一个教材知识点相对应；子议题之间还需明确存在一定的逻辑关系。

（二）议题式教学的特点

1. 真实性

议题式教学是一种注重问题探究与实践应用的课堂教学，其核心是以真实存在于学生生活中的议题为基础，激发学生的思考能力和主动学习能力。在议题式教学中，教师应该选择与学生生活息息相关的议题，并确保这些议题是真实存在的，而非为了教学需要而编造出来的。

（1）真实存在的议题有助于提高学生的学习动机和兴趣。学生更容易对与他们生活相关的议题产生兴趣和投入，因为这些议题与他们的日常经验和问题密切相关。比如，在九年级道德与法治课上，教师可以选择研究当地的环境问题或城市规划议题，这样学生能够亲身体验和感受到这些问题的现实意义。这种真实性的议题可以激发学生的好奇心，促使他们更深入地思考和探索。

（2）真实存在的议题有助于将学科知识与实际应用相结合。议题式教学强调学科知识的应用与解决实际问题的能力。通过选择现实生活中的议题，教师可以将学科知识与学生的实际情境相连接，帮助学生理解和应用所学知识的意义和价值。例如，教师可以"让关爱蔚然成风"为议题，引导学生运用所学八年级道德与法治课的知识去解决关爱他人等生活实际问题。这样的教学设计能够帮助学生将所学知识运用于学习生活中，增强学生的学习动力，提高学习质量。

（3）真实存在的议题有助于培养学生的批判思维和解决问题的能力。现实生活中的议题往往是复杂多样的，涉及多种因素和利益关系。通过让学生从真实议题中进行分析与思考，教师可以培养学生的批判思维能力，帮助他们理解问题的复杂性并提高他们解决问题的能力。比如，在八年级道德与法治"维护公平正义"一课的设计中，教师可以选择探讨社会上某些不公平现象的议题，引导学生思考不同社会群体的权益问题及解决方案。这样的研究性学习过程能培养学生的批判性思维和分析解决问题的能力，增强他们的创新性思维能力。

（4）真实存在的议题有助于促进学生的核心素养和社会意识的发展。现实生活中的议题往往涉及社会、文化、环境等多个方面的问题。通过选择这些议题进行教学，教师可以帮助学生全面了解社会现象和问题，培养他们的核心素养和社会意识。比如，教师可以某个热点事件为议题，引导学生了解事件背后的社会、经济和文化背景及对未来生活的影响。这样的教学设计能够帮助学生培养跨学科的创新思维意识和跨文化的理解能力，促进他们课程核心素养的发展。

2. 探究性

议题式教学是一种基于问题和实践的教学，它强调学生的主动学习和深入思考。与传统教学相比，议题式教学更加注重学生的主动体验与自主探究，指导学生在解决问题的过程中灵活运用教材知识，进一步培养他们的思辨意识和创新能力。真正的议题式教学不能简单引导学生找答案，而是要求学生通过小组合作，学会运用教材知识对所列的议题进行研究和剖析，掌握解决实际问题的方法。

（1）真正的议题式教学强调学生的主动体验和探究。教师不仅是提出一个问题或议题，还需要引导学生通过自主的学习体验和探索来发现问题的本质，并提出自己的解决方案。在这个过程中，学生需要反复思考和论证，结合学科知识和现实情境，形成自己的见解和观点。这种主动体验和探究的教学方式可以激发学生的学习兴趣和学习动机，培养他们的自主学习能力和批判思维能力。

（2）真正的议题式教学注重学生运用学科知识解决问题。学科知识不再是被迫接受的内容，而是被学生主动运用的工具。学生需要通过对学科知识的理解和应用，对议题进行深入分析与论证。他们需要运用所学的知识和技能来收集、整理和分析相关信息，形成自己的论据和解决方案。通过这个过程，学生不仅巩固了学科知识，还培养了解决问题能力。

（3）真正的议题式教学强调学生的反复论证与探究。解决复杂性问题往往需要多次思考、讨论和反思。学生在解决议题的过程中需要不断迭代和调整自己的论证和解决方案，从中不断提炼和深化自己的理解。这种反复论证和探究的过程培养了学生的理性思维和探究精神，使他们能够面对未知的问题和挑战，并追求更好的解决方案。

（4）真正的议题式教学注重培养学生的创新能力。在解决议题的过程中，学生需要发展创造性思维和创新能力，提出独特的解决方案。他们需要思考不同的观点和方法，探索新的思路和途径，实现"灵动"之中的"创动"。

3. 活动性

《义务教育道德与法治课程标准（2022 年版）》规定，中小学道德与法治课程不是简单的学科课程，而是将"课程内容活动化"与"活动设计内容化"相结合的德育课程。中小学道德与法治课应尊重学生的主体地位，在学习教材知识的同时，必须立足学生的学习实际。因此，活动性是中小学道德与法治课的重要特征。而议题式教学作为实施活动性课程的基本路径，本身就具有丰富的活动性特点。

（1）活动性是中小学课程实施议题式教学的核心特征之一。议题式教学以现实生活中的问题和议题作为学习的起点，引导学生进行深入的探究和思考。比如，在道德与法治课中，教师可以选择与学生生活经验紧密相关的议题，如友谊、公平、正义、法律等，通过讨论和探究这些议题，学生可以更好地理解道德与法治课的原则和价值，培养他们的道德修养和法治观念。这种活动性的教学方式使学生能够积极参与、思考和质疑，从而深化他们对道德与法治问题的理解。

（2）活动性的特点使得中小学课程能够将学科知识与实际应用相结合。在议题式教学中，学生不仅是被动地接受知识，而且是通过实际活动和实践来应用所学知识。比如，在探讨公平与正义的议题时，教师可以组织学生开展角色扮演、案例分析、辩论等活动，让学生亲身体验并理解公平与正义的基本概念，并学会运用道德原则和法律知识进行价值判断和科学决策。这种活动性教学激发了学生的积极性和自觉性，强化了学生对道德与法治课知识的理解和运用。

（3）活动性的特征有助于培养学生的实践能力和社会责任感。通过活动性的课程教学，学生可以参与到真实的社会问题中，了解社会的多样性和复杂性，同时也能够培养他们的社会责任感和公民意识。例如，教师可以组织学生参与社区义工活动、参观法庭、参与模拟招聘会等，通过实际参与和体验，深化学生对道德与法治课的多维度理解，培养他们的实践能力和社会参与意识。

（4）活动性的特点有助于提高学生的学科素养和跨学科思维。在教学实施过程中，学生需要进行自主地探究和思考，从不同角度和视角审视议题。他们需要运用学科知识和道德原则，进行逻辑推理和论证，培养批判思维和问题解决能力。通过这种活动性的学习方式，学生可以提高学科素养，发展跨学科思维，更好地应对日益复杂的社会问题和挑战。

4. 思辨性

议题式教学对议题的探讨远远超越了简单的是非判断和优劣评价，它要求学生深入分析社会问题和生活现象背后的实质。在分析研究的过程中，教师可以引导学生从多个领域出发，加深对知识和问题的理解，这也对学生的批判性思维能力提出了较高要求。学生需要在分析研究的过程中进行有理有据的科学论证，从多个层面出发研究问题，找出解决问题的合理方案。

（1）议题式教学注重学生对议题的深入分析。教师提出的议题往往涉及复杂的社会问题，不仅仅是一个简单的问题或现象。学生需要运用所学的知识和技能，掌握相关的背景信息和理论框架，从而对议题进行全面分析。例如，当讨论环境保护的议题时，学生需要了解环境问题的历史背景、影响因素、现状和未来发展趋势等，从政治、经济、社会、生态等多个角度进行分析，才能深入理解问题的复杂性和影响因素。

（2）议题式教学鼓励学生进行思辨和推理。在分析议题的过程中，学生需要运用批判性思维和逻辑推理，从事实和数据中提取信息，进行合理的推断和判断。他们需要从多个角度和立场思考问题，避免主观偏见和片面观点的影响。例如，当讨论社会公平的议题时，学生需要思考不同人群的权益和利益关系，考虑社会发展的长远利益以及政策措施的可行性和公正性等。通过思辨和推理，学生能够形成更全面、准确和合理的观点，增强对议题的深入理解。

（3）议题式教学强调学生多角度思考问题。现实问题往往具有复杂性和多面性，不能简单地用黑白、对错的观点来看待。在探讨议题时，教师可以引导学生从不同视角出发，考虑各种因素和因果关系。比如，在探讨人口迁徙议题时，学生可以从经济、社会、文化、法律等多个角度来思考人口迁徙对经济社会发展的影响及迁徙人口个体的权益和社会融入等问题。这种多角度的思考能够帮助学生拓宽思维，培养综合分析问题的能力，从而更深入地理解和解决议题。

（4）议题式教学要求学生提出解决方案。在深入分析议题的基础上，学生需要通过思考和讨论，提出可行性的解决方案。这就要求学生要将他们的理论知识和分析能力转化为实际行动，并考虑解决问题的可行性和效果。比如，在讨论预防未成年人犯罪的议题时，教师可以引导学生提出加强社会教育、提供心理辅导、完善法律制度等解决方案。通过参与解决问题的过程，学生能够培养创新思维和实践能力，并将学科知识与实际问题相结合。

5. 深度学习

在传统教学中，受传统纸笔测试要求的影响，教师往往侧重于教材知识的讲解。虽然学生参与了一些课堂活动，也记忆了某些知识点，但这些只是停留在表面，无法深入学习和认知。有的学生只是为简单地记忆知识点而被动地参与课堂教学活动，并没有真正有意愿对教材知识进行深入思考和思维碰撞，这种学习往往仅停留在浅层次的认知阶段。然而，道德与法治课的教学要求学生必须立足预定的议题进行主动思考，并以小组为单位进行研讨，找出解决议题的办法。在这种情况下，教师要求学生要集中精力投入课堂学习，这样才能实现知识的调用、迁移和创新，真正做到深度学习。

（1）议题式教学鼓励学生主动思考与探究。教师提出的议题往往具有现实意义和挑战性，需要学生运用已有的知识和技能，展开自主的思考和探究。他们需要提出问题、寻找信息、分析数据、进行推理和判断，从而深入理解议题的复杂性和多样性。

（2）议题式教学强调知识的创造和迁移。在解决议题的过程中，学生需要将已有的知识和技能应用到实际情境中，寻找创新的解决方案。他们需要将学科知识与现实问题相结合，思考如何将所学知识应用到实际生活中，并进行创新性的思考和创造性实践。通过这种知识的创造和迁移，学生能够将学科知识转化为实际能力，培养解决问题和应对挑战的能力。

二、议题式教学的优势

（一）提高学生的思维能力

议题式教学具有很强的引导性和启发性，它可以引导学生自主思考，通过参与来增强学生的思维能力。通过议题式教学，学生可以自主思考，并且需要在讨论中针对问题提出解决方法；不仅如此，学生还可以压制不必要的想法，将具有合理性的思维方式融入他人的思路当中，从而产生更好的学习效果。

（二）增强学生的应用能力

应用能力是非常重要的能力之一，它可以帮助学生更好地应对实际问题，而议题式教学正好强调了这一点。议题式教学不仅注重知识点的传授，更重要的是如何让学生学以致用。应用能力与议题式教学密不可分，因为讨论和解决问题的过程实际上是一种实践过程，它可以帮助学生学会如何运用所学知识解决实际问题。

（三）激发学生的合作精神和自我意识

在传统的教育模式下，学生的学习往往是孤立的，他们很难和其他学生建立紧密的联系。然而，议题式教学不同，它需要学生之间互相配合，共同解决问题。这样，不仅可以增强学生的合作意识，同时还能让学生更加关注并理解自己的思维方式，进而提高自我意识。

（四）提高学生的沟通能力

沟通能力在当今社会极为重要，议题式教学能非常有效地提高学生的沟通能力。学生需要通过讨论和交流达成共识，要求他们能清晰表达自己的想法和观点，同时也要善于倾听、理解和接受他人的观点。通过这样的交流和沟通，学生可能逐渐培养起良好的沟通习惯，并提高自己的说服力和影响力。

（五）培养学生的解决问题能力

议题式教学的主要目的就是让学生学会如何解决问题。在问题的解决过程中，需要通过各种各样的方法和思维，来获取或实现想要的目标。这种方式有助于培养学生解决问题的能力，激发他们的创造力和创新意识，从而更好地适应日益复杂和多样化的社会环境。

（六）提高学生的自学能力

议题式教学强调自主学习和自主思考，能够提高学生的自学能力，让学生在解决问题的过程中逐渐掌握学习方法和技巧。自我学习能力的提高将使学生在未来的学习和工作中获得更大的成功。

（七）激发学生的兴趣和热情

在传统教学中，学生可能会对学科产生反感或厌恶的情绪。然而，议题式教学注重学生的主动参与，让学生在探究问题的过程中，产生更深刻的理解和认知，从而激发学生的学习兴趣和热情，让学生愉快地学习。

总之，议题式教学是一种创新的教学方法，对学生的思维能力、应用能力、自主学习等综合能力的提高有着显著的促进作用，同时也有助于培养学生具备实际应用的能力和解决问题的能力，使学生更能适应未来社会的多元化协作和创新环境。

三、议题式教学的基本原则

（一）议题选择要具有科学性和丰富性

开展议题式教学的基础在于选择适当的议题，这如同搭建稳固桥梁的基石。议题的选取是一个多维度、多角度的思考过程。首先，议题的范围要宽广，能够深入日常生活的各个领域，折射出时代的风貌。教师选取的议题应从实际出发，结合社会上发生的热点话题，确保议题内容的丰富性和多样性。但仅仅丰富并不足够，议题的选择还需兼具科学性和时代性。这意味着议题不仅要体现当前社会的热门议题，还要与学生的认知水平相匹配，以科学知识为支撑，紧密围绕教学内容，有效地突出教学重点、突破难点。同时，每个议题都应蕴含积极向上的价值取向，以便能够发挥价值导向的作用，引导学生形成正确的价值观和世界观。为确保议题的科学性和丰富性，不能仅依赖教师的单方面选择，还应鼓励教师和学生共同参与议题的选择过程。教师可以提供必要的指导，而学生则可以在真实的情境中积极搜集和筛选热点话题，与教师共同探讨其价值和意义。这样不仅可以确保议题的质量，还可以增强学生的参与感和主动性，使议题式教学真正发挥其应有的作用。

（二）教学内容要具有知识性和实践性

在《义务教育道德与法治课程标准（2022年版）》的引领下，我们追求活动性课堂的构建，强调学习内容的活动化以及活动设计的内容化。这要求中小学道德与法治课的教学内容不仅要富有实践性，更要从学生的真实生活经验和本土特色出发，融入本地本区域的风土人情，以创新和独特的方式设计课堂活动，营造轻松而充满活力的课堂氛围。通过这样的方式，学生能够更加深刻地理解学科知识，加速知识的内化过程。然而，活动性课堂的设计与实施并非无章可循。它必须建立在学生对核心知识的掌握之上，严禁为了追求活动效果而忽视知识传授的本末倒置现象。活动设计必须以主干核心知识和学科大概念为主线，确保活动内容与教材内容紧密相连，符合课程标准所规定的课时目标和教学目标。在此基础上，教师还可以对教材内容进行适当的拓展与延伸，挖掘议题背后的深层含义，与其他相关材料和学科建立联系，合理引入其他关联性知识内容。这样的教学不仅能够丰富学生的知识体系，还能有效拓宽学生的知识视野。

（三）教学形式要具有开放性和多样性

议题式教学以民主与平等的理念为基石，追求探究氛围的营造。这种氛围民主而和谐，旨在鼓励学生积极思考和主动探究。教师需要确保课堂的开放性，通过精心预设教学内容和流程，来引导学生间的交流和讨论，激发他们的活跃思维。在学生的思考过程中，教师应通过不断追问，逐步深化其思考层次，并在适当的时候给予点拨和指导，以突破思维障碍，发散学生的思维，推动他们进行深度学习。不仅如此，议题式教学的场所也不必拘泥于传统的教室。教师可以带领学生走出教室，进入更广阔的学习空间，如会议室、功能教室，甚至是展览馆和博物馆等。通过这些社会实践活动，学生可以将所学知识与实际情境相结合，加深对知识的理解和应用，从而真切地感受到知识的价值与意义。这种教学方式不仅拓宽了学生的学习视野，更提升了他们的学习体验和效果。

（四）教学过程要具有教育性和导向性

议题式教学的核心价值在于其教育性。这种教学方式不仅是为了传授知识，还是为了在知识传递的过程中，帮助学生明确正确的价值观念，引导学生树立坚定的世界观、人生观和价值观。教育的核心任务是教书育人，而议题式教学正是这一使命的具体体现。在多元而复杂的社会环境中，学生的思想和观点可能受到各种因素的影响，因此，教师需要站在教育者的角度，对学生进行必要的价值引导，防止其偏离正确的思想轨道。在议题式教学中，教师应鼓励学生围绕议题开展深入交流和探讨，让他们在思想的碰撞与融合中认识自我，倾听他人，反思并调整自己的价值取向。教师在这里的角色至关重要，他们不仅是知识的传授者，还是思想的引领者，通过巧妙地点拨和引导，帮助学生形成正确的价值观，进而提升其课程核心素养，实现立德树人的根本任务。

第二节　指向核心素养的议题式教学策略

基于课程核心素养的议题式教学策略是一种注重学生主动参与和探究的教学方法，旨在培养学生的学科能力和综合素质。

一、选择与课程核心素养相关的议题

在中小学道德与法治课的议题式教学中，议题的选择至关重要，因为它直接影响教学目标的实现和学生的学习效果。为了确保教学目标的有效达成，教师需要选择与课程核心素养相关的议题。

除了与课程核心素养相关，议题的选择还应考虑学生的兴趣和实际情境。一个引人入胜的议题可以激发学生的学习兴趣，增强他们的主动参与意识和学习动力；而与学生实际生活和社会问题相关的议题能够使学生更加关注和思考，培养他们的社会责任感和批判思维能力。

在实施议题式教学时，道德与法治课教师应当充分利用课堂时间，引导学生对议题展开深入的思考和讨论。教师可以提出启发性的问题，鼓励学生提出自己的观点和解决方案，并通过组织小组讨论、角色扮演、实验操作等活动形式，加强学生之间的沟通和交流。通过鼓励学生全面参与课堂活动研讨，教师可以培养学生的批判性思维、创造性思维和合作精神，进一步提升他们的学科核心素养。

选择与课程核心素养相关的议题是确保教学目标有效达成的重要策略。只有这样的议题，才能够涵盖学科知识、学科思维和学科方法等方面的能力，并与学科内容密切相关。通过引导学生对议题进行深入的思考和讨论，教师可以培养学生的学科关键能力和综合素质，提升他们的学习效果和学科素养。

二、组织学生参与讨论和合作学习

中小学道德与法治课的议题式教学强调学生的主动参与和合作学习。在讨论中，学生可以分享自己的观点、提出问题、互相交流和辩论。这种互动可以激发学生的学习兴趣，培养他们的学科思维和解决问题的能力。教师可以采用以下策略来组织学生讨论：第一，同伴互助学习。教师课前可以将学生分成若干学习小组，每个小组负责研讨其中一个议题。小组成员可以互相合作，共同解决问题，并最终向全班展示自己的成果。第二，问题导向讨论。教师可以提出一系列问题，引导学生进行讨论。这些问题可以是开放性的，鼓励学生展开思考和探究。教师应起到引导和激发学生思考的作用，而不是简单地给出答案。第三，角色扮演和辩论。通过角色扮演和辩论的方式，让学生从不同的角度思考和表达观点。这样的活动能够培养学生的批判性思维和辩论能力，同时增强他们对学科知识的理解。

三、引导学生解决问题和应用学科知识

在中小学道德与法治课的议题式教学中，学生需要通过解决问题和应用学科知识来达成教学目标。教师应该充当学生的指导者和促进者，引导学生学习并解决议题中的问题。教师可以采取以下策略来引导学生解决问题和应用学科知识：

（一）提供资源和指导

道德与法治课教师在学习过程中扮演着重要的角色，不仅是知识的传授者，还是学生学习的引导者和支持者；不仅提供学科知识的学习资源，如书籍、网络资料等，还能够通过各种方式提供指导和提示，帮助学生解决问题和应用学科知识。

1. 教师可以通过提供学习资源来帮助学生获取必要的学科知识

教师可推荐相关的教科书、参考书籍和课外阅读材料，这些资料有助于学生深入理解学科内容，并提供更广阔的知识视野。此外，随着科技的不断发展，教师还可以利用互联网和电子资源，为学生提供更加多样化和全面的学习材料。通过在线文档、教育网站、学术论文等资源，学生可以获取最新的学科知识和研究成果，从而扩大他们的学习范围。

2. 教师可以提供指导和提示，帮助学生解决问题和应用学科知识

教师可以利用自身丰富的教学经验和专业知识，指导学生在学习过程中

遇到困难时的解决方法。教师可以通过提供实际案例、解析复杂概念、演示实验等方式，帮助学生理解和掌握学科知识；还可以指导学生主动思考，并尽力发现问题、解决问题，从而激发学生的学习创造力。通过与学生的互动和讨论，教师可以帮助学生运用学科知识解决实际问题，培养他们的批判性思维和创新能力。

3. 教师可以扩展到学习过程的个性化和差异化

每个学生都有自己的学习特点和需求，教师可以根据学生的不同情况提供个性化的学习支持。教师可以根据学生的认知水平，适时调整教学设计和内容，确保每位学生都能够获得适合自己的学习资源和专业指导。通过个性化的学习支持，教师着力激发学生的学习潜力，提高他们的学习效果，增强学习自信心。

4. 教师可以利用现代信息技术工具和教育平台来增强学习资源和指导的效果

教师可以利用有关道德与法治的在线学习平台或教育应用程序创建课程内容和学习任务，学生可以通过这些智慧平台进行自主学习和在线互动。同时，教师可以利用信息技术工具提供及时的反馈和评估，帮助学生了解自身的学习进展和改进方向。这些信息技术工具的运用不仅可以提高学生对学科知识的获取和应用能力，还可以促进学生与教师之间的互动和合作，营造积极的学习氛围。

（二）探究性学习和实践参与

教师在道德与法治课堂教学中，应鼓励学生进行探究性学习和实践参与，通过实际操作和参与来验证和应用学科知识，从而增强学生对学科内容的理解和记忆。在传统的课堂教学中，学生通常被动地接受知识的灌输，而探究性学习和实践操作则能让学生主动参与学习过程，积极探索和应用所学知识。

1. 探究性学习强调学生的主动性和自主性

学生在道德与法治课的探究性学习中成为知识的构建者，他们通过自己的思考、实践和探索，逐渐建立起对学科知识的理解和认知。相比于被动地接受教师传授的知识，学生在探究性学习中需要提出问题、分析问题，继而小组合作寻找解决问题的有效办法。这个过程无疑促进了学生的思维力和创造力训练，培养了他们解决实际问题的意志和能力。

2. 实践操作能够让学生将学科知识应用到实际情境中

理论知识的学习只是道德与法治课程学习的其中一部分，而将理论知识与实践相结合，才能真正理解和掌握中小学道德与法治课程的本质。通过实际操作和参与，学生可以亲自动手进行观察、测量、记录和分析，从而验证和应用所学的知识。这种亲身实践的经历不仅能够增强学生对学科知识的理解和记忆，还能够培养他们的设计和数据处理能力，提高他们解决实际问题的能力。

实践证明，探究性学习和实践参与有助于培养学生的团队合作意识和沟通协调能力。在学习过程中，学生通过互动交流、讨论分析、分享展示，最终共同完成了任务。这样的学习经历不仅提高了学生的团队合作能力，还培养了他们的组织管理能力和领导能力，为学生将来的职业发展奠定了坚实的基础。

此外，在道德与法治课中开展探究性学习和实践参与，能够激发学生的学习兴趣和动机。相比单纯的死记硬背，学生在探究性学习中能够积极地参与和探索，体验到学习的乐趣和成就感。他们在实际操作和实验的过程中发现问题、解决问题并取得成果，这种积极的学习体验能够激发他们的好奇心和求知欲，提高他们对学科的兴趣和投入程度。然而，要让探究性学习和实践参与发挥出最优效果，教师需要成为学生学习的引导者和支持者，为学生提供适当的指导和支持。教师可以设计和组织相关的实践参与活动，引导学生进行探究性学习；还可以提供必要的背景知识和理论基础，指导学生进行实践设计和数据分析，帮助学生总结和归纳实践结果。同时，教师要不失时机地对学生的过程性表现进行反馈和评价，指导学生不断改进和完善。

（三）反馈和评价

及时给予学生反馈和评价，对学生在解决问题和应用学科知识过程中的努力和进步给予鼓励，这也是道德与法治课灵动教学中至关重要的一环。这种反馈和评价的有效性对学生的学习动力、自信心及成就感都有着深远的影响。教师在教学过程中，可以通过多种方式对学生的学习进行评价和指导，以帮助他们取得更好的学习效果。

1. 观察学生的表现是一种常见的评价方式

道德与法治课教师可以通过仔细观察学生的学习态度、参与度和表现，对他们的学习情况进行评估。比如，在课堂上，教师可以观察学生的专注度、参与讨论的程度以及对学习任务的完成情况。这样的观察可以帮助教师了解学生的学习状况，并及时发现他们的优势和不足之处，从而提供有针对性的指导和反馈。

2. 提问是评价学生学习情况的有效方式之一

教师在道德与法治课上可以通过提问学生来测试他们对知识的掌握程度、理解能力和思维方式。这种形式的评价可以激发学生思考问题和回答问题的能力，同时也可以帮助教师了解学生的知识掌握情况。通过对学生的回答进行分析和评价，教师可以及时纠正学生的错误理解，鼓励他们发展正确的学科观念，并提供更深入的知识解答，以帮助学生进步。

3. 作业评价是一种常见的学习反馈方式

通过对学生的作业进行评价，教师可以了解学生在应用学科知识解决问题方面的能力和水平；还可以对学生作业的正确性、完成度及解决问题的方法进行评价和指导，帮助学生发现问题、分析问题，并向学生提出改进建议。作业评价可以为学生提供具体的反馈，帮助他们认识到自己的努力和进步，并鼓励他们在学习中持续努力。

4. 教师可以利用信息技术手段为学生提供反馈和评价

教师可以通过道德与法治课堂的在线学习平台为学生提供自动化的评估和反馈，以便及时了解学生的学习情况。这种评价方式有助于教师更有效地跟踪学生的学习过程，并针对学生的个体情况及时提供个性化指导。教师还可以利用电子邮件、在线讨论或个别访谈等方式与学生进行沟通和交流，以提供更加个性化和细致的反馈。

基于核心素养的中小学道德与法治课议题式教学是一种有效的教学策略，能够促进学生的学科关键能力和综合素质的发展。通过选择适合的议题、组织学生的参与和合作学习及引导学生解决问题和应用学科知识，教师可以充分发挥议题式教学的潜力，培养学生的学科思维和解决问题的能力，使他们在中小学道德与法治课的学习中取得更好的效果。因此，教师在中小学道德与法治课教学中应积极运用基于核心素养的议题式教学，以促进学生的学习成效，培养他们的学科素养。

第三节　议题式教学促进中小学道德与法治课的灵动应用

一、中小学道德与法治议题式教学的灵动运用

（一）选择议题式教学内容

教学方法应因课而异，议题式教学也不例外。虽然道德与法治教材涵盖了道德、心理、法律和国情等多个层面，但并非所有内容都适用于议题式教学。教学实践表明，只有具备特定特征的教学内容，才能真正展现议题式教学的独特价值。因此，在选择是否应用议题式教学时，教师需要审慎考虑教学内容的特点，以最大限度地发挥其效果。

1. 对学生的抽象思维能力要求较高的内容

统编版道德与法治教材的编写已经精心考量了学生的身心成长路径，由个人生活渐入社会、国家和世界视野，逐步提升对学生抽象思维的挑战。例如，"中学序曲"和"认识自己"等主题，紧密贴合学生自身成长经验，针对这些内容的教学，学生可能更容易通过直观、体验式的学习方式去感受和理解，因此议题式教学或许不是最佳选择。

针对部分与学生日常生活有一定距离的教学内容，如"促进民族团结"和"共圆中国梦"等涉及国情和法律的主题，学生可能因知识和阅历有限而无法深刻理解。在这些情况下，议题式教学显得尤为重要。通过构建具有价值冲突或思辨性的子议题，教师要引导学生纠正错误的观念，逐步树立正向的价值观。这种教学方法符合学生的认知发展规律，当他们面对超出当前认知范畴的内容时，必然会产生认知失衡。此时，中小学道德与法治课教师需发挥引导作用，帮助学生寻找新的平衡点，从而提高他们的价值判断能力。

2. 需要学生深入持久理解的内容

在中小学道德与法治灵动课堂中，教学内容的处理不能一视同仁，因为每个课程内容都承载着独特的价值。教师应当聚焦于那些需要学生深入且持久理解的内容，即学科的核心大概念。这些大概念由于涉及多个方面的内容，

难以通过简单地阐述被学生全面理解。为此，议题式教学应运而生。它鼓励学生对特定议题进行深入探索，从多个角度形成对核心概念的全面理解。以"政府需要依法行使权力"这一大概念为例，其涵盖了依法行政的内涵、意义及要求等多个方面。为了帮助学生更好地把握这一概念，教师可以设计一个中心议题"马路市场整治中政府该如何作为"，并围绕这一议题设计子议题，分别对应依法行政的三个方面。在整个教学过程中，议题成为贯穿始终的主线。通过对子议题的逐一探讨，学生不仅深入理解了依法行政的具体内涵、意义及要求，还在实践中逐步领悟"政府需要依法行使权力"的深层含义。这种教学方式实现了以小见大，通过具体的议题探究，帮助学生构建全面、深入的知识体系，从而真正提升了学生的学科素养和认知水平。

3. 让学生容易产生困惑的内容

在道德与法治灵动课堂中，当教师试图引导学生走向正确的价值观时，学生可能会提出不同的声音和疑问。这些声音和疑问源自他们日常生活中所遇到的真实困境和矛盾。为了使学生真心地接受和认同教师的观点，教师需要及时回应并解决学生内心的疑虑。例如，一些学生因为家庭经济原因，在学校的"爱心一元捐"活动中捐款较少，却因此受到同学们的嘲笑，甚至被贴上"没有爱心"的标签。这种情况下，学生会感到困惑和不安。为了帮助学生解决这一问题，教师在教学"关爱他人"一课时，特意选用了这个真实的案例，并采用了议题式教学方法。通过深入探究这个案例中的子议题，学生们逐渐明白，关爱并不只是体现在捐款数额的多少，更多的是体现在日常生活中的点滴细节里：一句温暖的话语、一杯递给疲惫同学的热茶，或是夜晚为他人留下的一盏明灯。真正的关爱是发自内心的、力所能及的付出。这样的教学设计不仅帮助学生解开内心的困惑，提高了他们对教学内容的认同感，同时还促使他们将自己的已有经验与新知识融会贯通，从而丰富了他们的认知体系。这一过程正是构建主义理论思想的生动体现。

（二）制定议题式教学目标

在教学活动中，教学目标是教师对学生预期学习成果的设定，它不仅指导着整个教学过程，更是衡量教学效果的重要标准。在道德与法治的课堂上，尽管情境、活动、任务等都是为教学目标服务的，然而，有些教师制定的教学目标缺乏实际意义，仅仅是为了完善教学设计而随意填写的。如果在教学结束后，教师不能对是否达到预定目标进行反思，那么这样的教学目标显然是无效的。因此，在道德与法治的灵动课堂中实施议题式教学时，教师应当制定清晰、明确且有针对性的教学目标，这是确保教学效果的关键，更是对学生负责、对教育工作负责的表现。

1. 制定教学目标需要依据课程标准

《义务教育道德与法治课程标准（2022年版）》为道德与法治课奠定了基石。教师在策划教学内容前，必须深刻理解课程标准的要求，它是引领教学的指南针，确保教学内容和方向与课程目标一致。然而，课程标准是一个宏观框架，不能直接作为具体的课时目标。因此，教师需要将宏观的课程标准细化为微观的教学目标，并具体化为三个维度的要求，确保至少三分之二的学生能够达到这些预设目标。这样才能使教学更加贴近学生实际，提升教学效果。

2. 制定教学目标需要结合学生实际

因各校各班学情迥异，道德与法治课教师在设定教学目标时，需因材施教、量身打造。只有个性化的教学目标，才能在灵动课堂中落地生根，否则只是空中楼阁，无法发挥其价值。因此，教师需要深入了解学生，确保教学目标的合理性和可行性。

（三）确立议题式教学议题

1. 议题的来源

时代的变迁带来了政治、经济、科技和军事等领域的巨大进步。作为新时代的道德与法治课教师，应敏锐把握时代的脉搏，紧密结合人工智能、互联网等尖端科技信息，为学生策划充满时代感的议题，激发他们的学习热情，培养具有时代担当的未来公民。

公共性话题具有普遍性和广泛的社会关注度，但也易引发认知偏差。教师可以巧妙地将这些话题融入议题式教学，设计兼具趣味性和启发性的教学议题。这样不仅可以激发学生的学习热情，还能引导他们全面、客观地分析社会事件，培养他们的责任意识和公民素养。

在议题式教学中，选取贴近学生日常生活的议题至关重要。这类议题不仅容易激发学生的兴趣和积极性，还有助于提高他们解决现实问题的能力。比如，在"合理利用网络"一课的教学中，教师可以围绕"'投其所好式'的网络推送对用户来说是好事还是坏事?"这一与学生生活息息相关的议题展开教学。在学生的日常网络生活中,他们可能经常遇到类似的情况,但可能并未进行深入思考。当教师将这一现实问题转化为教学议题时,学生不仅能够凭借真实的生活感知参与讨论,还能对现实生活有更全面、深入的认识。这种教学方式不仅使道德与法治课程更加贴近学生生活,还实现了课程与生活的有机结合,有助于培养学生的思辨能力和社会责任感。

统编版道德与法治教材是专家学者集体智慧的结晶,是教学的重要资源。教师在灵动课堂中应善用此教材,超越简单的"教教材"模式,转向"用教材教"模式。这意味着教师要深入挖掘教材素材,发掘其中富有价值和意义的议题,引导学生进行深度探讨。这种以教材为脚手架的教学方式,能够帮助学生更好地理解和应用知识,提升教学效果。

2. 议题的设置

教师可以从以上方式中获取一些话题,但这些话题不适合直接作为教学内容,还需要经过一系列的筛选和加工:

(1)重视课程标准的制定在教学中具有重要意义。课程标准作为设计教学内容的依据,在议题式教学中扮演着关键角色。课程标准中所包含的议题都指向学科核心概念,是学生深度理解和掌握的关键问题。因此,学习课程标准能够帮助教师准确把握课堂教学的重点和难点,确保教学内容符合教材的本质和关键。只有深入理解课程标准,教师才能更好地设计出富有价值的教学内容,提高教学的质量和效果。因此,在进行议题式教学时,教师的首要任务就是要重视并精心学习课程标准,以确保教学能够有针对性和有效性。

(2)科学设计是教学的关键。教师应该将课程标准中的议题和搜集的素材有效结合,确定课堂的中心议题。然而,在议题式教学中,仅确定中心议题是不够的,还需要设计合适的子议题。这些子议题应在纵向上相互联系,并在横向上与相关知识内容相呼应。只有这样,才能确保教学内容有机衔接,帮助学生更好地理解和掌握知识。科学设计能够提高教学效果,激发学生学习兴趣,使教学更加生动精彩。

(四)创设议题式教学情境

议题式教学需要合适的情境作为重要支撑。教师通过创设恰当的情境,能够有效引导学生的思考和学习过程。因此,在确定议题后,务必重视情境的设计，确保学生能够在实践中深入探索和理解。

1. 情境创设的要求

在教学中，议题式教学能够让学生在真实的情境中通过体验和探究构建知识，展现关键能力，并培养品格和价值观。在灵动课堂中运用议题式教学，教师需要创设真实的情境。只有基于真实生活的情境，学生才会有最真实的感受和体验，从而更愿意参与到课堂学习中来。此外，只有在真实情境中进行的议题探究才是有意义和价值的。因此，在教学过程中，教师应注重创设真实情境，让学生通过亲身体验和探究去理解和学习知识，从而提升他们的学习动力和效果。这样，学生才能在活动中真正体会到知识的实际应用和意义，帮助他们更好地掌握和运用所学内容。

情境在教学中起着至关重要的作用，特别是在议题式教学中更是如此。为了激发学生的思维和实践活动，教师需要创设具有参与性的情境。虽然有时教师可能会基于真实生活来构建情境，但学生与之的交集往往较少，导致他们的参与度不够。因此，在道德与法治灵动课堂的议题式教学中，教师选择学生熟悉的内容作为情境线索，能够更好地引导学生进行议题探究。这不仅可以提高学生的学习积极性，还能促进他们对道德与法治议题的深入理解。因此，切实关注情境的参与性，是提升议题式教学效果的重要途径之一。

2. 情境的呈现方式

一个好的情境应当具备真实性、参与性和可议性等特征，这是其基本前提。为了更好地呈现给学生，情境除了需要有深度的内核之外，还需要有恰当的方式来展示。优秀的情境设计不仅能够激发学生的兴趣，还能够增强他们的学习效果。因此，教育者应当注重情境的构建，保证其质量和吸引力，从而更好地促进学生的参与和学习。

在道德与法治课堂上，教师可以运用多种方式呈现议题情境，如图片、视频等影像资料，或邀请学生进行情境模拟展示，以帮助他们更深入地理解并全面思考议题。同时，教师可以利用互联网技术让学生直接体验情境，增强学生的真实感知。这种情境教学方法有助于激发学生对道德与法治议题的兴趣，帮助他们更好地理解和应用所学知识。通过运用多样化的教学手段，学生对议题有更深入的思考，从而提升他们的道德素养和法治观念。

（五）设计议题式教学活动

在进行议题式教学时，重要的是设置适当的教学情境，激发学生的学习兴趣和主动性。为了促进学生对议题的探究，需要设计合适的教学活动。这些活动不同于传统教学中的被动接受，也不同于学生自发开展的活动，而是融合了思维和实践的活动形式。教学活动应当在激发学生思考的同时，引导他们将思考转化为实际行动，从而达到思行合一的教学效果。通过这种方式，学生不仅接受知识，而且自身参与其中，将所学知识内化为自己的能力和技能。因此，教师在设计教学活动时，应注重思维与操作的结合，引导学生全面发展。只有这样，议题式教学才能真正发挥其教育效果，激发学生的学习动力，培养他们的批判性思维和解决问题的能力。

1. 活动的类型

灵动课堂为议题式教学提供了一条实现途径。议题式教学不仅限于课堂内的思维活动，还包括课外的实践活动，促使课程内容活跃起来。通过实践活动，学生亲身体验所得的感悟更为深刻。例如，为了让九年级学生在道德与法治课程中学习如何参与民主生活，教师可以组织他们开展一个实践项目——"调研学校周边的公交车站台存在的问题"。在课前，学生分组调查周边存在的问题，选择一个全班关注的议题，如改进公交车站台设置。在课堂上，学生制定调查问卷，确定资料搜集方向，并提出问题以便向专家寻求建议。课后，学生实施计划，整理分析数据，撰写书面建议，并通过市长信箱向相关公司反映。通过这个项目，学生实际解决了课程中关注的议题，体验了民主参与的实际意义。这样的实践活动让学生感受更为真实，也更受学生欢迎。通过这种方式，学生能够认识到自己是国家的主人，更深刻地理解民主参与的重要性。这种综合了理论和实践的教学方式，激发了学生的学习热情，提高了他们对议题的理解和应用能力。通过这种活动形式，学生不是被动接受知识，而是在实践中学以致用，培养了解决问题的能力和创新思维。这种教学方式不是灌输知识，而是引导学生主动积极地参与到学习中去，实现了教育的根本目标，培养具有独立思考和创造力的未来人才。

2. 活动的方式

目前，中小学开展道德与法治课堂教学实践常见的活动方式包括：讨论研究、角色扮演和案例分析。通过这些活动，学生能够更深入地理解道德与法治知识，培养判断和解决问题的能力。这种互动式的教学方法，旨在激发学生的学习兴趣并提升他们的道德素养和法治观念。

在议题式教学中，教师应注重培养学生独立思考和团队合作能力。学生通过线上或线下的方式收集相关资料，并在教师的引导下对这些资料进行整理和分析，从而更好地构建知识意义。这种教学活动既促进了学生的自主学习，又锻炼了他们在小组中的合作能力。通过资料的搜集和整理，学生不仅能深入了解议题，还能将零散的信息系统化，形成完整的知识体系。最终，学生不仅能获得知识，更能理解知识的内涵和关联，提升他们的综合分析和判断能力。议题式教学不仅仅是知识的传授，更是思维能力和团队合作的培养。

合作探究是议题式教学中常见的活动形式。学生组成小组，围绕议题展开探究，促使思维碰撞，激发智慧火花，同时培养团队合作和交往能力，提高其倾听与表达的能力。小组内的探究完成后，可以在全班范围内进行探究，将合作探究贯穿整个教学过程。合作探究不仅仅是为了解决问题，更是让学生从合作中彼此学习，激发思维的创新和拓展。在小组中，学生可以分享不同的观点和见解，培养批判性思维和合作精神。而将合作探究置于全班范围，能够促进学生之间的合作和共享，拓宽视野，促进深入学习。通过合作探究，学生不仅获得了知识，更通过交流和合作不断提升自己的认知水平和解决问题的能力。教师在这一过程中扮演着引导者的角色，引导学生思考，激发学生学习的兴趣和动力。只有通过合作探究，学生才能在交流互动中实现个人价值的最大化，同时也能够培养团队协作精神，为未来的发展打下坚实的基础。

学生在完成探究后，教师应当组织他们参与下一个活动：表达和展示。这个过程不仅是学生对小组研究成果的呈现，还是他们个人能力的展示。这种活动安排不仅是为了展示成果和交流经验，更是为了培养学生的综合能力。在这个过程中，道德与法治教师应该给予学生充分的尊重和表达空间。他们应该容许学生犯错，接受不同声音的存在。只有这样，学生的思维才会更加活跃，真理才能得以明晰。

（六）设置议题式教学任务

议题式教学的核心在于完成教学任务。在道德与法治的灵动课堂中，教师的目的绝不仅仅局限于传统的纸笔测试。因此，在进行教学设计时，教师必须精心考虑如何设置有意义的任务，以便让学生获得更为深刻的学习体验。当前，常见的任务设计主要包括表现性、设计型、体验型和写作型任务。表现性任务如课堂演讲和辩论，旨在检验学生的学科术语应用和口头表达能力；设计型任务如方案设计和小报制作，则考查学生解决实际问题的能力；体验型任务如参观考查和社会活动，则聚焦考查学生的社会实践能力和品格价值观的转变；而写作型任务如研究报告和时事小论文，旨在检验学生对问题的深入思考和逻辑写作能力。在灵动课堂教学中，教师应根据教学内容的特点，巧妙设置多样化的任务，帮助学生更好地掌握学科知识，培养核心素养。通过完成这些任务，学生能够在实践中提升自身能力，培养团队合作精神，培养批判性思维，并在社会实践中培养出符合时代要求的品格和价值观。因此，议题式教学并非简单的知识传授和测试，而是通过教师设置精心设计的任务，引导学生在学习过程中探究、实践和思考，使他们在完成任务的过程中不断成长、提升。这样的教学方式不仅可以加深学生对知识的理解，还可以培养学生的创新能力和实践能力，使他们成为未来社会所需要的全面发展的人才。

二、中小学道德与法治议题式教学的灵动课堂评价

（一）议题式教学要素的评价

中小学道德与法治灵动课堂的四大关键要素分别是议题、情境、活动和任务。评价议题式教学时应综合考虑以下四个方面：

1. 议题是否有价值

议题式教学在灵动课堂中的实施，需要兼顾学科与育人两方面的价值。议题不仅要包含教学难点，实现学科目标，还应引导学生树立正确的道德观念，培养积极向上的人生态度。只有学科与育人两者兼顾，议题才能真正发挥其教学效果。在评价议题时，不仅要看其是否完成教学目标，还要考查其对学生品格的塑造作用，以及是否有利于引领学生正确的政治方向。议题的选择和设计应当综合考量教学需求和学生发展需求，确保活动型课程能够有效实施，达到预期效果。只有将学科教学与品格培养有机结合，才能让议题式教学在灵动课堂中取得更好的效果，促进学生全面发展。

2. 情境是否合适

议题式教学中，情境的选取至关重要。合理选择和呈现情境可以帮助学生真实感知并更好地理解学习内容。然而，选择情境并不是随意的，要避免捏造和虚假的情境。现实生活复杂多变，仅来源于真实生活的情境也不一定适合直接使用。例如，在教学中呈现"王继才夫妇守岛"的情境素材时，教师进行了艺术处理，剔除了无关信息，保留关键内容，减轻了学生的认知负担。这样的情境呈现不仅帮助学生把握主要任务，还能提高课堂效率，避免时间的浪费。因此，情境的选择和呈现结构必须合理，有助于引导学生深入思考和学习。此外，情境的选择也需要考虑学生的实际情况和心理承受能力，不能选择过于复杂或抽象的情境，以免过于沉重的认知负荷导致学生难以理解和吸收。教师应根据学生的年龄、认知水平和兴趣爱好等因素，精心设计和选择合适的情境，让学生能够轻松地理解和接受教学内容。综上所述，情境在议题式教学中扮演着重要角色，影响学生的学习效果和教学效率。教师应该根据学生的实际情况和学习需求，精心选择和呈现情境，引导学生深入思考和学习，实现教学目标。只有合理选择和设计情境，才能有效提高教学质量和学生学习能力。

3. 活动是否有意义

灵动课堂的议题式教学注重活动设计的价值和实现教学目标的效果，应避免为了活动而活动的情况。引入社会实践活动，不仅限于课堂内活动，还可提升学习效果。

4. 任务是否完成

任务是议题式教学的核心。因此，在评价议题式教学时，必须关注任务完成的情况。以"维护祖国统一"一课为例。这节课主要涉及表达性任务，如小型辩论等，旨在考查学生运用学科术语和表达能力。从学生完成任务的情况来看，当他们面对辩论时，能够运用所学知识，多角度分析中学生如何维护国家统一，这就是知识应用的体现。任务完成不仅有助于学科发展，更重要的是培养学生的品格。在议题式教学中，教师还可以设计体验型任务，如参观考察，这有助于培养学生的公共参与能力，提升学科核心素养。任务不仅仅是课程内容的延伸，更是对学生综合素质的培养和考验。通过多样的任务设计，学生能够在实践中更好地理解和应用所学知识，更好地发展自己的潜能，实现个人价值和社会价值的统一。因此，评价议题式教学的有效性，不仅要关注学科知识的掌握程度，还要重视任务的完成情况及学生在任务中的表现。只有通过任务的实际操作和体验，学生才能真正理解和应用知识，实现个人发展和社会发展的双赢。议题式教学的核心价值在于培养学生的实际能力和核心素养，让他们从课堂走向社会，成为具备综合素质的未来领军人才。

（二）议题式教学呈现的灵动评价

1. 教学设计是否精巧

在选择道德与法治课的议题时，教师不应简单地依赖模仿。议题需要经过教师个性化的处理，才能与教材内容相得益彰。这也是道德与法治课教师展现自身实力的机会。通过独特的视角和处理方式，课堂将更加生动有趣，同时能更好地引导学生思考和学习。因此，教师应该积极发挥自己的创造力和思维深度，为学生呈现一堂有内涵的道德与法治课。

2. 课件制作是否精美

在当今新时代的教学环境中，PPT已经成为教师们制作课件的主要形式。有些教师忽视了PPT的重要性，认为它只是课堂教学的次要元素。然而，PPT就如同影视剧中的配角一样，虽然它只是辅助工具，但有着重要的作用。一个精美的PPT课件包含了清晰的文字、鲜明的图片、高清的视频和优雅的风格，这些元素不仅能吸引学生的注意力，还能帮助学生更好地参与讨论和理解教学内容。有了这样的课件，教师能够更加生动地展示教学内容，激发学生的兴趣，提高他们的学习积极性。因此，教师们应该认识到PPT在教学中的重要性，不仅要精心制作课件，还要善于运用PPT来激发学生的学习兴趣。

3. 呈现的方式是否精彩

道德与法治课教师在进行议题式教学时，需要注重多样化的呈现方式，避免单一形式导致学生产生审美疲劳和课堂积极性下降的情况发生。在评价议题式教学时，教师的呈现方式是至关重要的。在一堂课的授课中，教师可以考虑通过不同方式来呈现情境和议题，如同时运用文字和视频呈现情境，采用口头汇报和书面展示相结合的形式进行议题探究。这样的多元化呈现方式不仅可以提升学生的学习体验，还能激发他们的学习兴趣，提高课堂的参与度。因此，教师应该灵活运用各种呈现方式，使议题教学更加生动有趣，让学生在学习道德与法治的过程中能够更好地理解和吸收知识。

（三）议题式教学效果的灵动评价

不论采用何种教学方式，其目的都是提高日常教学效果，实现既定教学目标。因此，对于灵动课堂的议题式教学评价，必然需要重点关注其实施后的效果。达到预期教学效果，需要教师充分准备、学生积极参与。教学效果的评价不仅是看学生能否掌握知识，还应该关注他们是否具备批判性思维和解决问题的能力。只有这样，教学方式才能真正取得成功。

1. 学生在课堂中是否愿意参与议题探究

无论教师如何巧妙设计教学方案，制作精美课件，若学生对课堂议题漠不关心，课堂教学效果将受到影响。议题式教学注重活动化内容，要求学生积极参与。评价议题式教学效果应重点关注学生的参与程度。因此，激发学生的学习热情和主动性，培养他们的参与意识至关重要。教师应注重激发学生的内在动力，营造积极的学习氛围，引导学生主动思考，提高他们对课程的投入度。只有通过学生的积极参与，才能真正实现议题式教学的目标，使课堂变得更加富有活力和有效性。

2. 学生的关键能力目标是否达成

在灵动课堂学习中，学生的关键能力包括对知识的理解和解决实际问题的能力。通过纸笔测试，教师可以了解学生对知识的理解程度。而通过让学生在生活中解决类似问题的方式，可以评估他们是否能够将所学内容运用到实际情境中，并解决问题。这种综合能力的培养，不仅可以帮助学生在课堂上更好地理解知识，还能让他们在现实生活中运用所学知识解决实际问题。因此，在教学中，教师应该注重培养学生的综合能力，帮助他们更好地面对复杂的挑战和问题。

3. 课程的核心素养是否能够落地

道德与法治灵动课堂的议题式教学旨在培养学生解决问题的能力和核心素养。然而，素养的衡量并非易事，通常需要通过学生的行为来体现。因此，在这种教学模式下，评价主要依靠观察学生在活动中的表现和任务完成情况，以此推断他们的素养水平。这种全面的评估方法鼓励学生积极参与课堂活动，激发他们的思考力和创造力，进而提高他们的道德判断力和法治观念。通过这种实践性的学习方式，学生将更好地理解和运用所学知识，从而更好地应对未来面临的挑战与问题。

三、中小学道德与法治议题式教学的改进策略

中小学道德与法治灵动课堂的议题式教学，是一种围绕活动性和参与性进行展开的教学策略，旨在提升学生的学习兴趣、培养学科能力，并促进学生综合素质的发展。然而，在实际教学中，教师也可以通过一定程度的改进来提升议题式教学的效果。

首先，建立良好的学习氛围和合作环境是议题式教学的关键。道德与法治课教师可以通过引导学生展开积极的讨论和合作，培养他们的团队合作精神和沟通能力。在灵动课堂上，教师可以采用小组讨论、项目合作等形式，让学生共同参与议题的探究和解决。同时，教师要营造一种鼓励学生发表观点、尊重多样性的氛围，让学生感受到他们的意见和贡献是被重视的。

其次，注重个性化教学是议题式教学的另一个改进策略。学生在能力、兴趣和学习风格上存在差异，因此教师需要根据学生的个体差异进行差异化指导。在议题选择和课堂设计上，教师可以根据学生的兴趣和需求进行个性化的设置。同时，教师要提供难度各异的研学任务和学习资源，以满足不同学段、不同年级学生的个性化学习需求。这种个性化的议题式教学，能够激发学生学习的主动性和自觉性，提高他们的学习自信和学习质量。

再次，多元化的评价方式是改进议题式教学的重要策略。传统的纸笔测评和作业评价往往只注重学生的记忆和应用能力，无法全面评价学生在议题式教学中的综合素质和课程核心素养。因此，道德与法治课教师要引入多元化的评价方式，如学科项目、展示性评价、反思和自评等，以更全面地了解学生的学习成果和学习过程。通过多元化的评价，教师可以鼓励学生在学科探究中展示自己的创造力和批判思维，同时也能为教师提供有效的反馈，指导进一步的教学改进。

最后，教师专业发展是推进议题式教学改进的关键。中小学道德与法治课教师需要不断更新学科知识和教学方法，提高教学设计和课堂组织能力。教师可以通过参加专业培训、教学研讨会和教学观摩等方式，与同行交流和

分享经验，不断反思和改进教学实践。此外，教师还可以利用现代技术手段，探索创新的教学资源和工具，以提升议题式教学的质量和效果。

综上所述，灵动课堂的议题式教学改进策略包括营造良好的学习氛围和合作环境、注重个性化教学、采用多元化的评价方式以及促进教师专业发展等。通过不断改进和创新，教师可以进一步提升在灵动课堂应用议题式教学的持久成效，让更多学生体验到更具挑战性和有价值的学习。

第八章　凝练灵动课堂　实现课程育人

第一节　凝练灵动课堂的关键要领

一、注重"体验"与"探究"等环节的设置

（一）课堂活动的有效组织与管理

在中小学道德与法治课的灵动教学中，"体验"与"探究"等环节的设置绝不是让学生随波逐流。如果教师在教学中放任学生自由探索，未对学生的学习过程进行适当的引导和组织，可能会导致学生在学习过程中没有明确的目标，缺乏有效的学习结构，甚至可能会在信息的海洋中迷失方向。因此，道德与法治课教师在课堂教学中要明确和强化自己作为组织者、指导者和参与者的角色定位。

具体来讲，教师作为组织者，需要对课堂活动进行有效的组织和管理，确保每一个环节都有明确的目标和任务，指导学生进行有效的学习。教师作为指导者，需要对学生的学习过程进行适时的引导，帮助学生解决学习中遇到的问题，启发学生深入思考；教师作为参与者，需要积极参与到学生的学习活动中，与学生一起探索知识，体验学习的乐趣。在教师的引导和组织下，学生可以更有目标、有组织地进行学习，充分发挥"体验"与"探究"的作用。

（二）捕捉闪光点，提升积极性

灵动课堂要以情感和乐趣为核心展开教学活动，提高教学效果是其最终

目的。在道德与法治课堂教学中，教师应多些感性认知、少些理性总结，鼓励学生参与体验探究，在教学过程中及时捕捉他们的闪光点。这主要体现在两个方面：一是教师应更多地鼓励学生参与到学习活动中，让他们通过亲自动手、亲自体验，感受学习的乐趣，从而激发他们的学习兴趣和学习动力；二是教师在教学过程中应注意捕捉学生的闪光点，及时对学生的优秀表现进行肯定和鼓励，让学生感受到自己的努力得到了回报，从而进一步提高他们的学习积极性。

同时，教师还应与学生一起学习，共同探索新知识，这不仅能让教师更好地理解学生的学习需求，还能让学生感受到教师的关心和支持，从而进一步提高他们的学习积极性。

（三）引导学生思考，尊重学生观点

中小学道德与法治课教师在实施灵动教学过程中，应善于根据特定情境设计有梯度、有价值的问题，启发学生多方面思考，引导他们在探究中畅所欲言，表达自己的观点。一方面可以帮助学生开阔思路，培养他们的创新思维和批判性思维能力；另一方面也可以让学生有更多的机会参与到教学活动中，提高他们的学习积极性。

教师还应充分尊重学生的观点，特别是对于持有异议的学生，教师应给予他们足够的发言权，充分尊重他们的思考和创新，让他们在探究和学习的过程中有足够的自由和空间。当然，在设计问题时，教师应注意问题的难易程度，确保所有的学生都能参与到讨论和探究中，从而营造和谐、公平、开放的学习环境，让每一个学生都能在这个环境中得到成长和发展。

二、构建灵动课堂对教师的基本要求

新课程理念下，让学生真正"动"起来，让课堂真正"活"起来的灵动课堂日益成为广大教师的追求目标。中小学道德与法治课的教学理念是"回归生活，回归德育"，这需要道德与法治课教师具备耐心与坚持，静待学生的成长。在这个过程中，广大中小学道德与法治课教师要时刻牢记"政治要强、情怀要深、思维要新、视野要广、自律要严、人格要正"的要求，并以此为标准来衡量自己的教学行为和教学效果。

"政治要强"意味着教师要有坚定的政治立场和政治观念，要在教学中传递正确的价值观,引导学生形成正确的世界观、人生观和价值观。

"情怀要深"要求教师要有深厚的爱国情怀和教育情怀,关心学生的成长,关心国家的未来,用自己的情怀影响和感染学生。

"思维要新"要求教师具备创新的教学思维,能够根据新时代的要求,创新教学方式和方法,以适应学生的学习需求。

"视野要广"要求教师要有宽广的知识视野,要不断学习和更新知识,以满足教学需要。

"自律要严"要求教师要有高尚的职业道德,以身作则,用自己的言行影响学生。

"人格要正"要求教师具备健全的人格,在教学中展现自身的人格魅力,赢得学生的尊重和信任。

与此同时,中小学道德与法治课教师还要重视引导学生增强主动体验意识,参与互动探究平台,提高创新思维能力,培育课程核心素养,努力凝练灵动课堂,帮助学生逐步成长为一个有感有悟、会思会学、求新求变的新时代有为少年。这需要广大道德与法治课教师在灵动教学中主动创设丰富多样的学习情境,鼓励学生主动参与、主动探究、主动创造,帮助学生在实践中学习,在实践中成长。

第二节 凝练指向核心素养的新结构灵动道德与法治课堂要求

一、坚持课堂化与层次化的要求

中小学道德与法治课教师,一方面需要将道德与法治课程核心素养的培育与新结构灵动课堂的凝练相结合,根据授课内容分类型设置知识维度、能力维度、情境维度和水平维度,进而培育课程核心素养,实现学生法治核心素养的整体把握。另一方面需要将课堂进行一定层次的规划。学生课程核心素养是除去知识之外,有利于其终身发展需要的素养。这一素养培育是一个长期的、浸润式的过程,尤其是素养中蕴含的习得性学习、应用性学习、拓展性学习和适应性学习等新维度学习能力的进阶提升。正因如此，一两次的学习并不能形成课程核心素养，更难以对学生的内心产生根深蒂固的影响和触动。教师需要将统编版教材中的不同知识模块按照课程核心素养的培育要求，在新结构灵动课堂的教学实施中，整合成结构化、层次性强的研学项目，整理适合不同学生身心规律和认知规律的学习方案，从而提高核心素养培育的质量与效率。

二、坚持问题化与情境化的要求

外界输入的信息，经过大脑的加工处理后转换成内在的心理活动，再进一步支配人的各种行为，这就是一个认知内化的过程。在灵动课堂教学问题的情境设计中，就是要解决学生的这种认知内化问题，在认知的过程中逐步养成辩证的思维和认同的意识。教师要善于构建新维度的问题情境，包括学科内教学、学科内综合应用和跨学科应用等特定情境，从中明确问题情境设定的目的是引导学生在思考问题的同时，还需要结合自身的认知和情感需求进行深入思考，以实现能力提升和价值认同。

三、坚持互动化与探究化的要求

中小学道德与法治课新结构灵动教学鼓励教师和学生共同参与互动探究活动，逐步形成师生互动、生生互动、师生与素材、师生与环境间的多维互动等课堂对话模式。在设计探究活动时，教师应以学生的发展需求为核心，以学生对主干知识的内化、思维能力的历练和课程核心素养的培育为重点。教师应加强对学生学习方法的有效指导，调动学习原动力，通过参与探究，善于将"授人以鱼"转变为"授人以渔"，从而实现构建灵动课堂、培育核心素养、体现价值引领的目标。

四、坚持参与化与方法化的要求

中小学道德与法治课新结构灵动教学要求有效拓宽学生参与体验探究的渠道，将学校道德与法治小课堂同社会道德与法治大课堂有效结合。道德与法治课教师应主动设计多方面、多种类、多领域的拓宽学生参与体验探究的渠道，如开展形式多样的时事评论、时事演讲、社区宣传、公益活动等。在社会实践活动的体验和参与中，激发学生对社会、国家乃至人类命运共同体的关切之情，培养他们的社会责任意识，实现内化于心，做到知悟行"三合一"，实现真正意义上的"灵动"。

指向核心素养的中小学道德与法治课新结构灵动课堂不仅是学生主动学习的课堂、互动探究的课堂、思维创动的课堂，更是素养培育的课堂，触动心灵的课堂。它坚持了守正与创新相统一，紧扣思维性与思想性两个关键，实现了由单向"灌输式"讲授型课程向双向"灵动式"活动型课程的转变，增强了学生的学习自信，培育了学生的家国情怀和政治认同。

第三节　课程核心素养与新结构灵动教学有机融合的研究成果

一、课程核心素养与新结构灵动教学融合的显性成果

（一）促进了中小学道德与法治课教育教学质量提升

在中小学道德与法治课开展新结构灵动教学，夯实了道德与法治课教师的学科知识、教学技能，提升了学科素养。在长期的教学实践过程中，可以培养出一批优秀的学科骨干教师，带动更多中小学道德与法治课教师的专业再成长，不断提升中小学道德与法治课教育教学质量，实现了历史性跨越。

（二）进一步丰富和完善了课程教学资源

指向核心素养的新结构灵动教学实践，通过"实践—反思—再实践—再反思"不断改善教学行为，立足课堂教学实际进行详细地个案分析、反思和验证，形成灵动课堂教学的有效策略，丰富和完善中小学道德与法治灵动教学的课程教学资源库。这些资源库涵盖了中小学道德与法治课每课时对应的教学设计、教学课件、教学实录、导学案、学历案、作业试题、题型分析、时事素材、评课记录等方方面面；同时，这些丰富的教学资源又有效地为可持续开展中小学道德与法治课新结构灵动教学提供了源源不断的资源支撑和精神动力。

（三）形成了灵动课堂教与学的评价表

指向核心素养的中小学道德与法治课新结构灵动教学实践，形成了灵动

课堂的教师教学与学生综合表现评价表。

1. 教师课堂教学评价指标表

教师课堂教学评价指标表（见表8-1所列）从教学目标、教学设计、教学实施、教学效果、教学亮点建议等方面对教师的有效教学进行了多维度的评价。

表8-1　教师课堂教学评价指标表

听课人			时间		授课人		
课题					得分		
评价指标	权重	指标描述		分值			
				优秀	良好	一般	待提高
教学目标	10	教学目标与课标学标的要求一致，明确、具体、可检测，体现核心素养的基本导向		9~10	6~8	3~5	0~2
教学设计	10	教学设计体现课标学标和信息技术与学科教学深度融合的要求，内容与学情分析准确、全面；重难点突出，情境多维度设置，体现社会主义核心价值观的渗透和融入		9~10	6~8	3~5	0~2
教学实施	10	教学环节完整，课堂容量适当，时间分配合理，教学过程紧凑流畅		9~10	6~3	3~5	0~2
	10	教师基本功扎实，语言规范；教学组织形式、方法和策略有效；注重教学生成，反馈和评价及时恰当		9~10	6~8	3~5	0~2
	10	教学面向全体学生，注重学思结合，互动探究，调动不同层次学生积极参与		9~10	6~8	3~5	0~2
	10	教师能熟练运用信息技术，合理选择、整合和应用数字化教育资源，能解决教学实际问题		9~10	6~8	3~5	0~2
	10	信息技术应用能有效支持学生学习、师生互动和教学评价		9~10	6~8	3~5	0~2

（续表）

评价指标	权重	指标描述	分值			
			优秀	良好	一般	待提高
教学效果	10	课堂气氛活跃有序，学生学习积极主动，在学习活动中获得良好体验	9～10	6～8	3～5	0～2
	10	全体学生都能达到教学目标的基本要求，不同层次的学生都有收获	9～10	6～8	3～5	0～2
	10	体现学科核心素养，促进学生在创新思维、实践能力、情感与价值观等方面的发展	9～10	6～8	3～5	0～2
教学亮点建议						

2. 学生综合表现评价表

教师可为每位学生制定学生综合表现评价表（见表8-2所列），包括道德品质、公民素养、学习进阶能力、交流与合作、审美与表现等内容，来跟踪学生平时的学习生活表现。这样，既记录学生课堂内的表现，又记录学生课堂外学习实践的表现，通过一系列的数据跟踪，进行量性评价与质性评价，以综合评价学生的学习教育情况。

表8-2 学生综合表现评价表

学生姓名		班别				
综合表现	道德品质	公民素养	学习进阶能力	交流与合作	审美与表现	总评
学生自我评价（描述性评语）						

特长及获奖 （或学习进步） 情况记录	
教师评价	

（四）教学实践情况

（1）立足中小学道德与法治课堂教学，结合我国进入新时代的历史方位，深入初中和小学学段、不同年级的道德与法治课堂教学、校本课程、特色课程，形成系列的教学设计、导学案等，并将相关文字、图片资源汇编成册。

（2）学校和教师积极鼓励中小学生关注时事，提高学生的时事素养；常态化地开展以"道德与法治课伴我成长"为主题的"思政学习之星"学生道德与法治课学习成果展示交流等项目式活动，指导中小学生制作手工作品、撰写小论文、主题演讲等，展示中小学生通过学习道德与法治课和参加社会实践，践行社会主义核心价值观，培育课程核心素养所取得的丰硕成果。

二、课程核心素养与新结构灵动教学融合的隐性成果

（一）促进了师生教学理念与学习行为的转变

中小学道德与法治课新结构灵动教学强调，要改变传统单向式的灌输式教学方法，在课堂教学中真正做到"学为中心"，即以学生为中心、学习为中心。教师要懂得充分调动学生学习的积极性，注重培养学生提取和解读信息的能力、调动和运用知识的能力以及分析和解决问题的能力。在中小学道德与法治课堂实施新结构灵动教学可以在较大程度上改变传统的师生关系，由"教师教"向"学生学"转变，提高了学生学习的积极性，让课堂活跃起来。

（二）切实优化多元互动，激发学习兴趣

中小学道德与法治课新结构灵动教学强调在新维度下的"四动"，即生动、师动、师生互动和生生互动，使得灵动课堂教与学的氛围更加活跃，优化了教学过程中的多元互动，切实提高了学生的学习兴趣。

"生动"指的是教师在课堂教学中借助多元丰富的教学方式，促进课程内容的鲜活有趣，进而集中学生的注意力，增强学生的学习积极性。教师可运用多媒体、故事、图片、视频等多样化的资源来展示教材知识，激发学生的好奇心和求知欲。通过引入实际案例、社会现象、历史事件等实践性的教学内容，让学生能够直观感受到学科知识的现实意义和应用价值，生动的教学方式能够提高学生的学习兴趣，增强他们的参与度和学习效果。

"师动"是指教师在课堂上积极主动地担当起引导和促进学生学习的角色。教师灵活运用情感教学、案例教学、情境教学和议题式教学等新结构灵动教学方式，激发学生的思考和讨论，引导学生的主动探究，激发学生的自主学习能力。

"师生互动"是教师与学生之间的积极互动和有效沟通。在新结构灵动课堂中，教师充分倾听学生的意见和想法，尊重学生的个性和思考方式。通过设置提问、参与讨论等形式，教师和学生一起解决问题，培养学生的深度思维能力，激发学生的学习动力和自信心。师生互动不仅可以建立良好的师生关系，还可以提升教师的专业水平，真正做到"教学相长"。

"生生互动"是指学生之间的互动合作。学生通过小组讨论进行互助学习、合作学习，促进了学生之间的深度交流与协作。通过生生互动，学生之间可以互相借鉴、互相启发，形成多元化的观点，培养学生的批判性思维和问题解决能力，增强集体合作和团队沟通能力，逐渐形成学习共同体的意识。

在中小学道德与法治课实施新结构灵动教学，不仅可以提高学生的学习认知、增强学科关键能力，还可以培育他们的品格价值观和课程核心素养，增强团队凝聚力和向心力，更是打破了传统教学的局限，为中小学生提供了更丰富、更有效、更有情趣的道德与法治课程的学习体验。

（三）明确了新结构灵动课教学的指导原则

（1）划分教学范式适切度的层次，关注层次之间整体的、变化的、递进的关系。每个层次都要确保每位教师应用教学范式主要表现的完整性，根据不同学段、不同年级的学生在接受核心素养背景下新结构灵动教学时确定的不同教学内容，帮助教师更全面地了解学生是否适应该教学范式。

（2）衡量课堂教学表现水平的尺度是"学生行为"的特质。其中，衡量课堂教学表现水平的内容包括：①创设体验情境，即行为条件；②搭建探究平台，即行为载体；③指向灵动课堂预期，即行为目的；④培育核心素养，即行为目的。上述内容就是区别教学活动难易程度、复杂程度的关键标准。通过描述这些外在的行为表征，可以确定中小学道德与法治课堂教学的适应度。

（四）形成了指向核心素养的新结构灵动教学范式

中小学校道德与法治学科教研组或备课组可通过座谈、谈话、调查等多种形式，深入了解学生课程核心素养的现状与特征，以及教师在道德与法治课堂中应用教学方式的基本状况。笔者结合长期的教学实践，提炼出了遵循新结构规律、启智润心的灵动教学指导思想，最终形成了指向核心素养的中小学道德与法治课六步进阶新结构灵动教学范式（如图8-1所示），即主动入情（创设情境，主动体验）——自动导情（自主阅读，深度学习）——联动融情（互助合作，经验共享）——互动析情（互动探究，分组展示）——创动悟情（思维灵通，思辨创新）——触动化情（触动心灵，知行合一）。

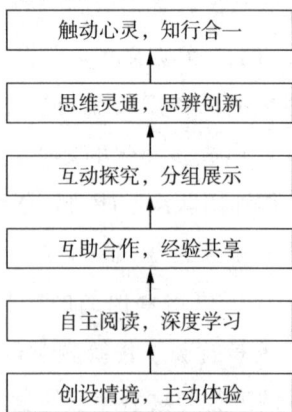

图8-1 六步进阶新结构灵动教学范式流程

从广大少年儿童的心理发展和认知规律来看，中小学生需要经历一个对知识进行体验、探究、辨析、反思和感悟的学习过程，由认知深化为情感、由情感转化为实践、由实践内化成信仰，真正做到启智润心、触动灵魂，从而实现中小学道德与法治课的价值引领、培根铸魂的教育功能。

参 考 文 献

[1] 蒋华. 初中道德与法治课堂中微课的应用策略 [J]. 中学政史地 (教学指导版), 2021 (9): 54 - 55.

[2] 周红梅. 教育戏剧: 让课堂教学从灵动走向深刻 [J]. 中学政治教学参考, 2022 (2): 18 - 21, 17.

[3] 汤焕兴. 以教学评一体化设计打造灵动高效课堂 [J]. 中学政治教学参考, 2022 (26): 36 - 37.

[4] 万婷, 薛家平. 心理游戏在道德与法治课教学中的运用 [J]. 教学与管理, 2019 (6): 57 - 58.

[5] 张鸿泰. 中华优秀传统文化融入道德与法治课教学 [J]. 思想政治课教学, 2019 (11): 40 - 43.

[6] 孙丽丽, 孙晓云. 立德树人视域道德与法治课教学创新 [J]. 中学政治教学参考, 2022 (23): 102.

[7] 冯伟娥. 新课标背景下道德与法治课教学融入劳动教育的思考 [J]. 中学政治教学参考, 2023 (7): 62 - 64.

[8] 李晓东, 张珊珊. 义务教育道德与法治课程标准的教学实施推进策略 [J]. 基础教育课程, 2023 (6): 17 - 23.

[9] 王滢. 伟大建党精神融入初中道德与法治课教学思考 [J]. 中学政治教学参考, 2022 (43): 33 - 35.

[10] 路程舒, 胡立法. 初中道德与法治课大单元主题教学设计探索 [J]. 中学政治教学参考, 2022 (43): 65 - 67.

[11] 向颖. 道德与法治课议题式教学的内涵、困境及实施路径 [J]. 教学与管理, 2022 (10): 45 - 48.

[12]刘玉萍，王萌．初中道德与法治课线上线下教学融合策略［J］．中学政治教学参考，2022（47）：71－74.

[13]赵聪．社会主义核心价值观融入《道德与法治》课堂教学的策略［J］．基础教育课程，2019（5）：13－19.

[14]蔡军．议题式教学在初中道德与法治课新尝试的探讨［J］．上海教育科研，2019（6）：85－88.

[15]曾晓丽，杨海艳．"思想道德与法治"课教学中理论与生活实践相结合的探索［J］．黑龙江高教研究，2023，41（2）：130－134.

[16]王小叶．走进关键课程：浅谈道德与法治课程教学体系之重构［J］．中学政治教学参考，2022（30）：16－19.

[17]施晓娜，汪文龙．道德与法治新课标的变化及其对教学的要求［J］．教学与管理，2022（23）：8－11.

[18]姚晔晋．论初中道德与法治翻转课堂教学［J］．中学政治教学参考，2022（19）：49－51.

[19]翁庸庸．道德与法治课程教学的创构［J］．教师教育论坛，2022，35（2）：55－57.

[20]王立群．培育法治素养：道德与法治课程的价值旨归［J］．基础教育论坛，2022（6）：8－9.

[21]韩露．初中道德与法治课程资源的开发与利用［J］．中学教学参考，2022（25）：46－48.

[22]周秋静．信息技术与初中道德与法治课程整合的教学策略研究［J］．教学管理与教育研究，2023，8（1）：61－63.

[23]张俊秀．浅谈中学道德与法治课程改革［J］．文渊（高中版），2020（5）：840.

[24]靳玉乐，王潇晨．义务教育道德与法治课程融入诚信教育的探讨［J］．课程．教材．教法，2022，42（1）：63－70.

[25]高丰．论中小学道德与法治课程的有效衔接策略［J］．考试周刊，2022（49）：149－153.

[26]沙海红．初中道德与法治课灵动教学的实践与思考［J］．新课程导学，2022（6）：97－98.

[27] 赵玲. 灵动课堂之思维创造性探究 [J]. 学周刊, 2015 (11): 70.

[28] 毛莉. 灵动课堂 精彩无限 [J]. 教育教学论坛, 2011 (29): 134 - 135.

[29] 张曙征. 情感教学在七年级上册《道德与法治》课堂教学中的运用研究 [D]. 呼和浩特: 内蒙古师范大学, 2021: 7 - 12, 14 - 15, 23 - 47.

[30] 金荣君. 核心素养视野下初中道德与法治案例教学法的运用 [J]. 文学教育 (下), 2018 (8): 62 - 63.

[31] 张旭升. 学生核心素养视域下思想政治课情感教学实施研究 [D]. 兰州: 西北师范大学, 2017: 30 - 34.

[32] 陈炜琦. 案例教学法在初中道德与法治课中的运用探索 [J]. 法制博览, 2020 (1): 228 - 230, 237.

[33] 顾娜丽. 大中小学思政课案例教学法的实践路向探析 [J]. 山西青年职业学院学报, 2022, 35 (1): 100 - 103.

[34] 裴秀芳, 谢丹, 杨晓. 基于核心素养的情感教学: 内涵及策略 [J]. 教育理论与实践, 2020, 40 (26): 49 - 52.

[35] 陈晓鸿. 初中道德与法治课堂教学中渗透情感教育 [J]. 科技资讯, 2020, 18 (8): 166, 168.

[36] 叶梅婷. 初中道德与法治课议题式教学实践与探究 [J]. 国家通用语言文字教学与研究, 2022 (12): 25 - 27.

[37] 张秋娥. 初中道德与法治议题式教学的"四题"视角 [J]. 华夏教师, 2022 (30): 46 - 48.

[38] 苗发军. 初中道德与法治课堂生活化教学探讨 [J]. 亚太教育, 2022 (8): 154 - 156.

[39] 陈成会. 巧用情境教学法, 提高小学道德与法治教学实效 [J]. 亚太教育, 2022 (7): 103 - 105.

[40] 李雅容. 情境教学法在小学道德与法治课堂中的应用 [J]. 亚太教育, 2022 (5): 94 - 96.

[41] 徐汉芳. 初中政治课堂教学中情境教学法应用策略 [J]. 华夏教师, 2021 (32): 81 - 82.

[42] 周华选. 基于情景教学法深化初中道德与法治教学价值 [J]. 科学

咨询（教育科研），2020（7）：268.

[43] 康伟．情境教学法在初中道德与法治中的运用 [J]．科学咨询（教育科研），2020（7）：272.

[44] 陈晓晨．巧设情境，培育学科核心素养：初中道德与法治低年段课堂教学实践与探究 [J]．思想政治课研究，2020（3）：153-155.

[45] 海世智．谈情境教学法对初中道德与法治教学的价值与运用 [J]．才智，2020（10）：187.

[46] 徐孟军．思想政治课科灵动教学 [M]．南京：江苏凤凰教育出版社，2017.

[47] 杜良云．灵动政治教育 [M]．长春：吉林人民出版社，2017.

[48] 余文森．核心素养导向的课堂教学 [M]．上海：上海教育出版社，2017.

[49] 蒋世标．追求灵动的品德课堂："三思一行"教学论 [M]．西安：西安地图出版社，2007.

后　记

通过对中小学道德与法治课新结构灵动教学的研究实践与分析可知，道德与法治课的灵动教学是指向核心素养的关键要素，它以培养学生的自主学习能力、创造力和情感智慧为目标。本书对中小学道德与法治课程教学的概论、新结构灵动教学与课堂构建、核心素养的培育路径，以及情感教学、案例教学、情境教学和议题式教学等系列的灵动教学方式进行了系统的研究和讨论。教师在道德与法治课实施新结构灵动教学能够切实激发中小学生的学习兴趣，使其成为知识的主动探索者和解决问题的思考者。同时，新结构灵动教学通过情感教育和情境创设，能够培养学生的情感认知与道德情操，使他们具备正确的价值取向和价值判断。

在中小学道德与法治课新结构灵动教学实践中，教师的角色转变至关重要。他们不再是传统的知识传授者，而是学生学习的引导者与协同者。因此，中小学道德与法治课教师需要学习和实践新结构灵动教学范式，激发学生的学习动机和学习潜能，创设积极、互动和合作的学习环境。唯有如此，才能真正实现中小学道德与法治课学生核心素养的培育目标，培养德智体美劳全面发展的社会主义建设者和接班人。

在未来的基础教育改革实践中，广大中小学道德与法治课教师仍需进一步转变观念，主动探索和拓展指向核心素养的新结构灵动教学范式与评价，不断完善、优化灵动课堂教学，持续提升中小学生的学科素养和社会责任感；同时，还需要进一步研究和探讨灵动教学与课程核心素养的有效融合，实现同频共振、融通共生，使灵动教育教学成果得到大范围地辐射推广。只有不断地实践、研究，再实践、再研究，中小学道德与法治课新结构灵动教学才能够真正发挥其独特作用，为培养"有理想""有本领""有担当"的时代新人做出贡献。